KB134604

빵을 위한 경제학

Economics
&
Capitalism

빵을 위한 경제학

삶과 세상을
살리는
자본주의

원용찬 지음

인물과
사상사

머리말

시대의 불안과 위기감으로 모두가 몸을 움츠린다. 지구 곳곳에서 벌어지는 분쟁, 난민, 기후 변화, 재난, 테러 등의 사태는 인간 안전을 더욱 위협하고 있다. 경제는 말할 것도 없다. 자동적으로 회복되리라 믿었던 성장 둔화와 높은 실업이라는 비정상적 현상이 새로운 정상(뉴노멀)으로 자리 잡았다. 당분간 '비정상의 정상화'가 쉽사리 이루어지지는 않을 것 같다. 더불어 종전에 성장 동력을 추슬러왔던 시장 자본주의와 기존 경제 시스템이 더는 해결 능력이 없음이 증명되었다.

인공지능이라는 제4차 산업혁명이 성큼 다가와, 영국에서 일어난 제1차 산업혁명과도 같은 파괴력으로 현재의 일자리를 점차 밀어내고 있다. 오늘 갈고닦은 기술과 지식이 내일 필요 없어질지도 모른다는 불안은, 우리를 마냥 초조한 마음으로 서성이게 할 뿐이다.

문득 하나의 역사적 사건이 떠오른다. 1764년 영국에서 대규모 식량 폭동이 일어났다. 난폭하기까지 했다. 폭동 이유는 시장 상인의 농간으로 빵 값이 터무니없이 올랐기 때문이다. 그때까지만 해도 도시와 농촌에서는 아무리 물자가 부족해도 빵 값 같은 물가는 입법과 관습에 따라 공정가격(고정가격)으로 유지되었다. 당시 국가는, 민중의 필수품의 안정적 공급을 도덕적 책무로 삼았던 도덕경제moral economy 제제였나. 그런네 물자의 품귀 헌상이 가격 등귀騰貴로 이어지는 시장의 공급과 수요 법칙이 사람들에게 적용되자, 민중은 국가에 도덕적 배신감을 느끼고 마침내 분노를 폭발시켰다. 오히려 자신들의 폭동이 도덕적으로 정당하다고 여겼다. 관습에 의해 물가가 조절되리라고 생각했던 민중은 수요와 공급의 법칙을 결코 받아들일 수 없었던 것이다.

수요와 공급의 법칙에 의해서 빵 값이 조절되는 시장경제가 들어서면서 인간의 조건도 변화했다. 시장가격으로 상품화된 빵을 사먹기 위해서는 인간의 노동도 상품화해서 시장경제에 생산요소로서 제공해야 했다.

"그냥 굶어 죽을 것인가, 아니면 빵을 얻기 위해 공장에서 일할 것인가"를 선택하는 인간 존재의 불안한 조건이 시장 자본주의 경제의 출발점이었다. 루이 14세의 절대 권력에 맞서 "빵 아니면 죽음을 달라"고 했던 프랑스대혁명의 구호에서도 빵은 곧 생명을 뜻했다.

인간은 빵을 먹고 배 부르는 데 만족하지 않는다. 우리는 빵에서도 의미를 찾아내 고차원적인 기쁨을 향해 나아가는 능동적 존재다. 존 러스킨John Ruskin은 빵 속에 내재된 대화와 커뮤니케이션의 기능을 강조한다. 혼자 먹는 것이 아니라, 가족과 친구들이 빵을 둘러싸고 함께 대화하는 관계의 기쁨을 향유할 때, 우리는 진정한 부를 얻을 수 있다.

현재의 주류 경제학은 빵을 먹은 사람이 얼마만큼 효용과 만족을 얻느냐 하는 좁은 시야에 갇혀 있다. 새로운 경제학적 시야는 빵 속에 내재된 대화의 기능을 유효한 가치로 바꿀 수 있도록 인간의 역량을 기르는 것에 초점을 맞춘다. 이런 사고의 틀은 1998년 아시아 최초로 노벨 경제학상을 수상한 인도의 아마르티아 쿠마르 센Amartya Kumar Sen에 이어져, 소득수준과 경제적 능력의 부족으로 규정되었던 종전의 빈곤 개념은 '인간의 잠재 능력을 키울 수 있는 기회가 박탈된 상태'로 재규정되었다. 더구나 센은 홍수와 가뭄으로 수많은 사람들이 굶어 죽는 빈곤 국가를 분석한 뒤, 빵과 식량이 아무리 많아도 민주주의가 제대로 작동되지 않는 독재국가에서는 부정부패와 정치적 혼란으로 대량의 아사자가 발생한다는 결론을 내린다. 빵을 골고루 나누는 것은 민주주의였다.

인간의 근원적 불안은 도덕 경제를 벗어나 빵을 시장가격에 맡기는 수요와 공급의 법칙에서 시작된 것이었다. '우리 시대의 정치 · 경제적 기원'이라는 『거대한 전환』의 부제에서 알 수 있듯, 칼 폴라니Karl Polanyi는 노동, 자연, 화폐를 상품화해 모든 만물을 가격으로 계산하고 측정하고 연결하는 자기 조정적 시장self-regulating market이 어떻게 출현했는지를 추적했다. 결국 우리 시대의 정치 · 경제적 기원은 사실 '우리 시대의 불안과 고통의 기원'이나 매한가지인 것이다.

오늘날의 시장경제 시스템과 자본주의, 이것을 위한 과학적 방법이자 이데올로기적 장치인 현재의 주류 경제학 체계를 가지고는, 시대의 불안과 고통을 제거하고 온전한 인간의 삶을 꾸려낼수가 없다. "우리에게 '좋은 삶'은 무엇인가?"라는 물음에 경제학이 사회과학으로서 협애한 시장경제의 껍질을 벗겨내고, 정치, 경제, 사회, 문화, 역사와 종교, 삶과 숙음의 문제까지 아우르는 다양한 차원에서 답해줘야 한다. 순수 경제학은 손을 내밀어 다양한 통섭의 길을 걸어야 한다. 그것은 이익과 효용을 극대화하는 순수한 경제인(호모 에코노미쿠스Homo economicus)의 범주에서 벗어나 연대와 협동을 이루어내는 사회적 경제학일 수도 있다.

이 책은 '좋은 삶이란 무엇인가'에 조금이나마 답하기 위해 일상생활에서 드러나는 자그마한 실마리로, 그런 꿈과 소망을 자신의 신념으로 삼았던 경제학자의 생각을 담아냈다.

익숙했던 것들이 갑자기 낯설고 모순된 상황에 직면하는 것을 우리는 부조리absurdity라 부른다. 일상적으로 우리가 당연하게 생각했던 시간 소비는 사실, 자본주의가 깔아놓은 궤도를 획일적으로 따라가는 일이었다. 사람은 자기만의 꽃을 갖고 있듯 자기만의 주관적 시간이 있다. 그것이 인생을 풍요롭게 할 것이다.

알베르 카뮈가 『이방인』에서 보여주었던 부조리한 세계는 시장경제의 부조리에도 여지없이 적용된다. 오늘날의 세계에 절망을 느끼는 부조리한 인간homo absurdus은 현재를 탈주해나가는 실존적 또는 탈존적 존재로서, 담쟁이처럼 서로 손을 잡고 꼬불꼬불저 높은 벽을 향해 서두르지 않고 오른다.

친구에게 초코파이 하나를 선물로 주는 광고가 있다. 이 광고 시리즈를 통해 초코파이는 달콤한 빵을 벗어나 정情의 상징으로 자리매김했다. 이때 초코파이는 단순한 빵이라는 물적 상품을 벗어나 새로운 세계의 대상물로 진입한다. 물物과 인간의 마음이 깃든 영靈이 결합된 제3의 중간 대상물이 된다. 바로 영혼의 오라aura가 깃든 빵은 '빵이면서 빵이 아닌' 불확정한 존재가 된다. 마르셀 모스Marcel Mauss의 지적대로 "물건 속에 영혼을 섞고 영혼 속에 물건을 섞으며 생명과 생명을 섞는다". 호혜와 증여의 경제학은 양자역학의 불확정성의 원리 속에서 조명 받아야 하는 것이다.

『빵을 위한 경제학』은 뉴턴의 기계론적 고전역학을 벗어나 생명, 인격, 신뢰, 윤리, 영혼이 담긴 사회과학으로서 '좋은 삶과 세상을 살리는 새로운 자본주의 세계'로 진입할 것을 메시지로 담는다. 이런 세상은 어느 누구도 예속과 불평등의 예종隷從이 되지 않고 삶에 대한 자유와 권리를 가질 수 있는 사회다.

프랑스 중농학파의 프랑수아 케네François Quesnay, 토지 공유제를 주장했던 헨리 조지Henry George의 자리를 이은 레프 니콜라예비치 톨스토이Lev Nikolaevich Tolstoi는 『부활』에서 말한다. "토지는 절대 사유할 수 없다. 또한 토지는 물과 공기, 태양과 마찬가지로 매매할 수 없다. 인간은 토지에 대해서, 그리고 토지가 인간에게 베푸는 온갖 혜택에 대해서 누구나 평등한 권리를 가진다." 신이 인간에게 기꺼이 선물로 내려준 토지를 사유화하고, 토지가 베푸는 온갖 혜택을 독차지해 빵의 크기로 사람을 불평등하게 만드는 일은 신이 뜻한 바가 아니었다.

좋은 삶은 자연과 사람에게서 의미를 찾고 생명의 환희를 누리는 데서 온다. 존 메이너드 케인스John Maynard Keynes에게 좋은 삶이란 '돈에 대한 소유와 집착'에서 벗어나 다른 대상에서 직접 즐거움을 찾고 심미적인 아름다움을 추구하는 조화로운 사회였다. 그는 들길을 거닐며 숲길에 숨어 있는 백합에서 존재의 미학을 향유하고 들판의 벼 이삭에 귀 기울이며 충만함을 느끼는 삶을 꿈꿨다.

내가 초등학교에 다니던 1960년대에는 점심 때 옥수수 빵을 무료로 나눠주었다. 버터 냄새가 물씬 풍기는 빵을 처음 먹어본 기억은 아직도 생생하다. 방과 후 집에 있는 여동생에게 가져다주려고 반쪽자리 빵을 책가방에 넣었는데, 이 냄새를 맡고 따라오던 동네 강아지의 모습이 기억에 새록새록 떠오른다. 그런 기억을 가슴에 촛불처럼 담고 『월간 인물과사상』에 2014년 1월부터 2년 동안 '여러 가지 경제사상'이라는 제목으로 연재를 했다. 부족한 내용을 기꺼이 책으로 엮어준 인물과사상사에 감사한다.

인생의 여정에서 수많은 현자를 만난 것은 나의 행운이다. 그 길 위에서 풍요로워졌다. 가족은 생명의 원천이다. 새롭게 태어난 손주 지석智錫에게, 생명의 강이 넘실대는 삶과 세상을 안내하는 자그마한 길잡이가 되려는 마음도 이 책을 엮는 데 단단히 한 몫을 했다. 다시 모든 분께 감사드린다.

2016년 9월

가을이 나무 잎새에 앉은 덕진 캠퍼스에서

원용찬

1
순환과 흐름을 위한 경제학

카이로스의
시간을
위하여

호혜와 연대의 순환운동

언제나 한 해를 새롭게 맞는 시간은 성스럽다. 지난 시간이 즐거움과 슬픔, 쓰라림, 비틀림, 찌듦의 속된 시간이었다면, 우리는 그것을 다시 씻어내고 어루만지고 새로운 마음다짐으로 성화聖化시켜 새해 벽두에 선다. 미르체아 엘리아데Mircea Eliade가 『성과 속』에서 말했듯이 "순수와 불순, 성聖과 속俗은 영원불변한 것이 아니다. 불순이 순수로, 속은 성으로 변할 수 있음이다".

오늘 배낭 하나 달랑 매고 산길 넘어 흐르는 강물을 바라본다. 시간은 언제나 강물처럼 흐르고 또 흐른다. 흘러서 멀리 떠나버리는 것이 아니라, 멀리 돌아갔다가 다시 내가 서 있는 이곳으로 되돌아오기도 할 것이다.

시간이 고대로 거슬러 올라갈수록 산 자와 죽은 자의 거리는 가깝다. 중세 초기의 게르만인은 죽은 자와 산 자를 동등하게 취급했다. 그들은 죽음이 현세의 소멸이 아니라 저세상으로 이행하는 것이라는 관념을 갖고 있었다. 프랑크왕국을 세운 게르만족의 살리카법전Lex Salica에서는 죽은 자라도 잘못을 발견하면 산 자와 똑같이 벌금을 부과했다.

당시 촌락공동체는 바깥세상과 고립된 산 자의 생활공간으로서 소우주micro cosmos였다. 죽은 자의 영역은 대우주macro cosmos로서 인간의 운명과 길흉화복을 좌우하는 초월적 존재가 자리한 곳이었다. 대우주에는 악령, 거인, 사자死者 등 수많은 신이 거주했다. 소우주의 사람들은 풍요, 가뭄, 기근, 질병의 배후를 지배하는 대우주의 신에게 공물을 바침으로써 촌락공동체의 안녕과 번영을 기원했다. 소우주와 대우주는 산 자와 죽은 자의 거리만큼이나 가깝게 원운동의 상호 순환관계를 이루었지만, 기독교가 들어오는 6~10세기에 이르면 사정은 완전히 달라진다. 기독교는 대우주를 지배하고 잡다한 신gods을 우상이라 여겨 추방했다. 기독교는 유일신God 이외는 인정하지 않았다. 사람도 삶의 방식에 따라 사후 최후의 심판을 받는 일방적 회로 속에 들어가게 되었다. 소우주와 대우주는 호혜의 순환관계에서 유일신이 관장하는 수직관계로 바뀐다.

전통적 촌락 공동체도 교회를 중심으로 하는 종교적 사유와 생활양식의 지배를 받게 된다. 마을 사람들 역시 공동체의 집단영역에 속했던 삶과 죽음의 문제를 하나님께 개별적으로 의탁했다. 특히 루터의 종교개혁 이후 프로테스탄티즘은, 신과 인간의 중간에 매개되어 있던 사제를 제치고 하나님과 직접 영적 교통을 하는 통로를 마련했고, 이로써 기독교와 개인의 관계는 더욱 발전한다. 서구의 개인주의가 기독교라는 종교적 에토스와 뗄 수 없는 관계를 형성한 것이다.

알랭 로랑Alain Laurent은 『개인주의의 역사』에서 "기독교는 기존의 공동체를 간접적이나마 양쪽 방향에서 전복시키고 무너뜨린다. 즉 기독교는 인간을 자유로운 인격체로 철저하게 내면화시키고 부족이나 국가에 대한 종속상태에서 해방해 개인을 보편적 인간성을 동등하게 구현하는 존재로 만드는 것이다"라고 밝힌다. 기독교는 주변의 전체론과 완전히 단절된 유례없는 종교가 되었다. 결국 인간이 신과 직접적이고 내면화된 관계를 맺고 '(죽은 뒤) 세상 밖에서' 구원받을 수 있다고 믿었기 때문에 각자 마음 깊이 개인화가 뿌리내렸다는 것도 알랭 로랑의 지적이다.

경제학에서 합리적 경제인의 대표 모델로 여기는 로빈슨 크루소도 프로테스탄티즘과 깊은 관계가 있다. 일확천금을 바라는 투기심과 허황된 모험심에 사로잡혀 있던 로빈슨 크루소는, 프로테스탄트 신자인 아버지의 간곡한 만류에도 항해를 떠난다. 그 결과는 우리가 익히 알고 있는 것이다. 배는 난파되고 로빈슨 크루소는 어느 외딴섬에 갇힌다. 로빈슨 크루소는 그곳에서 하루하루를 지내면서 지나온 삶을 반성하며 밤마다 하나님에게 참회했고, 이제는 신에게 부여받은 소명으로서 근검절약의 삶을 살아갈 것을 다짐한다.

긴 연원으로 따져볼 때, 현대 경제학에서 상정하는 호모 에코노미쿠스는 로빈슨 크루소의 계산·합리적 모델을 체화해 경제학적 방법론의 인간 아이콘으로 추상화되었을 것이다. 서구의 개인주의가 경제학에서 최소 비용으로 최대 만족을 얻고자 하는 경제인이라는 인간 유형으로 자리 잡게 된 것을 방법론적 개인주의 methodological individualism라고 부른다면, 여기에도 어김없이 기독교와 개인의 관계가 깊이 잠복되었으리라 짐작된다.

기독교의 직선운동이 닿는 자리는 최후 심판으로서 천국이라는 궁극점 또는 목적(텔로스telos)이기도 하다. 경제학에서 수요와 공급이 자기 조정을 거쳐 마침내 도달하는 균형점이나, 이를 뒷받침하는 패러다임인 뉴턴의 기계론적 사고방식도 모두 기독교의 신학이나 목적론teleology을 벗어나지 못하고 있다. 오늘날 우리가 주류 경제학을 비판하고 새로운 방법론을 궁리할 때, 근원적으로 기독교적인 직선운동에서 벗어나 소우주(인간과 인간)와 대우주(인간과 자연)의 호혜와 연대의 순환운동을 생각할 수밖에 없는 것도 이 때문이다.

신의 시간이 상인의 시간으로 바뀌다

왜 무도회에 참석한 신데렐라는 12시까지 귀가를 해야만 했을까. 물론 자정을 넘기면 마법이 풀리기 때문이다. 자칫하면 신데렐라의 화려한 드레스는 초라한 치마로 변하고 마차는 호박, 말은 4마리의 쥐로 되돌아갈 것이다. 첫째 날에 왕자님과 춤을 추던 신데렐라는 11시 45분을 알리는 시계 종소리를 듣자마자 서둘러 집으로 돌아간다. 그런데 둘째 날에는 노느라 정신이 없어서 허둥지둥 유리 구두 한 짝을 무도회장에 떨어뜨린다.

의문은 다른 데 있지 않다. 당시 12시도 아닌 11시 45분에 시간을 알려주는 시계가 있었을까? 시계와 시간의 역사는 여기서 시작한다. 13세기 말부터 14세기 초까지 수도원에서는 일정한 시각에 신에게 기도를 드렸다. 종소리를 제 시간에 자동적으로 알려주는 시계가 필요했을 것이다. 그래서 자명종이 붙은 알람 기계시계가 탄생했다. 종교적 이유로 제작되었던 수도원의 시계는 14세기 무렵 도시 시민을 위해 광장이나 시장에 시계탑으로 선다. 종은 15분 간격으로 울렸는데 매번 그 음색이 달라서 조금만 주의를 기울이면 누구든지 11시 30분인지 11시 45분인지 구분할 수 있었다. 이 때문에 신데렐라도 서둘러 무도회장을 빠져나올 수 있었던 것이다.

기계시계가 출현하면서 사람의 시간 의식도 바뀌었다. 그전까지는 아침에 해가 뜨면 일어나 밭에 나가 일하고 저녁에 별을 벗삼아 집으로 돌아오는 자연의 시간이 일상을 지배하고 있었다. 그러나 기계시계의 출현 이후, 자연의 시간은 인공적으로 잘게 쪼개졌으며 사람의 생활은 다른 방식으로 제도화되었다.

중세의 수공업자들은 주문받은 가죽 신발 한 켤레의 제작을 언제까지 마치겠다는 약속을 하지 않았다. 철저한 장인 정신으로 땀 흘려서 자기만의 개성이 담긴 신발을 만들어야 끝났다. 베르너 좀바르트Werner Sombart의 말대로 중세 수공업 제품은 하나의 영혼을 가지고 세상에 나오며, 수공업자의 기쁨과 슬픔이 제품에 흔적을 남긴다. 이렇던 것이 시간 의식이 변함에 따라 제품 생산도 기간에 맞춰 이루어지게 되었다. 수공업자와 고객 사이에 제작을 언제까지 마치겠다는 시간 약속이 정해졌다.

중세에는 이자를 징수하는 행위가 죄악이었는데 그 이유도 시간 개념과 무관하지 않다. 기독교가 지배하던 당시에 시간은 하나님의 것이었다. 원래부터 시간은 신의 소유였기에 아무도 시간에 따른 이득을 얻을 수 없었다. 이자는 하나님의 시간을 훔친 결과물이기에 중세 교회의 신학자들은 이자 취득을 범죄 행위로 간주했다. 이 범죄는 처벌되어 마땅했으니 교회는 상인의 이자 취득을 금지하는 이자금지법을 제정했다.

도시가 융성하고 상업이 활발해지면서, 시간이 이자를 낳는다는 사고가 서서히 주목받았다. 상인들은 시간에 대한 새로운 생각을 돈벌이에 응용했으며 '시간은 바로 돈Time is money'이라는 논리가 지배하기 시작했다. 금융업자와 상인들은 돈을 빌려주고 일정한 기간이 지나면 원금과 함께 이자를 받았다. 신의 시간이 상인의 시간으로 바뀐 것이다.

인간사에서도 규칙성과 정확성이 더 큰 의미를 가졌다. 인간이 우주의 움직임을 이해하기 시작해 자연의 힘을 이용할 수 있게 되었다. 우주는 거대한 시계로 비유되었으며 신은 최고의 시계 제작자Clockmaker로 불리었다. 마치 신의 상징인 듯, 시계가 광장에 설치되어 세상을 내려다봤다. 정시를 알려주는 공공시계는, 제노바에서 1353년에, 볼로냐에서 1356년에, 페라라에서 1362년에 처음 등장했다. 파리 왕궁에 설치한 시계를 두고 누군가 이렇게 썼다. "시계란 곰곰이 생각할수록 매우 아름답고 놀라운 기구로다. 보기 좋고 유용하며 그 정묘함으로 해가 뜨지 않을 때조차도, 밤낮으로 우리에게 시간을 알려주니 우리는 시계에 더 큰 상을 주어야 하리."[1]

상인과 부르주아가 지배한 시간 위에서 인간의 삶과 노동이 규제되고 경제활동이 이루어졌다. 1563년 영국의 도제법徒弟法에서도 노동시간이 규정되었다. 3월부터 9월까지는 아침 5시 또는 그 이전에 작업을 시작해서 저녁 7~8시 사이에 마치는 것으로 정해졌고, 이를 어기거나 태만하면 임금을 대폭 깎았다. 오로지 임금으로 생계를 유지하는 노동자는 시간 규칙에 철저하게 순응해야 했다.

자본주의라는 새로운 사회는 상인과 부르주아가 시간을 지배하면서 탄생했다. 시간이 금전이기 때문에 돈처럼 아끼고 저축해야 하며 이를 위해 근면 성실하게 사는 것이 최선의 덕목으로 자리 잡았다.[2]

하늘에서 땅으로 내려온 인간의 시간은 다시 권력과 이데올로기에 붙잡혀 조작되고 있지만 시간 안에 내재된 성스러움은 여전히 자연 속에 머금어 있다. 우리 모두는 가슴속에 저마다의 시간을 갖고 있고, 이슬을 머금은 들판의 풀 한 잎에도 어김없이 신의 자비와 은총이 배어 있는 것이다.

1751년 스웨덴의 식물학자 칼 폰 린네Carl von Linné는 꽃으로 시계를 만들었다. 그의 꽃시계는 낮의 시간을 보여줬다. 알록달록

한 황금초가 피면 아침 6시이고 팬지가 피면 정오이며 동네 어귀의 달맞이꽃이 피면 당연히 밤이다. 이러한 자연의 시간을 인위적 시간으로 획일화한 산업사회의 이데올로기에 대해 제이 그리피스Jay Griffiths는 『시계 밖의 시간』에서 이렇게 말한다. "오늘날 서구의 수적인 시간, 강박적으로 분할하고 원자화하고 측정하고 계산하는 시간 개념은, 저 뉴턴의 '절대적이고 수학적인 진리의 시간 개념'을 무기로 해서 시간의 다양성과 고유성을 말살하기 시작했던 산업사회와, 저 가련한 프랭클린에게서 '시간은 돈이다'를 배워 시간에 충만해 있는 은총과 자비를 비천하고 무자비한 시간 세기(셈counting)로 고갈시켜 버린 후기산업사회와 이데올로기적으로 너무도 궁합이 잘 맞다."[3]

유한한 시간의 성스러움

산업자본주의 시대에 시간은 권력 이데올로기에 포섭되어 자본의 속도와 운동 법칙을 통해 이윤을 낳는다. 기본적으로 상업자본은 M(화폐)-C(상품)-M′(화폐+유통차액)의 운동 과정에서 공간에 따른 가격 차이를 통해 유통이익을 실현한다. 이에 반해 산업자본은 시간을 산업자본의 운동 양식에 집어넣고 또 새로운 유행을 만들어내는 시간적 차이를 통해 이윤을 얻는다. 시간은 생산과 소비라는 두 개의 영역에서 자본의 이윤을 창출하는 황금 광산이 된 것이다.

자본가는 마치 미하엘 엔데Michael Ende의 『모모』에 나오는 회색인과 비슷하다. 회색인간은 사람의 시간을 훔쳐서 시간은행에 저축된 시간으로 먹고사는 자본가다. 회색인간이 출현하면서부터 시간을 빼앗긴 마을 사람들은 친구와 우정이나 사랑을 나눌 틈도 없이 쫓기듯 살아가게 된다.

마르크스의 관점에서 노동은 잉여가치를 창출하는 원천이다. 산업자본은 노동자에게 임금을 지불, 즉 필요노동시간을 지불하고 나머지 잉여노동시간을 잉여가치로 빼앗아 이윤을 실현한다. 자본가는 노동의 잉여가치를 더 많이 얻어내기 위해서 노동시간을 절대적으로 늘리거나 기계를 채용해 필요노동시간을 줄이고 상대적으로 잉여가치를 더 늘리는 방식으로 이윤을 극대화해간다.

자본이 노동을 상품화시켜 구입하고 생산 과정을 빨리 순환시킬수록 잉여가치도 그만큼 불어난다. 자본의 자기증식 운동이 가속화되기 위한 조건은 잉여가치가 체화된 상품이 소비 유통시장에서 얼마나 빨리 때맞춰 판매되어 화폐로 전환되느냐에 달려 있다. 생산과 소비 영역은 맞물려 있는 톱니바퀴처럼 서로를 실현해줘야 회전속도가 빨라지고, 자본의 가치증식 영역도 무한정 확대할 수 있게 된다.

현대 자본주의는 소비와 생산의 정합성을 확보하기 위해서, 자본가는 소비자를 새로운 유행으로 유혹하거나 새로운 것을 순식간에 낡은 것으로 만드는 방법으로 제품의 수명을 단축시킨다. 이제 노동력의 재생산에 요구되는 필요 또는 욕구desire는 자연적 · 생리적 · 객관적으로 주어지는 것이 아니라 사회적이고 주체적인 욕망의 배치 안에서 이루어진다. 사회 자체가 거대한 욕망 덩어리로 변하고 인간은 소비기계로 전락하면서, 욕구는 무한정으로 생산 영역에 동조하거나 지배당해 주체의 고갈에 이를 지경에 다다른다. 이제 인간은 미래로 끊임없이 뻗어가는 상품을 소비하기 위해 자신의 미래소득을 앞당겨서 지불하고 컨베이어 벨트라는 러닝머신 위에서 끊임없이 달려야 하는 소비기계가 된다.

『포스트모더니티의 조건』에서 데이비드 하비David Harvey는 포스트모던의 생산·소비 양태를 날카롭게 지적한다. 소비의 회전 시간이 짧아지지 않는다면 생산의 회전 기간이 아무리 빨라져도 소용없다는 것이다. 전형적인 포디스트fordist 제품의 반감기는 5~7년 정도였지만, 유연적 축적 체제는 섬유나 의류 산업 같은 분야에서 이를 절반 이상 단축시켰고 비디오게임이나 소프트웨어와 같은 두뇌 산업thought ware에서는 이 기간이 18개월 미만으로 뚝 떨어졌다. 포스트모더니즘의 미학은 차별성이나 순간성, 스펙터클과 패션, 문화의 상품화를 예찬한다. 현대의 생활에서는 새로움, 유동성, 순간, 우연, 일시적인 것이 강조되었고, 자본의 회전속도는 극도로 빨라졌다.

순간의 새로움을 강요당하는 시대에 엔데의 『모모』는 여전히 우리에게 성찰을 안겨준다. 그것은 우리가 속俗되고 속速스러운 시간을 다시 되돌려서 성스럽게 만들어야 하며, 시간을 자신의 것으로 만들어서 삶의 경제를 이룩해야 한다는 성찰이다. 『모모』에서 호라 박사는 말한다.

"진짜 주인으로부터 떨어져 나온 시간은 말 그대로 죽은 시간이 된단다. 모든 사람은 저마다 자신의 시간을 갖고 있지. 시간은 진짜 주인의 시간일 때만 살아 있어. 사람들은 저마다 황금빛 시간의 사원을 하나씩 갖고 있단다."

자신에게서 떠난 시간은 죽은 시간이다. 회색인간의 얼굴이 잿빛인 것은 죽은 시간으로 먹고살기 때문이다. 우리 역시 자신의 시간을 빼앗긴 까닭에 시간의 속도가 빨라질수록 더 빨리 회색으로 변한다. 세계의 시간이 빨라질수록 인간은 남의 시간을 빼앗을 수밖에 없다. 속도에 빼앗긴 시간을 다시 되찾아 이웃과 함께 일상을 나누는 여유를 누리면서, 자신만의 황금빛 사원을 세워야 한다.

과거는 언제나 현재를 거쳐 미래로 흘러간다고 한다. 시간의 직선관에 사로잡혀 있는 우리의 고정관념은, 물리학에서 빛보다 빠른 타키온tachyon이라는 가상의 입자를 설정하면 때로 부정된다. 이론적으로 타키온 입자가 가정되는 우주 세계에서는 미래와 과거가 서로 순식간에 왕복할 수 있다. 시간은 거꾸로 미래에서 과거로 거슬러간다. 『모모』의 한 구절에서도 타키온의 세계를 상상할 수 있다. "'아무 데도 없는 집' 주변에서는 시간이 거꾸로 흐른단다. 시간의 소용돌이 때문이지."

실비오 게젤Silvio Gesell의 '노화하는 돈aging money'도 시간이 거꾸로 흐르는 세상을 반영한다. 노화하는 화폐는 유통기한이 정해져 있어서 오래 갖고 있을수록 손해다. 미곡 창고에 쌀을 보관하면 보관료를 내야 하듯, 은행에 예금을 해도 비용, 즉 마이너스 금리를 지불해야 한다. 이로써 돈은 강제로 순환되고 부의 집중을 막을 수 있다. 노화하는 돈은 매달 1퍼센트씩 효력이 감소하기 때문에, 화폐가치를 현재 수준으로 유지하려면 매달 액면가의 1퍼센트에 해당하는 스탬프를 사서 붙여야 한다. 이렇게 '스탬프를 붙인 화폐stamped money'는 일정 기간 동안 스탬프를 붙여서 현재 가치를 유지하지 않으면 종국에는 화폐가치가 완전히 사라지는 소멸화폐였다.

실제로 1929년 세계 대공황 이후에 오스트리아의 뵈르글이란 소도시에서 노화하는 돈을 도입해 시의 채무와 실업자를 완전히 줄이는 데 성공하기도 했다. 노화하는 돈은 저축을 해도 이자는커녕 손해가 나기 때문에, 당연히 화폐유통이 빨라졌고 소비도 활성화되었다. 훗날 중앙정부가 지역 화폐를 금지하면서 화폐 발행이 중단되었고 다시 뵈르글은 불황에 빠졌다.

엔데가 노화하는 돈에 주목한 것은 두말할 나위 없다. "돈으로 산 물건들은 닳아서 없어지는데 구입에 사용된 화폐만 사라지지 않습니다. 피가 몸을 순환하고 나서 제 역할을 다하고 나면 노화해 배설되는 것과 마찬가지로 돈도 경제라는 유기적 조직을 순환하는 혈액과도 같아 제 역할이 끝나면 사라져야 합니다. 감자는 먹어서 없어지고 구두는 한참 신다보면 닳습니다. 그런데 이런 것을 구입하는 데 사용되는 돈은 사라지지 않습니다. 돈 자체는 상품이며 매매됩니다. 하지만 줄어들거나 없어지지 않는 물건입니다. 원래 의미의 상품은 경제 프로세스 마지막에는 사라져야 합니다. 돈은 결코 성스럽거나, 숭배되는 신이 아닙니다. 지금 돈은 불멸의 성질까지 가지고 있습니다."[4]

모든 생명체나 무기물은 태어나서 자신의 수명만큼 살다가 다시 새로운 것에 자리를 물려준다. 일생이 성스러운 이유는 우리가 짧고 유한한 시간만을 갖고 있고 언젠가는 죽음과 함께 소멸하기 때문이다. 소설가 박경리는 그의 마지막 산문 「물질의 위험한 힘」에서 절절히 말한다.

"아무리 작은 박테리아라도 생명을 가지고 태어나서 꼭 그만큼의 생명을 누리다가 죽습니다. 반면에 피동적인 물질은 죽지도 살지도 않습니다. 이 죽지도 살지도 않는 마성적인 힘에 대해서 생각해봅니다. 인간이 도저히 대항할 수 없는 이 마성적인 힘이야말로 얼마나 무섭습니까?……나는 이 피동적 물질 자체가 가진 영원함에 두려움을 느낍니다."

피동적 물질인 화폐만이 유기물처럼 죽지도 살지도 않고 무한한 증식력으로 불멸의 지위를 누리고 있다. 사람이 무한한 화폐 물신에 자신을 의탁하여 죽음을 회피하려는 것도 진짜 신에 대한 모독이며 성스러움을 오염시키는 행위라고 한다면 지나친 표현일까.

시간이 강물처럼 흘러가고 다시 되돌아오는 타키온의 시간 세계는 우주가 아니라 지상에도 존재한다. 자본이 포획한 시간의 직선운동을 다시 되돌리고 순환시키려는 또 하나의 세계가 자본을 포위해가고 있다. 우리는 자본의 속도에 휘둘리고 있지만, 또 다른 시간의 세계가 존재하고 있다는 것을 안다. 머나먼 과거에 시원始原의 풍요로움original affluence이 있었고, 또 거기에는 우리의 미래를 보다 풍요롭게 할 씨앗과 오래된 미래ancient futures가 있었다. 과거, 현재, 미래를 시간의 소용돌이 속에 불러들일 수 있는 것은 우리의 상상력이다.

신화의 세계에서 크로노스Kronos는 지구의 공전과 자전으로 정해지는 물리적 시간이다. 태어나서 늙고 죽어가는 것은 누구에게나 공평한 것이다. 카이로스Kairos는 의식적이고 주관적인 시간이며 마음먹기에 따라 다르다. 사람마다 다른 시간을 살아가는 세계가 카이로스의 흐름이다.

이제 아침에 떠오르는 태양의 순간을 저마다 가슴에 품고, 풍요롭고, 활기차고, 다채로운 생명을 잉태하는 폭포처럼 유연하고 비옥한 카이로스의 시간으로 충만할 일이다.

알베르 카뮈와
부조리의
경제학

소비사회의 부조리

아침 햇빛은 생명을 머금기에 항상 찬란하고 기쁨의 빛으로 가득
차 있다. 저녁노을은 하루가 저물어가는 아쉬움을 남긴다. 하루
를 일생의 시간으로 간주한다면 해 뜨는 아침과 해 지는 저녁의
길이는 인간이 태어나고 죽는 과정이기도 하다. 그래서 하루의 중
간 지점인 정오의 태양은 생명과 죽음의 모순을 동시에 내장한다.

　메타포 차원에서, 한낮의 태양을 바라보는 행위는 생사의 경계
선에 선 어떤 커다란 사건을 상징한다. 알베르 카뮈Albert Camus의
『이방인』의 주인공 뫼르소Mersault가 그렇다. 뫼르소라는 이름 자
체에 이미 죽음Meur으로 인도하는 태양sault이 암시되어 있다. 뫼
르소에게 한낮의 태양 빛은 일상의 반복을 부수고 세계의 부조리
를 깨닫게 만드는 방아쇠였다.

부조리는 삶의 반복에서 오는 권태 때문에 인간 존재에 회의를 느끼거나, 인간이 시간 앞에 파괴되는 존재라고 인식하거나, 거대한 전쟁과 인간의 잔인성으로 세계에 대한 깊은 불신과 마주할 때 체험하게 된다. 물신이 지배하는 소비 자본주의 사회에서도 우리는 부조리와 소외감에 빠진다.

밤에는 거대한 쇼핑몰의 네온사인이 번득인다. 광고는 끊임없이 손짓한다. 스마트폰에서는 쉴 새 없이 소비를 유혹한다. 우리는 거대한 시장의 무대장치에 둘러싸여 있다. '나는 소비한다. 고로 존재한다'라는 상품 소비사회에서 인간의 주체는 고갈되고 부조리를 겪기도 한다. 여기서 벗어나려는 인간 존재의 노력은 실존적 몸부림이다. 실존existence은 자신을 부단히 극복하고 '밖으로ex' 향하는 '존재istence'의 탈존脫存이다.[1]

경제학이 물질과 이득 추구의 기술학에서 벗어나 부조리에서 탈출하려는 실존적 작업을 어떻게 받아들일 수 있을 것인가? 카뮈의 태양과 이방인, 반항하는 존재 시시포스Sisyphos는 경제학의 인간 모델인 호모 에코노미쿠스를 어떻게 극복하고 새로운 사유방식을 제시할 수 있을 것인가?

반항하는 인간, 뫼르소

막 고등학교를 졸업하고 심심풀이로 읽었던 단편소설 하나가 지금 나이에도 끊임없이 달라붙는다. 햇빛이 작열하는 여름이었다.

벽걸이 시계를 파는 월부 장사가 아파트 문을 두드리고 다녔다. 모두가 안 산다고 고개를 저었다. 월부 장사는 또 다른 아파트를 힘겹게 걸어 올라가서 어느 집의 초인종을 눌렀다. 역시 안 산다는 거절만 퉁명스럽게 돌아왔다. 그러자 월부 장사는 잠시 집주인을 쳐다보더니, 등에 매고 다니던 벽걸이 시계를 몽땅 줘버리고 그냥 돌아섰다. 뒤에서는 안 산다는 외침이 들렸지만 월부 장사는 대꾸도 않고 아파트를 빠져나갔다. 햇빛은 여전히 그를 따갑게 비추고 있었다.

집에서 기다리는 가족이 있었을 텐데, 그는 힘겨운 가장의 짐을 던져버리고 어디로 간 것일까? 뜨거운 태양을 따라 어디로 갔을까? 눈부신 태양 속으로 빨려들어 소실되었을까? 그런 생각을 할 때마다 막연한 불안감이 지금도 떨어지질 않는다.

세상에 무관심하고 매일 똑같은 일을 반복하는 『이방인』의 뫼르소는 권태로웠다. 태양은 어머니의 장례식 날에도 끈질기게 따라다녔다. 그날도 뫼르소는 2시의 태양이 작열하는 해변을 혼자서 걷는다. 아까 다투었던 아랍인이 모래 바닥에 누워 있다. 뫼르소는 아무런 이유도 없이 번쩍이는 태양 빛에 이끌려 피스톨의 방아쇠를 당긴다. 총성은 해변가에 내리쬐던 태양을 뒤흔들어놓고 만다. 나중에 재판정에서 뫼르소는 살인의 동기를, 어처구니없게도 태양 때문이라고 대답한다.

뫼르소의 죄목은 살인이 아니었다. 그가 프랑스 식민지 사람이었던 아랍인 한 명을 죽였다고 해서 사형까지 당할 필요는 없었다. 어머니와 함께 살지 않고 양로원에 보낸 것, 죽은 어머니의 얼굴을 보려고도 않고 그 옆에서 담배를 피우고, 밀크 커피까지 느긋하게 마시고 편하게 잠자리에 든 것, 장례를 치른 다음날 사랑의 감정도 없는 마리Marie와 바닷가에서 수영도 하고 함께 잔 것, 이 모두가 하나의 시나리오로 엮어져서 마침내 사형에 이른 것이다.

세상에 무관심하고 냉담하게 살아왔던 철저한 이방인을 부조리한 체제는 용서하지 않았다. 남들처럼 어머니의 장례식에서 눈물을 흘리고 진심으로 애도하는 흉내라도 냈거나, 재판정에서 자기 변명이라도 했다면 뫼르소는 사형까지 언도받지 않았을 것이다.

뫼르소는 『이방인』의 마지막 대목에서 구원의 내세를 위해 참회하라는 신부에게 심하게 욕설을 퍼붓는다. "나는 그의 사제복 칼라를 움켜쥐었다. 나는 내 가슴속에 있는 모든 것을, 환희와 분노의 울부짖음으로 그에게 쏟아부었다. 그는 너무도 확신하고 있는 것 같았다. 그럼에도 불구하고 그의 확실성은 여자 머리카락 한 올의 가치도 없는 것이었다. 그는 죽은 사람처럼 살고 있기 때문에 살아 있다고 조차 확신할 수 없는 것이었다. 그러나 나는 나에 대해, 모든 것에 대해, 그가 확신하는 것 이상으로, 나의 삶을, 다가올 이 죽음을 확신하고 있었다.……나는 옳았고, 여전히 옳았으며, 항상 옳다."

뫼르소는 불합리한 삶에 절망해 자살하거나 신에 의지하는 나약한 인간이 아니었다. 깨어 있는 이성으로 부조리에 저항하고 죽음을 뛰어넘는 의식으로 자기 존재의 이유를 밝힌다. 카뮈에게 뫼르소는 명징한 자기의식으로 허위를 던져버리고 부조리한 세계에 저항하는 '반항하는 인간' 즉 시시포스였다.

『이방인』에서 세계의 균형은 태양 아래 울려 퍼진 총성으로 깨진다. 작열하는 정오의 태양은 생명과 죽음의 모순을 동시에 안고 있었다. 피스톨의 총성으로 생명과 죽음은 부서진다. 뫼르소는 자신도 모르는 사이 죽음을 예비한다. 카뮈의 인간은 '의식적으로 죽음을 창조'함으로써 생의 현재를 가득히 살아가는 존재로 거듭난다.

흔히들 태양에 이끌린 뫼르소의 행위를 불꽃 속에 뛰어드는 부나비와 같은 굴광성phototropism, 屈光性 또는 향일성heliotropism, 向日性의 비극적 변주라고 평론한다. 태양에 끌린 굴광성의 행위는 권태의 끝에서 일어난 반사적 충동이었다. 살인 사건 이후 뫼르소는, 종전의 수동적 인간 유형과 달리 자기와 무관하게 돌아가는 부조리의 세계에 서서히 고개를 들며 의식을 획득하는 인간이 된다.

이 지점에서 생물의 진화경제학을 방법론으로 삼았던 소스타인 베블런Thorstein Veblen을 초대해도 좋을 듯싶다. 베블런은 식물의 줄기가 생리적으로 햇빛을 따라가는 향일성을 굴성tropism의 본능적 행위라고 본다. 식물과 달리 인간은 환경과 상호작용하면서 진화해 수동적인 굴성의 차원을 벗어던진다. 인간은 스스로 설정한 인생의 목적을 따라 자신을 끊임없이 전개하는 지적이고 의도적인 본능을 지닌다. 살인 사건을 계기로 뫼르소는 의식적이고 생의 목적을 가진 인간으로 변모했다. 마찬가지로, 베블런은 인간이 본능적으로 자기를 둘러싼 익숙한 환경을 뛰어넘어 적극적으로 변화하고 저항하려는 경향을 가지고 있다고 보았다.

의식적이고 능동적 인간은 익숙한 것과 결별해야 한다. 부조리는 친숙하다고 여겼던 사물과 무대장치를 낯선 것으로 여길 때도 발생한다. 베블런은 부조리에 반항하는 경제학자였다. 당시의 신고전학파 경제학이 '존재하는 것은 모두 정당하다'며 옹호할 때 베블런은 '존재하는 것은 모두 정당하지 않다'고 회의하며 과거 전통과 사유 습관이나 선입견의 노예가 되지 말 것을 주장했다. 그는 합리적으로 위장되는 세계를 벗겨내고 비합리성의 모습을 낱낱이 밝혀냈다. 때로 영리 계급의 약탈, 기묘한 과시적 소비와 낭비, 아무런 회의도 없이 부자를 모방하고 흉내 내는 대중의 민낯을 드러내며 '비싼 것이 아름답다'는 아이러니로 세상을 비꼬았다. 베블런의 인간은 영리 계급이 깔아놓은 세계에 절망을 느끼는 부조리한 인간으로, 현재를 탈주해나가는 실존적 또는 탈존적 존재다.

경제학자는 부조리한 인간에게 어떤 교훈을 얻을 것인가. "베블런은 인생의 비전을 예리하게 깨닫기 위해서는 부조리와 대면해야 한다고 생각했다. 그는 경제학자들에게 부조리를 직시하며 아이러니한 긴장을 유지하고, '하루하루가 주는 열광과 즐거움'을 드러내고 '현존 제도의 음모'를 폭로해야 함을 가르쳐준다."[2]

부조리를 직시하고 그에 분노하고 죽음을 예비했던 뫼르소는 더는 이 세상에 내팽개쳐진 존재가 아니었다. 자신의 운명과 화해하고 사형 집행 날에 많은 구경꾼이 와서 증오의 함성으로 자기를 맞아주기를 소원하며 세상과의 관계를 회복한다.

숨 막히게 작열했던 정오의 태양은 지고 다시 대지에 어둠이 깔린다. 부조리를 직시했던 뫼르소의 밤은 행복했다. 하루를 치열하게 살았던 우리의 일상처럼 평안한 밤이 찾아온다. "마치 그 엄청난 분노가 나의 고통을 씻어주고, 희망을 가시어준 것처럼, 숱한 신호들과 별들이 드리워진 밤을 눈앞에 바라보며, 나는 처음으로 세계의 다정스러운 무관심에 마음을 열고 있었던 것이다. 그처럼 세계가 나와 닮아 마침내는 형제 같음을 느끼자, 나는 전에도 행복했고, 지금도 행복하다고 느꼈다."

'담쟁이'의 인간학

부조리는 언제나 자신이 은폐되길 원한다. 사회는 부조리를 직시하고 탈출하려는 실존적 존재를 끊임없이 거대한 기획으로 가두어놓는다. 뫼르소처럼 사회적 기획social project에 포획당하지 않고 이방인으로 탈주하려는 인간이나, 햄릿처럼 회의하고 사색하고 망설이는 인간은 사회에서 탈영병 취급을 당할 뿐이다. "바로 그 때문에 망설이는 것만으로도 이미 탈영병 취급을 받으면서 배척당한다. 햄릿 이후 '망설임'은 현대사상에서 사색과 인간적인 것의 징표였다."[3]

　죽음은 인간이 저항할 수 없는 최대의 부조리다. 어차피 죽음에 이를 수밖에 없는 과정은 때로 허무하기도 해 자살을 꿈꾸기도 한다. 우리는 불멸의 신에 의존해 죽음의 부조리를 벗어나고자 한다. 종교는 죽음의 두려움을 위탁받아 조물주 아버지 하나님에게 자신의 존재를 양도하도록 만든다. 신의 권위에 순응하고 최후 심판과 천국을 마련해 인간을 궁극점으로 인도한다. 죽음의 공포에서 자유로워지기 위해 우리는 불멸 또는 영생을 신에게 의탁하지만, 에리히 프롬Erich Fromm의 말처럼 '자유로부터 도피'하는 순간에 자신의 개체성도 파괴하고 만다. 인간이 자신의 잠재적이고도 능동적 주체를 포기하고 또 다른 거대한 힘과 권위에 의존하는 과정을 전이 현상이라고도 부른다. 전이 행동의 기본적 동기는 죽음에 대한 두려움에서 나오는 허무감, 유한성, 왜소함의 감정을 절대적 타자에게 의존하는 것에 있다. 전이 현상은 불멸의 금빛, 찬란한 금, 화폐 축적으로 옮겨져, 죽은 물질dead matter에 생명력을 불어넣고 거기에 스스로 귀속되는 행위에서도 보인다.[4]

부조리를 은폐하는 자본주의의 기획은 뫼르소나 햄릿과 같은 실존적 인간을 '자기이득의 합리적 계산에 따라 즉각적으로 순응하고 행동하는 현대인'으로 만드는 데 있다. 호모 에코노미쿠스라는 추상적 인간 모델을 구체적인 현실의 실존적 존재에게 덧씌워 계산과 이득에 따라 행동하도록 굴종시킨다.

세계에 몸담고 있는 구체적 인간은 사랑하고 미워하고 다투고 화해하고 이기적이고 이타적인 무수한 본능을 지닌 총체적 존재다. 그런데 주류 경제학의 추상화 작업은 수많은 인간 본능 중에서 '이기적' 본능의 실 가닥 하나만을 뽑아서 인간 전체의 모습으로 바꾸어놓았다. 추상화된 존재로서 인간은 이득과 경제적 동기에만 유일하게 반응하고 자기 행동을 결정하는 '경제적 기계'가 되었다. 이것이 경제학에서 말하는 합리성rationality이다. 인간이 호모 에코노미쿠스처럼 시장의 자율적 메커니즘 속에서 합리적으로 행동한다면 궁극적으로 최종 균형에 도달하고, 여기서 모든 자원이 효율적으로 배분되어 모두가 최적의 후생을 누릴 수 있다고 가정한다.

종교의 파라다이스도 그렇고 신고전학파 경제학의 최종 균형도 모두가 신학과 분리되지 못하고 궁극적으로 하나의 결정론적 유토피아를 지향한다. 카를 마르크스Karl Marx도 예외는 아니다. 마르크스는 인간이 경제적 이익과 계급 이익에 좌우되는 함수라고 가정한다. 신고전학파 경제학의 안정적 균형처럼 마르크스는 역사의 발전 단계에서 공산주의를 최종 지점으로 설정한다. 공산주의는 소외와 착취도 없으며 더는 갈등도 벌어지지 않고 마침내 모순과 운동이 멈추는 최종 종착역으로서 유토피아를 상정한다.[5]

모두가 파라다이스(천국), 최종 안정과 균형, 궁극적 안정이라는 결정론적 유토피아를 제시한다. 이것은 질 들뢰즈Gilles Deleuze와 펠릭스 가타리Félix Guattari가 『천 개의 고원』에서 말하는 수목樹木 모델과 흡사하다. 수목적 체계는 하나의 중심이 모든 줄기와 가지와 잎을 거느린다. 중심이 위계적 질서를 거느리며 모든 의미를 결정한다. 거대한 나무는 하나의 태양을 향해 뻗어가면서 초월적 지위를 누린다. 추상화된 독재를 만들어 다양한 모든 것을 흡수한다. 수목 모델은 향일성의 굴종으로 모두가 복속되기를 바란다.

하나의 거대한 수목 모델에서 내려와야 한다. 이제 우리의 삶을 외부에서 이끌어주는 결정주의도 사라졌다. 추상화된 일원적 세계 질서는 무너지고 하나의 길은 무수하게 갈라져서 우리의 시야에 펼쳐진다. 그러나 어디로 가야 하는지도 모른다. 마치 길에서 어머니를 잃어버린 어린아이처럼 우리는 실존적 절망에 빠진다. 인간은 비결정성, 우연성, 무목적성 앞에서 제 모습을 드러내며 맹목적으로 표류한다. 이제 이성의 명령dictates of reason에 따라 자신만만하게 행동하는 근대적 행위자 대신 '부조리한 현실'에 직면하는 '실존적인 포스트모던 행위자'가 등장한다.[6]

포스트모던의 행위자는 하나의 중심과 구조를 탈출해 다원화된 세계를 걸어가는 현실의 인간이다. 하나의 중심이 생산했던 목적론적 의미를 거부하고 다양한 의미를 생성해나가기 위한 작업이 요구된다. 불안한 실존 행위자는 서로 따뜻한 손을 잡고 협력하고 다른 차이를 포용하며 불확실한 미래를 하나하나 헤쳐나가야 한다.

수목 모델과 대비되는 리좀Rhyzome 모델은 향일성의 일원론을 거부하고 수많은 이질적인 것과 접속하고 포용하며 다양성의 세계로 나간다. 리좀은 줄기가 뿌리와 비슷하게 땅속으로 뻗어나가는 땅속 줄기식물을 가리킨다. 수평으로 나가면서 덩굴을 뻗고 새로운 식물로 자라나며 중심 구조에서 자유로운 중심을 수없이 만들어간다. 리좀 모델은 수목 모델과 달리 포스트모던한 세계의 표상 방식을 보여준다.

의미는 관계에서 발생한다. 구체적 인간이 사회적 존재로서 서로 관계를 맺으며 의미를 생성한다. 사물의 대상도 관계 속에서 의미를 달리한다. 들뢰즈와 가타리의 지적대로 관계와 접속에 따라 입의 의미도 달라진다. 입과 식도가 접속하면 먹는 것(먹는 기계), 입과 성대가 접속해 말하는 것, 사랑하는 사람의 입과 입이 접속하면 사랑하는 것이 된다. 다양한 관계의 접속을 통해 다원화된 의미가 생성된다. 이와 달리 원자론적 개인의 호모 에코노미쿠스는 외부 관계와 단절되고 오직 사물(음식)과 개인(입술)의 접속만을 강요한다. 단선적 접속은 사과를 맛볼 때도 한계효용의 쾌락과 고통 지수를 측정하는 먹는 기계로 인간을 전락시킨다.

다른 관계망과 접속이 차단되는 진공상태의 개인 또는 추상적이며 고립된 자아를 의미의 주체로 가정하는 작업은 "거기에서 개인이 의미를 찾지 못하게 되면 쉽게 삶이 무의미" 하다는 결론으로 이끌려간다. 의미는 본질적으로 관계 속에서 성립한다. 나와 세계, 나와 사회, 나와 생태적 · 우주적 연결망 속에 의미가 성립하는 것이다. 우리는 수많은 관계망 속에서 의미를 생성하고 실천해가는 '세계-내內-존재' 다.[7]

유토피아는 존재하지 않는다. 우리가 맹목적으로 따르는 지시 대상은 사막의 신기루이며 현실의 부조리를 은폐하기 위한 사회적 음모다. 진화경제학자 제프리 호지슨Geoffrey M. Hodgson이 주장하는 에보토피아evotopia는 불완전한 인간이 서로 협력하고, 불안한 미래에 대처하기 위해 끊임없이 학습하고, 불확실하고 우연적인 환경에 적응해 대응하기 위해 지식을 창조하고, 실험하고, 수정하면서 한 걸음 한 걸음 나아가는 세상이다.[8]

세계에는 이미 정해진 지도가 없다. 서로 열린 마음으로 이질적인 것을 포용하고 다양한 접속과 배치를 통해 지도를 그려갈 뿐이다. 외부가 강제한 지도는 직선이다. 서로 연결된 존재들이 따뜻하게 손잡고 포용하며 그려가는 지도는 곡선이다. 벽을 넘는 담쟁이의 모습처럼 꼬불꼬불하다. 거기서 우리는 절망과 불안을 위로 받고, 더불어 살아가는 하루의 삶 속에서 생의 즐거움과 환희를 누린다.

저것은 벽 / 어쩔 수 없는 벽이라고 우리가 느낄 때 / 그때 / 담쟁이는 말 없이 그 벽을 오른다. / 물 한 방울 없고 씨앗 한 톨 살아남을 수 없는 / 저것은 절망의 벽이라고 말할 때 / 담쟁이는 서두르지 않고 앞으로 나아간다. / 한 뼘이라도 꼭 여럿이 함께 손을 잡고 올라간다. / 푸르게 절망을 다 덮을 때까지 / 바로 그 절망을 잡고 놓지 않는다. / 저것은 넘을 수 없는 벽이라고 고개를 떨구고 있을 때 / 담쟁이 잎 하나는 담쟁이 잎 수천 개를 이끌고 / 결국 그 벽을 넘는다.

• 도종환 「담쟁이」

햄릿의 절규에서
삶을 깨달은
칼 폴라니

'폴라니는 살아 있다'

몇 년 전 안식년을 얻어 모처럼 들렀던 뉴욕에서는, 낡은 영화 필름의 스크래치가 빗줄기처럼 화면을 긋듯 때마침 눈이 쏟아져내렸다. 어차피 초행길이니 차라리 눈발에 도로가 묻혀버린 것이 나았다. 칼 폴라니가 1947년부터 인간의 경제와 살림살이the livlihood of man를 본격적으로 연구했던 컬럼비아대학을 한참 걸어서 찾아갔다.

오스트리아-헝가리 제국의 수도인 빈에서 태어난 폴라니는 체제 반항적인 정치활동을 해서 쫓겨 다니다가 1933년에 파시즘을 피해 영국으로 망명했다. 7년 후에는 다시 미국으로 건너가 불안정한 연구원 신분으로 집필에 몰두해서 지적 황혼기인 58세에 세기의 고전인 『거대한 전환』을 집필했다. 덕분에 유명해진 폴라니는 컬럼비아대학에서 객원교수로 초청받았는데, 당시 불던 매카시즘 광풍으로 캐나다에 머물던 부인은 미국 비자가 거부되어 함께 올 수 없었다. 1953년 67세의 나이로 컬럼비아대학에서 은퇴할 때까지, 폴라니는 가족이 있는 캐나다와 미국을 통근 기차로 오가며 시장 사회라는 '악마의 맷돌Satanic mill'에 부서져버린 인간의 영혼과 자유를 찾아 쓸쓸히 경제인류학과 고대 경제사 연구에 몰두한다.[1]

폴라니는 세계를 유목민처럼 떠돌았다. 격랑의 20세기와 이데올로기에 오롯이 부딪히면서, 언제나 "중력의 법칙을 벗어난 새처럼 훨훨 날아, 보다 더 나은 세계"를 꿈꿨던 그에게 편안한 휴식처는 애초에 없었을 것이다.

컬럼비아대학 캠퍼스에는 계속 눈발이 흩날리고 있었다. 문득 그곳에서, 폴라니가 자신의 죽음을 예고라도 하듯 말년에 인용한 게오르크 헤겔Georg Hegel의 시구가 떠올랐다.

네 안에 있는 평화와 결별하라. / 세상의 가치들과 결별하라. / 네가 시대보다 더 나을 수 있을지는 모르겠지만 / 그러나 최고가 되기 위해서는 그래야 한다.

그해 뉴욕에 다시 울긋불긋한 가을이 찾아왔을 때, 맨해튼 남쪽 주코티 공원에서 월가의 탐욕과 부패를 비난하는 '월가를 점령하라Occupy Wall Street'는 저항운동이 촉발되어 세계적으로 주목을 받았다. 폴라니의 관점으로 월가의 점령 시위는 이중운동double movement과도 같았다. 이중운동은 수요와 공급의 가격 메커니즘으로 작동되는 무차별한 효율과 경쟁의 시장경제에 대항해, 인간과 사회를 보호하기 위한 저항운동이다. 폴라니는 자기 파괴적 시장 메커니즘을 둔화시키고 저지하는 사회 보호의 반작용이 없었다면 인간 사회는 파멸할 뻔했다고 말했다.

몇 년 전 주코티 공원과 멀지 않은 컬럼비아대학의 인류학과에는 '필드를 점령하라: 글로벌 금융, 평등, 사회운동'이라는 과목이 개설되었다. 폴라니의 숨결이 시장 자본주의를 새롭게 바꾸고 또다른 세계 질서를 꿈꾸려는 사람에게서 끊임없이 호흡되고 있음을 본다.

햄릿의 고뇌를 깨닫다

폴라니가 격정적으로 살아왔던 세월은 인간의 존재론적 모순과 현실의 부조리를 뛰어넘으려고 몸부림쳤던 시간이기도 했다. 본래 인간은 영혼과 개성을 가진 존재였다. 그런데도 시장 사회에 들어서면서 노동은 기계가 제품을 찍어내는 상품으로 전락했고, 인간은 오로지 경제적 동기에 반응하는 호모 에코노미쿠스로 획일화되었다.

인간은 경제적 자극에 따라 행동하는 기계가 아니라 다양한 삶의 욕구를 충족하고 더 고차원의 실존적 의미를 찾기 위해 노력하는 총체적 존재wholistic being였다. 폴라니는 인간의 영혼과 총체성을 마비시켜 단순 경제인으로 만드는 시장 사회를 넘어 진정한 자유가 숨 쉬는 새로운 사회 공동체를 소망했다.

폴라니는 서구인의 사유 체계에 근원적으로 자리 잡고 있던 기독교의 차원에서 인간의 영혼을 바라보고 삶과 죽음의 문제를 파헤쳤다. 살아 있는 우리는 결코 죽음을 외면할 수 없다. 죽음이 있기에 생명이 잉태된 것이나 마찬가지다. "인간은 선악과를 먹고 나서 죽음을 가진 존재가 되었다. 최초의 타락이 오히려 인간을 창조했다. 인간은 죽음이라는 뚜렷한 한계에 빚을 지고 창조되었으며 이런 사실을 부인하려는 노력은 무엇이든 간에 삶의 모든 의미를 파괴할 것이다."[2]

인간은 죽을 운명을 가졌기에 세상에서 삶을 얻을 수 있었다. 죽음이 없다면 생명도 없다. 우리의 삶은 죽음에 빚진 것이었다. 우리는 죽음을 피할 수 없다는 현실을 계시처럼 받아들이고 유한자로서 죽음을 깨달을 때 소중한 삶의 의미를 더할 수 있다.

폴라니가 햄릿의 절규에 자신의 영혼이 송두리째 흔들린 것도 허무와 절망의 상황에서 죽음의 의미를 깨달았기 때문이다. 햄릿은 죽음보다도 절망스러운 현실에서 비겁하게 살기보다는 죽음을 조용히 받아들이고 체념함으로써, 자유로운 삶을 살아가는 능동적인 주체로 거듭났다.

컬럼비아대학에서 은퇴한 뒤, 68세에 접어든 폴라니는 1954년에 발표한 철학적 에세이 「햄릿」에서 무의미한 삶에 몸부림치고 생의 방황으로 힘들어했던 젊은 시절을 떠올렸다.[3]

청년 폴라니는 혼란스런 삶에서 탈출이나 하듯이 유럽을 뒤흔든 제1차 세계대전에 몸을 던진다. 전쟁 동안 기병 장교로 참전했던 폴라니의 우울증은 더욱 깊어만 갔다. 동부전선에서 러시아와 대치하던 폴란드 남쪽의 갈리시아에는 혹독한 겨울바람이 불어 닥쳤다. 건조하고 거무스레한 중앙아시아 특유의 벌판이 삭막하게 펼쳐져 있었다. 이미 지칠 대로 지쳐 있던 심신은 더욱 병약해졌다. 하루하루의 삶은 어둠 속으로 빨려 들어가고 차가운 겨울 햇빛은 점점 흐려져 희미한 태양의 윤곽 속으로 좁아지고 있었다.

그러던 어느 날 갑작스런 일이 벌어졌다. 폴라니가 타고 있던 코사크종의 삐쩍 마른 암말이 헛발을 디뎌서, 그는 말과 함께 나동그라지고 말았다. 폴라니는 지독한 추위로 온몸이 얼어붙은 상태였으며 한쪽 다리가 말안장에 끼어서 빠져나올 생각도 못하고 희뿌연 하늘만 멍하니 쳐다보았다. 말이 한 번만 더 굴렀어도 생사를 기약할 수 없는 상황이었다.

폴라니는 절체절명의 시간에 햄릿의 고뇌를 순간적으로 깨닫는다. 항상 갖고 다니면서 읽고 또 읽었던 『햄릿』의 대사 한 구절과 단어 하나가 생사의 기로에서 마비된 영혼을 순간적으로 흔들어놓았다. 무의미한 전쟁과 처절한 고독 속에서 죽음의 문턱까지 떨어졌던 폴라니는 햄릿의 절규 속에서 삶의 근원적 의미를 찾아냈다.

의미 있게 살기 위한 결단

폴라니는 젊은 날에 자신의 존재를 형성하는 데 도움을 준 햄릿의 지독한 고통을, 40년이 지난 훗날에 희미한 기억으로 더듬어본다. 그는 성격 비평의 대가 앤드루 브래들리Andrew. C. Bradley가 초점을 맞추었던 햄릿의 무행동inaction에 주목한다. 브래들리는 햄릿이 마땅히 수행해야 할 복수를 질질 끄는 이유를 심각한 우울증 탓으로만 돌렸다. 하지만 폴라니에게 햄릿은 결코 유약하거나 우유부단한 인간이 아니었다.

햄릿은 장막 뒤에서 염탐하고 있는 폴로니어스를 왕으로 오인해 "쥐!"라고 외치며 가차 없이 칼로 찌르기도 하고, 마침내는 자신의 아버지를 독살해 왕위를 찬탈하고 어머니마저 빼앗은 숙부 클로디어스를 한 치의 망설임도 없이 죽일 정도로 과감한 행동가였다. 그런 햄릿이 사랑하는 오필리아를 죽음으로 몰아넣고 비극으로 끝날 수밖에 없도록 한 '행동 지연의 원인'은 무엇인가?

폴라니에게 햄릿은 어느 누구보다도 삶과 죽음의 간극에서 영혼을 직시했던 인물이다. 만약 햄릿이 부친의 유령을 만나고 즉각적으로 복수를 시도했다면 셰익스피어 비극은 한갓 무협지 수준의 통쾌한 복수극으로 끝나고 말았을 것이다.

햄릿은 복수라는 숙명을 자신의 것으로 받아들이는 과정에서 "차라리 죽는 게 낫다"고 되뇌일 정도로 끊임없이 고통과 괴로움에 휩싸인다. 왜 이 같이 황당한 일이 하필 나한테 일어났는가? 그냥 못된 유령의 장난이나 헛소리로 간주해 복수를 회피하고 다음

왕위를 이어받을 수 있는 방법도 있었으나 그것은 숨만 쉬면서 무의미하게 살아가는 길To be이기도 했다. 그렇다고 부친이 일방적으로 내린 명령에 따라 복수를 감행한다는 것은 자신의 의지와는 아무런 상관이 없었고 너무나 수동적인 자세일 뿐이었다. 햄릿의 고통은 실존적 차원에서 연유하는 것이었다.

햄릿이 진정한 삶의 의미를 찾느라 복수를 지연하는 과정에서 비극성은 점점 높아만 간다. 사느냐 죽느냐 하는 고뇌는 자신이 마땅히 수행해야 할 의무를 저버리고 죽음보다 더한 절망에 시달리면서 살아갈 것인가, 아니면 당당히 죽음의 무게를 번쩍 들어올려서 의미 있는 삶이 되도록 결단을 내릴 것인가 하는 선택의 문제였다. 그렇지만 햄릿은 다른 사람도 아닌 자신이 "시간은 이음매에서 벗어나고 뒤틀린 세월에 저주받은 영혼처럼 세상을 바로잡을 운명으로 태어났으며 시간도 멈추고 자신의 행동을 재촉하는 우주적 상황에 처해 있었다".[4] 결국 햄릿은 가혹한 운명의 화살을 받으며 참고 견디고 괴롭게 사느니to suffer and to be 밀려드는 재앙에 당당히 맞서 무기를 들고 싸우다 죽을 것to take arms and not to be을 결심한다.

햄릿은 마침내 개인의 사적 복수심을 뛰어넘어 부패와 부조리를 단절해야 한다는 영혼의 울림을 얻는다. 신이 부여한 엄숙한 사명감을 내면으로 깊숙이 받아들이면서 삶의 의미까지 능동적으로 획득한다. 마침내 햄릿은 웃으면서 충만한 삶의 의미와 죽음Not to be을 기꺼이 맞바꾼다.

이제 햄릿은 생의 결단으로 죽음을 준비하며 '위장된 광기佯狂'

를 벗어버린다. 자신의 죽음과 친근하게 마주하며 조용히 침묵을 지킨다. 고통스러웠던 삶과 죽음의 혼란에서 벗어나 "참새 한 마리 떨어지는 것도 신의 특별한 섭리"로 느끼며 신의 대리인으로서 정의를 실현한다는 내적 성숙까지 이루어낸다.

햄릿은 복수를 끝내고 기꺼이 삶과 헤어진다. 그는 절망이 아니라 충만함 속에서 죽는다. 죽음으로 가는 발걸음은 진정한 의미에서 생을 받아들이는 길목을 향해 가는 것이었다. 연극의 막이 내리면서 마침내 우리는 삶과 죽음이 화해하는 모습을 본다. "『햄릿』은 인간의 조건을 제시한 연극이다. 우리 모두는 어차피 어떤 식으로든 살아가게 마련이다. 하지만 경건한 삶의 본질을 마음속 깊이 결의하며 살아가지는 못한다. 우리는 자신의 생명을 던져 삶에 바치는 것을 주저하기 때문에 계속 행복을 미루고 있다. 인생은 인간이 놓치고 있는 기회다."[5]

햄릿은 결코 우유부단한 캐릭터가 아니었다. 신이 부여한 고귀한 영혼을 회복하고 삶의 의미를 능동적으로 얻어가는 과정에서 치열하게 자신과 싸우고 신의 의지를 내면화했던 고결하고 결단력 있는 인물이었다. 이제 폴라니에게 실존적 선택은 시간적으로 '죽느냐 사느냐To be or not to be' 하는 단순한 문제가 아니라, 얼마나 '의미 있게 살아갈 것인가To live or not to live', 자신이 능동적 주체로서 죽음과도 같은 결단으로 삶을 얼마나 의미 있게 채워가느냐였던 것이다. 폴라니는 말한다. "죽음에 대한 체념은 항상 인간에게 힘과 새로운 희망의 원천이었다. 인간은 죽음이라는 실재를 받아들이고 여기에 기초해 세상에서 자신의 삶의 의미를 세웠다."[6]

인간 본성 회복을 위한 철학

폴라니의 경제론은 신이 부여한 영혼을 회복해 자유롭게 개성을 발휘하고 무한한 가능성을 발휘하는 것으로 요약할 수 있다. 신은 영혼과 개성을 가진 인간들이 사회 공동체를 이루어 이 땅을 하나의 도덕적 우주로 만들어갈 것을 원했다. "공동체의 실재는 바로 (무한한 가치를 지닌) 개성적 인격들의 관계로 이루어진다. 공동체가 이 땅에서 현실로 드러나는 것이야말로 신의 의지다. 개인에 깃든 영혼을 찾는 일은 공동체를 발견하는 것이다. 평등을 발견하는 일은 사회를 발견하는 것이다. 우리는 서로를 의미한다."[7]

폴라니의 경제는 사회를 발견하는 것에서 시작한다. 자본주의 시장 메커니즘에서 인간은 상품의 교환관계 속에 감추어지고 비인격화impersonal되었다. 사람은 자신이 만들었던 상품과 화폐에 종속되어 그것을 종교처럼 숭배하는 물신fetishism의 세계를 살아가고 있었다.

폴라니는 경제에 대해 사회적 우위를 확보하는 일을 최우선으로 삼았다. 바로 물신의 유령을 떨쳐버리고 시장경제를 영혼이 숨쉬는 사회에 되묻어re-embed 공동체를 보호하는 일이었다.

아리스토텔레스의 말대로 인간은 사회적 동물이다. 사회를 구성해 살아가므로 사람이 사회적 존재가 되는 게 아니라, 오히려 내면 자체가 본질적으로 사회적이기 때문에 사회를 구성해 살아가는 것이다. 따라서 "사회는 사람들 사이between에 있거나 위over에 존재하는 어떤 것이 아니라, 그들 안에within, 각자 안에, 모두의 안에 있다. 사회는 개인의 의식 안에 내재되어 있는 것이다."[8]

사회와 공동체의 본질을 회복하는 일은 결국 인간 내면에 부여된 자유와 평등과 창조의 본성을 발휘할 수 있게 도와준다. 폴라니의 이중운동 역시 노동과 토지의 상품화로 인간의 영혼이 메마르고 삶의 터전이 파괴되는 것에 대항하는 인간 본성의 자연스런 발로였다.

폴라니는 소수 권력의 인위적 설계였던 자기조정 시장을 규제하고 사회에 내재된 자연 발생적 힘을 통해 어떤 사회를 만들려고 했을까? 그는 시장경제를 사회에 되묻어 사회적 실체의 구체성을 회복하고 시장경제의 효율 만능과 경쟁 논리에서 인간과 인간, 인간과 자연이 협력하고 상생하는 새로운 제3의 길, 즉 아래에서 올라오는 힘을 통해 소수의 자유만을 위한 시장 권력을 제어하고 '다수의 자유를 위한 민주시민 사회'를 만들고자 했다.

폴라니의 경제는 인간이 동료와 자연에 의존하고 상호작용하는 과정을 기본 틀로 삼는다. 자기조정 시장의 사회적 파괴에 대항해 생태와 공생의 경제를 지향하는 것으로 실체적 성격을 띤다. 흔히 주류 경제학에서는, 자원과 물자가 희소하기 때문에 사람은 누구나 최소의 비용으로 최대의 만족을 얻고 싶어 한다는 형식론formalism의 지배를 받는다는 가정을 경제 개념의 근간에 두고 있다. 그렇지만 폴라니의 경제는 형식론과 달리 인간과 동료가 서로 의지하고 자연과 공생한다는 경험적이고 구체적인 실체론substantivism이다.

실체 경제의 economy는 다른 차원을 지향하는데 eco(ecological,

공생적 · 생태적)+nomy(nomos, 규범 · 규칙)로 구성할 수 있다. 이
것은 자연과 인간, 인간과 인간이 더불어 살아가는 규범으로 공생
적인 개념이다. 폴라니의 실체 경제는 그물망처럼 짜여 있는 공동
체의 사회적 관계와 문화적 맥락 속에서 움직인다.

현재 사회적 기업, 협동조합, 지역 커뮤니티의 내생적 발전 등
을 도모하는 대안 경제, 자본주의와 사회주의를 넘는 제3영역의
지대로서 활발히 실험되고 있는 작업도, 폴라니의 명제대로 사회
에서 경제가 차지하는 위치를 전환해 '경제를 사회에 되묻는 작
업'이라 조망하기도 한다.

폴라니는 신과 인간이 영혼을 매개로 만나고 서로의 영혼이 결
합하는 인격적 관계 속에서 자유와 창조의 사회를 만들어가고자
했다. 인간 의지와 행위에서 독립한 법칙이 인간의 역사를 지배한
다고 하는 엉터리 같은 미신은 지금껏 존재한 적이 없었다. 우리
를 어디에선가 기다리고 있는 미래의 개념은 무의미하다. 그런 미
래는 지금은 물론 나중에도 존재하지 않기 때문이다. 미래는 현재
살아가고 있는 사람들이 끊임없이 다시 만들어가는 것이다.

미래는 현재를 살아가는 우리가 직접 만들어 갈 때만 의미를 갖
는다. 폴라니 역시 새로운 사회를 만드는 작업의 일환으로 시장
사회에 오염되지 않았던 원시사회와 부족을 탐색하는 작업을 했
고, 경제인류학의 지평을 확대했다. 수천 년 동안 시장에 의존하
지 않은 인류가 어떤 방식과 지혜로 물자를 생산하고, 나누고, 소
비했는지를 찾아나선다. 경제인류학적 탐색은 시장 지향의 심성
으로 찌들어버린 우리의 사고를 해방시키고 미래의 사회 기획을

위한 상상력에 새로운 샘물을 공급한다.

　맑은 영혼으로 삶의 의미를 능동적으로 획득하고 마침내 충만한 내적 성숙 속에서 새로운 미래를 위해 기꺼이 죽음과 화해했던 햄릿처럼, 폴라니도 말년에 홀로 자신의 혼을 다해 새로운 사회를 여는 데 몰두했다.

　폴라니는 현대 시장경제를 살아가는 우리에게, 인간의 영혼과 사회 공동체를 외면하는 경제학은 어떤 존재 이유도 갖지 못하며, 인간 본성과 영혼을 회복하고 마침내 신의 의지와 섭리에 도달하는 철학적 고뇌 없이는 어떤 학문도 존재할 수 없다는 메시지를 던진다.

　폴라니는 햄릿을 통해 삶과 죽음의 경계선 속에서 치열하게 고뇌하고 깨달음을 얻었다. 이 과정에서 경제학과 신의 영역을 잇는 심연에 영혼의 울림이 가득 찼음이다. 무릇 경제학자라면(어디, 경제학자뿐이겠는가?) 한 번쯤은 폴라니가 즐겨 인용했던 어느 헝가리 시인의 외침을 귀담아볼 만하다.

　　신이시여, 저는 당신을 진심으로 사랑합니다./만약 당신이 길거리의 신문팔이 소년이라면/저는 소리 높여 신문을 팔겠습니다.

사회적 경제라는
'판타레이'

'있으면서 없는' 존재

얼큰한 저녁 자리에서는 잘 모르는 것도 술김에 아는 체 하는 일이 있다. 그날도 프로젝트를 도와주었던 학생들과 전주 막걸리집에서 돼지김치찜, 홍어회, 해물전, 고등어구이 같은 안주를 앞에 두고 즐거운 시간을 가졌다. 막걸리 잔이 몇 순배巡杯 돌더니 학생한 명이 느닷없이 질문을 던진다.

> 교수님! 수업 시간에 우리가 지금 배우고 있는 주류 경제학 교과서가 아직도 뉴턴의 고전역학이라는 패러다임에 여전히 머물고 있다고 하셨죠?

> 그렇지! 생물학이나 물리학의 과학적 패러다임의 흐름과 긴밀히

연관되어 있지. 다윈의 진화론, 복잡계 경제학, 양자역학도 사회과학과 끊임없이 상호작용을 하고 있다고 봐야 하겠지.

앞으로 경제학이 다윈의 진화론이나, 특히 양자역학의 패러다임과 더불어 세상을 더욱 폭넓고 깊게 분석해야 한다고 하셨는데 잘 이해가 안 갑니다.

갑작스런 물음에 막걸리 한잔으로 우선 입을 축였다. 그러고는 젓가락으로 물 낙서를 해가며 두서없이 이야기를 풀어놓았다. 비전공자로서 양자역학에 대한 설명은 난감하기 그지없고 설명 내용도 틀릴 수 있을 것이다. 단지 사회과학이 양자역학의 패러다임에서 얻을 수 있는 메타포만 알기 쉽게 전달할 요량이었다.

어느 누구도 물질의 기본을 이루는 원자를 한 번도 들여다본 적 없고 또 보는 것도 불가능하다. 원자구조를 모델화해서 내부 공간을 살펴보면, 거기에는 양성자와 중성자가 원자핵으로 묶여 있고 그 둘레에 전자가 퍼져 있다. 원자 이하의 중성자와 전자는 물질을 세분화해 더 나눌 수 없는 가장 작은 최소의 단위로서 소립자 quark라고도 부른다.

소립자의 세계는 초미시적 공간으로, 이곳에서는 거시적 세계와는 다른 세상이 펼쳐진다. 양자역학에서 전자는 질량이 거의 0에 가까울 정도로 작은 알갱이(입자)여서 우리가 관찰하려고 쳐다만 보아도 위치와 운동량에 영향을 받는다. 알기 쉽게 예를 들어보자. 어릴 적 누구나 한번쯤 냇가를 따라 한가롭게 노니는 송사리를 굽어본 경험이 있을 것이다. 아무리 살그머니 다가서도 송사리는 우리가 쳐다보는 것을 알아채는 순간 어느새 사라지고 만다. 어디에 있으리라고 짐작은 하는데 도저히 송사리의 위치를 찾지 못한다. 아마도 사람이 사라지면 송사리가 다시 모습을 드러내겠지만, 어쨌든 우리가 제대로 관찰하기는 힘들다.

송사리가 순간적으로 파르르 사라지며 일으킨 물결을 파동이라고 할 수 있다. 송사리를 보려면 물결만 남듯 전자의 세계에서도 입자를 보려고 하면 파동만 남는다. 전자는 입자처럼 행동하기도 하고 파동처럼 행동하기도 하지만 두 가지를 함께 관찰하는 것은 불가능하다. 초미시 전자의 세계에서는 양자택일을 할 수밖에 없다.

거시적 고전물리학의 역학에서 물체는 우리가 쳐다보는 것과는 상관없이, 바다를 유유히 헤엄치는 고래처럼 위치(입자)와 운동(파동)의 궤적을 정확히 갖고 있어서 어느 방향으로 가고 있는지를 '확정적'으로 알 수 있다. 양자역학의 세계에서는 관찰자의 시선 때문에 엄청난 파동의 운동량으로 위치를 감추는 송사리처럼, 전자가 어느 순간 어디에 있는지를 정확하게 예측할 수 없는 '불확정성uncertainty'이 나타난다.

〈미녀와 야수〉에서 야수는 사랑하는 여인에게 모습을 드러낼 수 없다. 야수는 미녀 앞에서 모습을 감추고 목소리만 전해준다. 야수를 전자라고 한다면 그 모습은 입자고 목소리는 파동이라고 할 수 있다. 미녀가 야수의 모습(입자)을 보려고 해도 모습은 어딘가로 사라지고 목소리만 남는다. 목소리의 파동은 야수가 풍기는 분위기와 생각의 힘 같은 것이라고 볼 수 있다. 한 사람의 오라나 분위기가 운동량 또는 파동의 영역일 수 있다.

지금 막걸리집에서 우리가 서로 바라볼 수 있는 것은 빛이 있기 때문이지. 빛이 앞사람을 비추고 다시 나의 망막으로 되돌아와야 피사체를 볼 수 있어. 초미시적인 전자를 관찰하기 위해서 엄청나게 성능이 좋은 현미경으로 들여다본다고 할 때 문제가 발생하게 돼.

빛 역시 입자면서 동시에 파동이라는 성질을 띠지만 전자보다는 크다. 빛 알갱이의 크기를 당구공이라고 치면 전자는 그보다 작은 탁구공이라고 할 수 있다. 당구공 같은 알갱이의 빛이 현미경을 통과해 관찰 대상을 쬐면 전자는 탁구공처럼 튕겨서 어디론가 날아가버리고 만다. 우리가 보려는 순간에 전자는 빛 알갱이에 부딪혀 사라져버린다. 본다는 행위가 물체의 위치와 운동에 영향을 준다. 우리가 전자를 보려고 하는 시도, 즉 원인이 없다면 전자는 내가 보고자 하는 곳에 있을지도 모르지만 확인할 도리는 없다. 물체를 구성하는 최소 단위로서 전자는 그 자리에 '있으면서 없는' 존재의 성질을 띤다. 존재와 비존재는 대립적이 아니라 동시적이며 상보적complementary이다.

딱 들어맞는 비유는 아니지만, 지금 우리가 9시 30분 45초의 현재를 현재라고 부르는 순간에 현재는 사라지고 그사이 미래가 다시 현재로 와서 과거로 흘러가고 있을 거야. 현재의 우리는 있으면서 곧 없는 존재라고 말할 수 있는 것도 같은 이치겠지.

원자의 내부는 거대한 우주와 같아서 원자핵과 중성자, 전자를 감싸는 영역은 99.9퍼센트가 텅 빈 공간이다. 송사리가 놀고 있는 냇가의 물은 텅 빈 공간과도 같다. 양자역학 인식론의 있음有, 없음無과 텅 비어 있음虛은 동양 사상과도 통한다. 대표적으로 들 수 있는 것이 『반야심경』의 '색즉시공 공즉시색色卽是空 空卽是色'이다. 색은 곧 공이며 공은 곧 색이다. 색은 있는 것이고 공은 없는 것이다. 공은 물리적 진공이고 색은 측정할 수 있는 에너지를 가진 입자를 통틀어 일컫는다. 유는 곧 무이며 무는 곧 유다. 이때 무는 없음이라기보다는 텅 비어 있음을 나타낸다.

장자의 무용지용無用之用도 양자역학의 인식론과 통한다. 『장자』에 이런 이야기가 나온다. 장자가 혜시惠施와 토론하는 대목이다. 혜시는 쉽게 말해 고전 역학적 관점을 가진 논리학자라고 볼 수 있다. 그는 유용한 것과 무용한 것은 절대 양립불가하다고 생각했다. 장자는 세상은 그렇게 이분법적으로 나누어 생각할 수 없는 것이라고 말한다. "혜시, 네가 걸어가는 황야의 길을 발자국 모양만 남겨두고 모두 파내서 그 발자국 자리가 솟아 있는 절벽을 만들어놓는다면, 과연 너는 안심하고 걸어갈 수 있겠는가? 사람들은 발자국 옆의 땅을 쓸모없는 것이라고 말할지 모르지만 사실은 무용無用이 유용有用한 것을 쓸모 있게 만들어주는 역할을 하는 것이다."

관찰자와 관찰 대상 또는 유와 무, 생명과 물질이 서로 이원론적으로 대립하지 않는 게 세상의 이치다. 있음과 없음은 서로 상보적이며 유기적으로 얽히고 섞여 있으며 우주 만물이 전체성 wholism 속에서 연결되어 있다.

영혼을 실어나르는 호혜와 증여

백화점에서 여자 친구에게 생일 선물로 줄 지갑 하나를 골라서 계산을 마친 다음에, 여러분이 반드시 해야 할 일은 무엇일까?

그야 멋지게 선물을 포장하는 것이겠지요.

그전에 지갑에 붙어 있는 가격표를 떼어내야 하지 않을까?

가격표를 조심스럽게 떼어내는 행위는, 이제 지갑이 상품의 시장교환 세계를 벗어나 선물과 증여의 호혜 영역으로 넘어온 것을 상징한다. 교환 원리에 지배받는 상품 가격의 등가성을 제거해 가치가 불확정된 상태로 만드는 것이다. 선물을 받은 여자 친구가 가격을 묻는 것은 커다란 실례다. 상대방의 호의를 시장의 등가적 관계에서만 바라보는 행동이기 때문이다.

선물에는 답례가 따르기 마련이다. 선물을 받자마자 바로 답례하는 것도 예의에 크게 어긋난다. 즉각적인 답례는 사실상 시장에서 물건을 사고 곧바로 계산을 치르는 상품교환에서나 벌어진다. 어떤 사람이 종종 신세를 졌던 일본인에게 일본의 레스토랑에서 카레 정식을 대접했다. 그런데 이틀 후에 그 일본인이 똑같은 장소에서 똑같은 음식으로 답례를 해서 당황한 적이 있었다고 한다.

시장교환은 즉각적이고 등가적이고 확정적이다. 증여와 호혜는 부등가적이며 언제 어디서 답례를 받을지 알 수 없는 불확정성의 원리가 지배한다. 어느 정도 시간이 흐른 다음 일정한 간격으로 답례하는 행위는 우정이나 사랑 같은 파동의 지속이 작동하고 있음을 보여준다. 선물 증여는 물物을 매개로 감사와 사랑의 감정을 상대방에게 전달하는 것이다.

증여에서 물은 사람의 인격과 결합되어 있다. 영혼의 파동과 생명이 섞인 증여물은 인격과 완전히 분리되지 않은 중간적 대상으로 변화해, 상대에게 생명과 사랑과 신뢰 같은 비물질적 가치를 실어 나른다. 증여와 답례를 오가는 선물을 고성능의 특수한 카메라로 찍을 수 있다면, 선물 주위에서 어떤 기운이나 파동이 요동쳐서 일구어진 뿌연 구름이 잡힐 것이다. 시장교환의 상품은 이미 인격적 사랑과 신뢰가 제거된 물자체thing-in-itself이기 때문에 파동의 구름은 보이지 않는다.

증여에서 물은 유동적이고 연속적인 힘의 움직임을 매개로 움직인다. 양자역학에서 물질의 운동은 중심점 주위에 뿌옇게 구름처럼 퍼져 있는 움직임으로 묘사된다. 선물이라 불리는 물은 물질 구름처럼 퍼져 있는 다양한 형태의 생명을 가진 영적 힘을 끌고 다니며, 사람과 사람, 집단과 집단 사이를 옮겨다니는 생명력을

가진 힘의 전체 운동으로 묘사할 수가 있다.[1]

증여의 호혜와 시장교환은 물질 운동의 성격에서도 차이가 나타난다. 시장의 상품교환에서 상품은 입자라는 실재를 갖고 있어서 위치와 운동량을 확정할 수 있다. 하지만 증여는 입자 또는 소립자가 물질과 영적 힘에 결합되어 있는 융합물이다. 베르너 하이젠베르크Werner Heisenberg의 양자역학과 불확정성의 원리처럼 소립자는 물질이면서도 물질이 아닌 중간적 성격을 띤다. 시장교환에서는 상품의 운동 방향과 시간이 직선적이며, 즉각적이고 정확한 화폐 계산으로 거래되는 등가성이 지배한다.

이에 반해 호혜적 증여 관계에서 재화는 시간적 격차를 두고 곡선으로 순환하며, 위치와 방향성도 불확정하고 부등가 교환으로서 적정성의 원리가 작용한다. 호혜의 교환관계에서는 비동시적이고 불확정한 순환과정을 통해 사회적 채무가 형성되며, 여기서 초월적 존재와 영혼에 대한 존경, 사랑과 우정, 신뢰의 연대망이 형성된다. 시장에서의 즉각적인 등가교환은 사회적 관계를 화폐로 청산해버려서 더는 순환의 연결 고리가 작동하지 않는다.

고마운 마음을 표현하기 위해 선물을 했는데, 다음 날 당장 똑같은 물건으로 답례를 받는다면 이건 우정과 연대의 사회적 관계를 지속하지 않겠다는 표현과 다름없다. "호혜가 중단되는 순간에 전쟁은 시작된다"는 말처럼 호혜는 우정과 연대라는 사회적 가치를 낳는다.

결국 최소 비용으로 최대 만족을 얻는다는 공리주의, 뉴턴의 고전역학과 기계론적 패러다임만 가지고는 끊임없이 생성하는 상품

(물건)과 선물(중간적 대상)의 상호작용, 불확정성과 양자역학적으로 움직이는 전체의 사회적 가치관계망을 제대로 파악할 수 없다.

하우의 영적 힘

1925년에 하이젠베르크는 고전물리학을 단숨에 뒤집는 양자이론으로 미시세계의 역학구조를 창안했다. 공교롭게도 같은 해에 프랑스의 마르셀 모스는 『증여론』을 통해 경제학과 사회학의 영역에서 고전파 경제학의 '교환' 개념을 초월한 증여라는 새로운 개념을 발견했다.

종교사회학자이자 인류학자였던 모스는 인간 사회가 갖고 있는 '주고받고 답례하는' 삼중 연결 고리의 호혜적 원형을 시장 사회에 물들지 않은 폴리네시아와 아메리카 북서부의 부족들에서 찾는다. 폴리네시아계의 뉴질랜드 원주민인 마오리Maori족은 "숲과 그곳에서 잡은 사냥감에는 사물의 영靈인 하우hau가 존재한다"는 관념을 갖고 있다는 것이다.

하우는 자신의 원래 보금자리 또는 근원foyer에 머물고 있는 영적인 힘이다. 하우는 증여된 매개물과 함께 움직이지만 원래 있던 근원의 자리로 되돌아가고 싶어 한다. 하우는 증여물을 받은 사람에게 항상 신비로운 위력을 행사한다. 증여에 답례하지 않고 혼자 증여물을 간직하는 일은 매우 위험하다. 하우가 원래 있던 곳으로 되돌아가지 못하면 증여받은 사람에게 위력을 가하기 때문이다.

A에서 B라는 사람한테 이동했던 사물이 다시 A에게 답례 형태로 되돌아가지 못하면, 하우는 B에게 주술적인 영향을 끼친다. 자신이 있던 근원의 고향으로 돌아가지 못하면 하우는 재앙을 내리는 신비스럽고도 위험한 정령精靈으로 변해버린다.

　마오리족의 수렵인들은 숲에도 하우가 있다고 믿는다. 사냥꾼이 숲에 들어가 맨 처음 새를 잡으면 토웅가Tohunga(사제)에게 사냥감을 모두 바친다. 그러면 토웅가는 의식을 통해 새 몇 마리를 숲속으로 되돌려 보낸다. 이때 번식력과 풍요의 영혼인 하우는 새와 함께 원래 자기 자리였던 숲으로 되돌아간다. 사냥한 새 중 단 몇 마리라도 숲으로 돌려보내지 않으면 하우의 영적인 활동은 마오리 부족에 위험한 영향을 미친다. 더구나 하우는 증식하는 힘이 있어서, 근원으로 되돌아가지 않으면 숲에 사는 생물의 번식력에도 나쁜 영향을 준다. 하우가 근원으로 돌아가야만 숲의 생명력(하우)은 활성화되고 마오리 부족은 풍요로운 자연의 혜택을 계속해서 얻을 수 있다. 이때 호혜의 순환관계에 편입된 사물은 물thing과 영spirit이 뒤섞인 복합물로 성질이 변한다. "물건 속에 영혼을 섞고 영혼 속에 물건을 섞으며 생명과 생명을 섞는다.……섞인 인격과 물건은 각각 자신의 영역을 떠나서 서로 혼합된다. 이것이 바로 계약과 교환이다.……공공연하게 주는 즐거움, 후하고 풍류가 있는 지출의 즐거움, 환대와 사적·공적 축제의 즐거움을 다시 발견해야 한다."[2]

　물건 속에 영혼이 섞이고 영혼 속에 물건이 섞인다. 하우의 영적 힘과 영혼이 뒤섞인 증여물은 더는 '물자체'가 아니다. 영혼과 생명이 결합된 증여물은 인격과 완전히 분리되지 않은 중간적 대상으로 변화해서 상대에게 생명, 사랑, 신뢰 등 비물질적 가치를 실어 나른다. 증여의 순환 회로 구조에는 언제나 초월적 힘과 존재에 대한 감사가 흐른다. 우리말 '고맙다'의 어원인 '고마(熊, 곰)'가 신 또는 신령을 지칭한다는 것도, 이 말이 인간 이상의 존재에 대한 외경의 표현임을 보여준다.

물질(입자)이면서 물질이 아닌(파동) 제3의 중간적 대상물에서 파동을 제거하면, 고전역학에 기대고 있는 현재의 주류 경제학처럼 이윤, 이기심, 효율, 직선운동만으로 경제를 꾸리는 셈이 된다. 건강한 경제에는 사랑, 우정, 신뢰, 협력, 연대라는 오라의 뿌연 구름 같은 파동의 유동적 힘이 작동해야 한다. 호혜와 증여의 힘이 작동되지 않는 사회경제 영역, 즉 파동의 힘이 사라진 세계는 '우주적 힘의 유동이 정지'된 사회다.

순환과 연대의 사회적 경제

여기 앞에 있는 막걸리 잔을 젓가락으로 몇 번 두드려보면 여러 파동이 서로 마주치고 잔에 부딪혀서 다시 튕겨 나오지. 그런 파동의 운동량이 빠르고 세면 뿌연 안개처럼 양자역학의 세계를 볼 수도 있겠지. 아마도 그것이 우주적 힘의 유동과 에너지가 아닐까? 이 '순환의 파동'을 알기 위해, 뭉게뭉게 구름이 감도는 남태평양의 트로브리앤드 군도Trobriand islands로 여행을 떠나 보자.

인류학자 브로니슬라브 말리노프스키Bronislaw Malinowski에 의해 밝혀진, 트로브리앤드 섬을 포함한 서西멜라네시아의 쿨라 군도에서 행해져온 쿨라링Kula-ring 교역은 호혜망의 대표적 사례다. 우리는 쿨라링에서, 사람이 우주의 유동적 힘으로 만들어가는 '주고받고 되돌려주는' 순환의 파동을 볼 수 있다. 이곳의 섬들은 문화적으로 서로 연관성을 갖고 있으나 각 집단마다 관습과 언어는 판이하게 다르다. 그렇지만 섬들은 수백 킬로미터에 걸쳐 있는 의례적 교환의 거대한 링環 속에서 결합되어 한 단위가 된다.

여기서 교환되는 물건은 본질적으로 일상생활에 유용성이 없는 의례적 증여와 교환에 사용되는 위신재prestige goods다. 쿨라링 교역에서 주민들은 매년 섬 전체를 둥그런 원으로 그리며 카누(오늘날에는 모터보트)로 원정한다. 서로 다른 방향으로 섬을 돌면서 하얀 조개 팔찌인 음왈리mwali와 조개껍데기로 만든 기다란 목걸이 술라바soulava를 의례적 선물로 주고받는다.

원정 교역에도 일정한 규칙이 있다. 목걸이는 시계 방향으로, 팔찌는 시계 반대 방향으로 돌면서 각 부족에서 지정한 상대에게 선물로 제공한다. 사람들은 보통 자기 지역과 다른 섬에 몇 명의 쿨라 파트너를 가지고 있다. 일정한 시간이 지난 뒤에 답방答訪이라는 의례적 행사가 다시 치러지며, 목걸이 선물에는 팔찌로 답례하고 팔찌에는 목걸이로 답례하는 순환이 이루어진다.

쿨라링 교역에서 최상품 팔찌와 목걸이는 스트라디바리우스의 바이올린처럼 각각 특유한 명칭과 역사를 가지고 있다. 1~2년의 순환 기간 동안 귀중품의 소지자가 계속 바뀌는 쿨라링 교역에서,

최고의 명품은 명성을 낳고 팔찌와 목걸이의 제작자도 위세를 얻는다. 흥미롭게도 이들은 선물을 만들 때 값비싼 진주 알맹이는 거들떠보지도 않고, 오직 평범한 조개껍질만 사용한다. 시장교환은 등가적 주고받음을 통한 일회적이고도 직선적인 패러다임이다. 증여의 호혜망은 우정과 신뢰의 유동적 힘을 매개로 주고받고 되돌려주는 연쇄고리이자, 파동을 낳는 곡선이라고 볼 수 있다.

쿨라링의 목걸이가 나왔으니, 아예 단추를 무작위로 골라 여기에 실을 끼워 목걸이를 계속 만드는 실험으로 대안 경제학의 발상을 해보면 어떨까? 이것은 스튜어트 카우프만Stuart Kauffman이 언급한 연결망의 결정화結晶化 또는 상전이相轉移네. 카우프만의 실험에서 우리가 알 수 있는 것은, 서로 무관해 보이는 개별적 행동이 일정한 단계에 이르면 순간적으로 거대한 집체적 효과나 변형을 낳는다는 것이지.

카우프만의 실험은 간단하다. 먼저 400개의 단추를 방바닥에 늘어놓고 무작위로 2개를 집어서 실을 꿰어넣는다. 계속해서 임의로 단추 2개를 골라 실로 연결한다. 이렇게 무작위로 단추를 골라 실을 꿰는 작업을 계속하다 보면 이미 실로 연결되어 있던 2~3개의 단춧고리도 이어지기 마련이다. 3~4개의 단춧고리 중에서 가운데에 있는 단추가 다른 단추와 지그재그로 연결되기도 한다. 전체적으로 단추와 단추를 잇는 실의 수가 증가한다. 이때 카우프만은 단추의 연결 묶음 중에서 하나를 골라 들어올렸을 때, 같이 따라 올라오는 단추의 수(연결된 덩어리의 크기)가 어떻게 변하는지를 보여주려 했다.

단추 400개에 연결된 실의 수는 600개까지 늘어난다. 단추와 실의 비율이 1.5(단추 400개/실 600가닥)가 되지 않고 0.5만 되더라도 연결된 단추의 덩어리는 비약적으로 상승한다. 단추를 노드 node, 結節点(또는 마디)라고 한다면, 단추와 단추를 연결하는 개개의 실은 링크link가 될 것이다. 카우프만은 단추처럼 서로 고립된 타인들도 서로 연결되어 일정 비율만 지나면 상당한 수의 사람이 다발로 이어지고, 어느 순간에 상호 연결된 클러스터cluster가 형성된다는 것을 보여줬다. 무수하게 흩어져 있는 개체들이 일정한 임계점을 지나면 서로 연결된 다발의 모습phase으로 전이transition 한다는 것이다.

처음 흩어져 있던 단추는 고립된 입자에 지나지 않는다. 실로 연결되어 다발을 이룬 단추는 조금 무리해서 이야기하자면 더는 단추이면서 단추가 아니다. 실의 파동과 떨림으로 움직이는 감응체이며 제3의 성질을 띤 중간적 대상이 된다.

호혜망을 바탕으로 하는 사회적 경제의 협동조합이나 사회적 기업의 모델도, 우주 만물의 근원을 이루는 양자역학의 물리학 세계나, 그보다 이전에 직관으로 깨달은 동양 사상이나, 마오리족의 하우와 남태평양의 쿨라링에서 보이는 세계와 연결 고리를 찾으려는 시도라 하겠다.

어느덧 막걸리집에 앉아 있는 술꾼들도 하나둘 자리를 뜬다.

내가 대학 2학년 때인가, 철학 시간에 배웠던 대목이 너무나 실감 나서 캠퍼스 길의 돌멩이를 발로 차면서 판타레이panta rhei를 속으로 중얼거렸네. 내가 발로 찼던 돌멩이는 결코 제자리로 돌아오지 않겠지. 설사 제자리에 누가 갖다 놓았다고 하더라도 하늘과 빛과 계절은 바뀌어서 똑같은 시점이 되지는 않을 거야. 판타레이는 '만물은 흘러가고 결코 머무르지 않는다'는 뜻인데 그때 나에게는 그 순간이 가장 아름다웠지. 오늘 서로 이야기를 나눈 이 시간은 우리가 나이 들고 멀리 헤어져 있더라도 우리 기억 속에 오래도록 자리 잡을 것 같아. 그게 파동이라면 지나친 이야기일까. 오늘 이야기한 양자론이 물리학적으로 정확하지 않다고 해도 그것이 사회과학에 던져주는 인식론적 메시지는 어느 정도 유효하다고 볼 수 있을 거야.

정의와 균형을 위한 경제학

'좋은 삶'이란
무엇인가?

단점에 영혼이 깃든다

점심을 먹고 연구실에서 가까운 카페로 들어서는데, 언제나 앞자리에서 열심히 수업을 듣는 학생이 나를 보더니 반갑게 맞는다. 중간고사 기간이라 테이블은 노트북과 시험공부 자료로 어수선했다.

> 그런데, 교수님! 아리스토텔레스의 에우다이모니아eudaimonia
> 가 정확히 무슨 뜻인가요?

아무리 시험 범위에 속한다지만 느닷없는 질문에 선뜻 명쾌하게 답해줄 수가 없었다. 잠깐 망설이다가 장난기가 발동해 딴청을 부렸다.

지금 네가 하는 행동이 그것 아닐까? 스스로 앎을 구하고 지혜를 얻는 과정, 그리고 이를 통해서 너 자신의 존재 의미를 확인하고 좀더 풍요로운 삶을 살아가고자 하는 현재의 네 행동이라고 할 수 있겠지.

그럼 크게 어려운 내용은 아니군요?

그렇지, 다만 무작정 학점을 높게 받는 게 목적이 아니라, '좋은 삶a good life'을 누리기 위한 목적이 있어야 한다는 전제가 꼭 붙어야 하지 않을까? 수업 시간에 이야기한 것처럼 너 자신에게 깃든 영혼을 끊임없이 어루만지고, 그걸 발휘하는 것이 중요하겠지.

그러고는 학생에게 다시 물었다.

혹시 학생의 영혼이 어디 있는지 아나?

학생은 어리둥절해했다. 나는 살짝 웃으면서 농담조로 한마디 했다.

학생의 가장 부족한 부분, 그러니까 단점에 영혼이 깃들어 있다고 보면 될 거야. 그래서 서로가 단점을 사랑해주면 영혼이 서로 마주친다고도 하네!

다음 날 중간고사 시험문제에 에우다이모니아가 나왔다고 해서, 이게 그 학생에 대한 특혜는 아닐 것이다.

'자연스러움'을 발휘하다

행복은 곧 돈이고 성적순으로 매겨진다는 것이 더는 우스갯소리는 아니다. 행복이란 가치는 가격으로 따질 수 없는데도priceless 가치가 곧 가격value=price으로 등식화된 것이다. 이렇게 된 데는 경제학이 단단히 한몫했다. 시장논리와 이데올로기를 깔아주는 문화적 장치로서 작동한 것이다. 그 결과 주류 경제학에 대한 방법론적 비판이 제기되었고, 지금의 제국주의적 경제학에서 한 걸음 내려와 철학이나 윤리적 가치와 마주해야 한다는 지적이 수없이 나오고 있다.

케인스 연구 전문가로 독보적인 스키델스키 부자Robert Skidelsky · Edward Skidelsky는 『얼마나 있어야 충분한가』에서 행복이란 주제를 앞세워 경제학과 철학의 담대한 만남을 제시했다. 멀게는, 시장 사회의 허구성을 날카롭게 지적한 마르크스나 케인스와 함께 오늘날 위기를 맞은 자본주의의 새로운 구원투수로 떠오른 폴라니도 일찍부터 경제학의 새로운 지평을 지난 경제의 역사에서 찾았다. 방향은 다르더라도 양쪽의 공통점이 있다면, 아리스토텔레스 철학을 실마리로 삼아 삶의 행복과 경제의 문제를 풀어간다는 것이다.

아리스토텔레스 행복론의 핵심 개념은 에우다이모니아다. 에우다이모니아는 '좋은eu'과 '영혼 또는 신성daimon'의 합성어다. 즉, 인간에 깃든 신성을 발휘해 최상의 좋음으로 나가는 것이 가장 인간적인 삶이라는 뜻이다.

르네상스의 거장 라파엘로가 그린 〈아테네 학당〉을 보면, 그림 한가운데서 플라톤과 아리스토텔레스가 서로 대화를 나누고 있다. 흥미로운 것은 두 사람의 손이 가리키는 방향이다. 플라톤은 사물의 본질이자 우리의 영혼이 존재하는 이데아의 세계인 하늘을 가리키고 있고, 아리스토텔레스는 사물이 실제 존재하고 있는 현실 세계인 땅을 가리키고 있다.[1]

하늘의 이데아에 머물고 있는 신성이 땅으로 내려와 우리의 영혼에 깃들면, 그것은 다른 동물에게는 존재하지 않고 오직 인간만이 가지고 있는 이성(로고스)으로 작용한다. 그 내재한 이성을 끄집어내 풍부하게 만드는 삶은 바로 신을 본받는 신성의 발휘이며 동시에 인간성을 풍요롭게 가꾸는 생활human flouring이기도 하다.

아리스토텔레스 철학에서 이성의 풍부함이나 신성의 발휘는 모두 끊임없이 변화하는 운동 개념을 내재한다. 이것은 형상과 질료의 구분에서도 잘 드러난다.

어느 꼬마가 커다란 바위를 깎는 조각가를 보았다. 몇 달이 지나자 조각가는 하늘을 날 듯한 멋진 말을 완성해냈다. 그것을 본 꼬마는 "아저씨는 어떻게 바위 속에 말이 있는 줄 아셨어요?"라고 묻는다. 이때 말은 형상이고 바위는 질료가 된다. 질료는 말이라는 특정한 형상을 얻을 가능성이 있는 잠재적 모습(=잠재태)이다. 세계가 무한하게 변화하고 운동하는 헤겔의 변증법처럼 사물은 한꺼번에 모습을 드러내는 것이 아니라 다양한 과정을 통해서 자신의 현상을 자연스레 보여준다. 예를 들어 올챙이가 자라나서 뒷다리와 앞다리가 나오고 다시 꼬리가 짧아져서 개구리로 성장한다는 점에서, 개구리는 올챙이의 자연스러운 모습이다. 씨앗이 싹을 틔워서 묘목이 되고 다시 잎과 줄기가 나오고 커다란 수목으로 커가는 것도 질료적인 잠재태가 형상의 현실적 모습으로 드러나는 현상이다. 이때 나무와 사물의 변화 운동은 그리스철학의 중심 개념인 자연, 즉 피지스physis다. 자연nature은 스스로 그러한自然 모습, 즉 형상을 따라 완성된 모습(=완성태)을 나타내기 위해서 끊임없이 운동하는 능동성을 본질적 속성으로 지닌다. 사물이 형상을 따라 변화하는 운동 과정에는 최종적인 목적이 있기 때문이다.

조각한 말을 공원에 전시해 아이들의 용기와 기상을 고취시키는 것이 말을 깎는 조각가의 작업 목적이라면, 아리스토텔레스의 4대 원인론에 따라, 말은 형상인form cause, 바위는 질료인matter cause, 조각가는 작용인efficient cause, 공원에 전시된 말 조각상은 목적인final cause이 된다. 만약 조각가가 자신의 예술적 덕성과 탁월성을 발휘해 바위에서 말의 형상을 끄집어내지 않고, 순전히 판매하기 위해서만 조각을 했다면 그것은 자연스러움the natural에 위배된 것이다. 사물의 완성태는 반드시 형상을 따르는 최종의 목적에 부합되어야만 하기 때문이다.

결국 아리스토텔레스의 핵심 가치는 '자연스러움'이다. 조각가가 커다란 바위 속에 원래부터 잠재해 있는 형상을 세상에 내보이는 것처럼, 인간도 자신에게 내재한 신성, 즉 인간의 형상을 드러내 완성해가야 하고 더불어 행복한 삶을 추구해야 한다. 그것이 자연스러운 것이다.

에우다이모니아를 발휘해 이성과 형상을 드러내야 할 인간이 화폐를 취득하기 위한 수단으로 전락하고, 또 이로써 영혼이 타락한다면 생활은 마땅히 비자연스러운 일이 된다.

무한한 욕망과 불멸의 화폐

인간의 경제생활도 이성과 형상을 드러내는 에우다이모니아의 자연스러운 경로를 따라야 한다. 아리스토텔레스는 남녀가 서로 만나 가정을 꾸리고 가정이 촌락을 이루어 그리스가 도시국가(폴리스)로 나아간 것도, 인간이 스스로 자신의 이성과 형상을 완성해간 자연스러운 운동 과정이었다고 말한다.

기본적으로 가정경제household는 좋은 삶에 필요한 생계 수단과 물질적 수단을 제공하는 동시에, 영혼을 발휘하는 에우다이모니아의 장으로 자리매김한다. 아리스토텔레스의 경제는 생명과 생계를 유지하고, 차원 높은 덕성에 바탕을 둔 좋은 삶이라는 최종 목표를 위한 수단이다. 이것과 어긋나는 삶의 경제는 비자연스러운 것이다.

가정경제는 가정oikos을 이끄는 기술로서 오이코노미아oikonomia라 불리며, 이코노믹스economics(경제학)의 어원이기도 하다. 오이코노미아는 자급자족과 생계유지라는 기본적인 경제활동을 넘어 영혼의 형상을 가꾸고 발휘하는 윤리적 덕목을 함께 지니고 좋은 삶을 실현하는 터전이 된다. 홍기빈은 오이코노미아를 '살림살이'로 번역하고 오늘날 돈벌이의 경제학을 대신하는 새로운 패러다임으로 '살림/살이 경제학'을 제시했다.[2]

오이코노미아나 살림살이의 깊은 뜻은 서로 다르지 않다. 살림살이라는 말을 조금 더 풀어보면 '살림'을 '살린다'가 되는데, 자녀의 숨은 재능을 살리고, 서로 우애하고, 식구들이 먹는 밥상을 살리는 것을 뜻한다. 더불어 온갖 생명을 살리고 자연과 인간이 함께 삶을 공유하는 것까지 나아간다.

별도로 살림살이를 운영하는 데 필요한 재화를 획득하는 기술은 크레마티스티케chrematistike라고 한다.[3] 크레마티스티케는 다시 자연스러운 것과 비자연스러운 것으로 나뉜다. 오이코노미아의 훌륭한 삶을 목적으로 하는 크레마티스티케는 자연스러운 수단이다. 그러나 오이코노미아를 벗어나서 부와 재산의 무한한 증식만을 목적으로 하는 크레마티스티케는 비자연적인 것이다.

자연스런 크레마티스티케는 좋은 삶의 충족adequacy을 목적으로 삼기 때문에 물질적 욕망도 유한하다. 말하자면 아리스토텔레스의 경제학은 욕망want을 필요need에 묶어두는 '욕망의 유한성'을 전제로 한다. 이와 달리 비자연적인 크레마티스티케는 물질에 대한 무한한 욕망을 앞세운다. 근대 경제학이 이코노믹스(오이코노미아)라는 이름을 갖고 있지만 아리스토텔레스의 경제에서 윤리를 거세시킨 비자연스러운 크레마티스티케가 왕위를 잇고 있음은 아이러니한 일이다.

아리스토텔레스에게 무한한 욕망이 있다면 그것은 오직 최상의 좋음을 추구하는 내적 운동이다. 최상의 좋음을 무한히 추구하기 위한 나머지 모든 활동은 수단에 지나지 않는다. 예를 들어 우리가 수시로 내리는 건강 진단은 건강한 몸 상태를 유지해 자신의 존재 의미를 실천하고 좋은 삶을 완성하기 위한 수단인 것이다. 건강이 최선의 목표는 아닌 것이다.

아리스토텔레스는 돈벌이 자체를 목적으로 삼는 무한한 물질적 욕망의 영리 활동을 비판하기 위해 재화의 용도를 사용가치와 교환가치로 구분한다. 사용가치는 사물의 구체적 용도이고 교환가치는 다른 재화와 바꿀 수 있는 구매력으로, 이윤을 얼마나 획득할 수 있는지를 기본 척도로 삼는다.

사물에 내재한 형상은 최종 목적에 맞도록 만들어지고 사용되어야 한다. 화폐나 다른 물건을 교환해 구매력을 얻고자 하는 교환가치는 사물의 본래적 형상이나 일차적 목표가 아니다. 이따금, 연구실에 들르는 학생에게 졸저를 한 권씩 나눠주면서, 내심 계면쩍어 "반드시 읽지 않아도 좋으니 잘 때 베개로 삼거나 라면 냄비 받침으로 써도 좋아!"라고 농담을 던진다. 물론 학생이 책을 잘 읽고 지식도 충전하고 삶의 지혜도 얻기를 바라는 마음은 간절하다. 책의 형상에 가장 잘 들어맞는 일차적 사용가치는 꼼꼼히 읽고 생각해 지혜를 구하는 일이며, 가장 비자연적인 것은 돈을 벌기 위해 책을 중고로 파는 등 교환가치의 용도로 쓰는 것이다. 아리스토텔레스는 사물의 사용가치의 최종 목적은 형상을 따르는 하나의 용도만 있을 때 완성된다고 믿었다. 책을 냄비 받침대로 쓰는 것은 사물의 형상을 위배하는 일이어서 비자연스러운 것이다.

사용가치와 교환가치의 구분은 화폐에서 더욱 확실해졌다. 화폐의 일차적 목표는 도시 공동체의 재화 유통을 편리하게 만들고 좋은 삶을 만들기 위한 것이다. 그러니 화폐가 사용가치의 용도 이상을 넘어서 교환가치의 획득을 목표로 하는 영리 활동에 쓰이는 것은 비자연적인 일이다. 아리스토텔레스는 『정치학』에서 이자를 낳는 고리대금업에 극도로 증오감을 나타냈다.

> 그중에서도 가장 증오 받는 것은 당연히 고리대금업이다. 고리대금은 돈의 자연적 사용을 통해서가 아니라 돈 자체에서 이득을 얻는 것이다. 돈은 교환에 사용하라는 것이지 이자를 받아 더 늘리라고 있는 것이 아니다. 자손이 부모를 닮았다는 이유에서 돈이 돈을 낳는다는 의미의 토코스tokos라는 말이 돈의 양육 현상에 적용된 것이다. 따라서 모든 돈벌이 방법 중에 고리대금이 가장 비자연적인 것이다.

돈이란 생명을 잉태할 수 없는 물질인데도 자신과 똑같이 닮은 새끼offspring를 낳고 스스로를 끊임없이 증식해간다. 화폐는 인간의 욕망을 무한하게 이끌어내는 매개체가 되고 마침내 물신숭배의 대상에 이르는 것이기에 가장 비자연적인 인공물에 속한다. 아마도 아리스토텔레스는 신 이외에 썩지 않거나 영원히 지속될 것 같은 불멸의 대상에 두려움을 느낀 것 같다.

신은 죽음을 초월하는 불멸의 존재다. 우리가 종교를 믿는 이유는 현세에 대한 위로와 더불어 신에게 의탁해 영원을 구하려는데 있다. 그런데도 사람은 화폐를 경배의 대상으로 여기고 자신을 물신에 위탁해 불멸을 꿈꾸는 종교로 삼고 있으니, 아리스토텔레스가 화폐를 극도로 혐오한 것도 이해가 가는 일이다.

인간적 사회를 위한 실천

아리스토텔레스의 자연스러움은 폴라니의 사상에서도 드러난다. 사회의 공동선common good은 공동체를 유지하며 사람마다 자신의 덕성과 수월성excellence을 발휘할 수 있을 때 비로소 이루어진다.

먼저 폴라니는 아리스토텔레스에게서 공동체, 자급자족, 정의가 초점이 되는 사회를 발견했다. 그 사회는 무엇이든 비전을 서로 공유하고 가족과 같은 친밀감으로 이루어진 공동체인 코이노니아koinonia, 우애와 사랑으로 이어지는 필리아phillia, 서로 부담을 나누어 갖는 호혜성(상호성)으로 이루어진다.[4] 이때 경제는 '사회 =공동체'의 우애와 연대를 유지하고 인간들이 도덕·윤리적 가치를 발휘할 수 있는 수단이 되어야 자연스러운 것이다.

폴라니 역시 경제가 하나의 수단으로 사회에 묻혀 있는embedded 상태를 가장 자연스러운 것으로 본다. 폴라니는 19세기에 들어서 시장경제가 사회에서 떨어져 나와 사회를 이윤 추구의 대상으로 몰아넣고 파괴한 '비자연스러움'을 개탄한다. 인간은 도덕적 자아와 수월성을 실현하기 위해 끊임없이 노력하는 총체적 존재였다. 그런 인간이 이성을 갖지 못한 동물처럼 경제적 동기에 즉각적으로 반응하는 파편적 존재가 되었다. 신성을 따라 끊임없이 변화하고 운동해야 할 자연이 자본의 생산요소로 전락할 것을 폴라니는 일찍부터 예견했다.

폴라니는 경제를 사회에 다시 묻는 작업이 필요하다고 말한다. 스스로 이윤을 찾아 무한히 자기증식 운동을 꾀하는 수요와 공급의 시장 메커니즘을 밀어내고, 그 자리에 비시장경제 방식을 제도화해 사회 공동체를 보호해야 한다는 것이다. 폴라니의 사회적 구상은 전망에만 그치지 않고 있다. 시장경제에 대항하는 사회 보호 운동이 하나씩 열매를 맺고 있다. 단적으로 생산자와 소비자를 보호하고 생태계를 살리기 위한 윤리적 가격 또는 공정가격 운동이라든지, 애정과 협동의 자발적 참여로 시장경제의 모순을 극복하려는 사회적 기업과 협동조합 운동 역시 '경제를 사회에 다시 묻어가는 작업'으로 평가받는다.

좋은 삶을 위해서는 무엇이 필요할까? 이런 질문에 우리는 여러 가지로 대답할 수 있다. 좋은 삶을 위한 기본재는 재산, 건강, 존중, 안전, 신뢰, 사유, 사랑 등 수없이 많으며 어떤 경제학자는 인간의 구체적인 역량 개발까지도 행복의 목록에 포함시킨다. 이런 모든 기본재도 에우다이모니아를 목표로 하는 최상의 삶을 위한 수단에 불과하다는 것이 스키델스키의 주장이다. 그는 기존의 행복한 삶을 위한 조건을 새롭게 규정한다. "국가는 사람들을 나쁘게 살게 하기보다는 잘살 수 있도록 여건을 조성하는 것이 더

쉬울 수 있지만 궁극적인 선택은 개인들의 몫이어야 한다. 각 개인의 좋음은 그의 상상이 그리는 그림일 따름이라는 생각을 권장한다.……개인의 좋은 삶은 독서와 여행과 대화를 통해 폭이 넓어진 우리 자신의 직관이다."[5]

　지금 한국 사회는 시장경제의 천민적 자본주의 체제에 맞게 조직되어 1등만 살아남는 희소성을 목표로 삼고 있다. 한국 사회가 좋은 삶을 유지하는 방향으로 전면 재배치되어야 한다는 점에서 스키델스키의 마지막 발언도 가슴에 와닿는다. "사람들이 쳇바퀴 도는 무한경쟁에서 벗어날 각자의 고유한 출구를 보다 쉽게 조직할 수 있게 도와주는 것으로, 가령 돈벌이를 중심으로 하지 않는 삶의 방식을 스스로 찾아낼 수 있도록 하는 것이 여기에 속할 것이다."[6]

　폴라니의 말대로 "사회는 만들어진 것이 아니라 우리 스스로 만들어가는 것이다". 자연이 형상을 따라 끊임없이 변화하고 완성된 모습으로 나가기 위한 역동성을 내재하고 있듯, 사회도 인간의 이성과 영혼을 실현하는 최종 목표를 향해 달려가야 한다. 우리의 좋은 삶은 이성과 형상을 목표로 움직이려는 내적 역동성을 직관으로 인식하고 실천하려는 능동적 지성에 있다.

애덤 스미스와
정의로운
신의 손

잘못 이해된 '보이지 않는 손'

어느덧 시간이 지나다 보니 숱한 생명을 앗아간 세월호 참사도 가물거린다. 기억은 희미해져도 아픔은 더해간다. 너무나 엄청난 충격이었기에 기억의 회로도 차마 감당 못하고 가슴 저 깊은 내면에 트라우마로 잠가놓지 않았나 싶다.

2014년 여름 한 일간지의 작은 기사가 눈길을 끌었다. 세월호 참사를 계기로 눈부신 경제성장의 주역이었던 한국 자본주의의 어두운 이면을 자성하자는 반성론과 함께 "한국 자본주의에 대한 애덤 스미스Adam Smith의 메시지"를 간략히 소개하는 내용이었다.[1]

나중에 기사를 찬찬히 살펴보니, 신이 인간의 마음에 심어준 도덕적 능력이 자신에게 내리는 명령을 따를 때 우리는 '보이지 않는 손invisible hand'에 이끌리게 된다는 스미스의 『도덕감정론』의 내용을 언급하고 있었다. 보이지 않는 손은 신의 계획과 의지를 실현하는 '신의 손'이므로, 우리도 도덕적 능력을 높여서 한국 자본주의가 건강한 모습으로 탈바꿈하는 논의의 출발점으로 삼아야 한다는 주장이었다.

"보이지 않는 신의 손을 잡는 것은 우리의 도덕적 능력을 높일 때만 가능하다"는 지적은 신선한 충격이었다. 흔히 스미스의 보이지 않는 손은 개인의 이기심을 공적 이익으로 연결시키는 시장 메커니즘과 동일시된다. 스미스의 보이지 않는 손은 시장이 만능 기계처럼 모든 것을 알아서 해결해준다는 식으로 왜곡되어왔고, 사회에서 벌어지는 비인간적 모습과 탐욕도 정당화할 만큼 강력한 힘을 발휘해왔다.

사실 스미스는 인간의 이기심을 찬양한 적도 없고, 보이지 않는 손을 시장의 가격기구와 연결시켜 '시장 만능론'으로 이끈 적도 없다. 시장을 최고의 선으로 용인하고 국가가 모든 일에서 작아져야 한다고 주장하지도 않았다. 사실 스미스만큼 억울한 오해를 많이 뒤집어쓴 학자도 드물다. 스미스는 자신의 모든 저작에서 보이지 않는 손을 가볍게 세 번 언급했을 뿐인데도, 이것이 그의 대표적 메타포가 되었고 시대 상황에 따라 잘못 해석되기도 했다.

스미스는 도덕철학자로 출발했다. 경제는 인간적 따뜻함과 도덕적 틀 속에서 작동되어야 한다는 생각을 한 번도 놓친 적이 없는 휴머니즘 경제학자였다. 경제가 도덕을 쫓아낸 이 마당에서 스미스는 탐욕 자본주의와 시장 자유주의를 옹호하는 이기주의적 고전학파 경제학자이자 그 준거점으로 왜곡되었으니, 아마도 그가 되살아난다면 매우 억울해할 것이다.

남의 희생을 요구하지 않는 자애심

스미스가 살던 산업혁명의 시대는 영국 맨체스터의 공장 굴뚝에서 회색 연기가 뿜어오르고 노동자가 긴 행렬로 출근길을 메웠다. 길거리 시장에서는 서로 흥정하고, 적당히 사기도 치고, 남의 것을 거리낌 없이 빼앗는 무절제와 무질서가 판을 쳤다.

중세시대에만 하더라도 촌락 단위의 사회는 오랜 전통과 관습법, 상부상조의 미덕으로 질서가 유지되었다. 평등 원리를 기본으로 하는 공동체에서 자신의 이득을 내세우는 개인적 욕심은 범죄와 같았다. 교회가 지배하던 중세시대에, 인간 본성의 하나였던 사리사욕은 커다란 죄악이나 다름없었다.

산업혁명과 상업의 시대가 열리면서 인간 본성도 다양하게 발현되었다. 우리 인간의 본성은 이기적이고 이타적인 본능이 실타래처럼 엉킨 다발a bundle이다. 그동안 억눌려 있던 인간의 본성은 화폐를 이익의 대상으로 삼아 자신의 욕구를 거침없이 내뱉었다. 자본가와 상인으로 이루어진 부르주아 계급이 사회질서를 이끌었고 인간의 이기심과 탐욕이 꺼릴 것 없이 표출되었다.

이기심, 탐욕, 낯선 타인, 잔인, 방탕으로 얼룩진 혼란한 시대에 스미스의 과제는, 여기에 맞는 새로운 코스모스cosmos의 도덕철학을 만들어 질서를 부여하는 일이었다.

스미스는 시대 변화에 따라 어차피 드러날 수밖에 없었던 이기심과 탐욕을 인간 본성의 자연스러운 발로라고 보았다. 여기에 도덕과 절제의 회로를 통과한 자기이득self-interest 또는 자기애self-love를 가지고 사회적 조화를 이룩하고자 했던 것이 스미스가 『국부론』에 앞서 『도덕감정론』을 쓰게 된 동기였다.

『도덕감정론』의 첫 문장은 "인간이 아무리 이기적selfish이라고 상정하더라도 인간의 본성에는 이와 상반되는 몇 가지 원리들이 명백히 존재한다"로 시작한다. 누구나 책의 첫 문장을 쓸 때는 고심한다. 때로는 자신도 모르게 마음속으로 비판하고 싶은 사람을 떠올린다. 스미스가 『도덕감정론』의 첫 문장에서 '이기적'이란 표현을 부정적으로 사용했을 때는 분명히 『꿀벌의 우화』를 썼던 버나드 맨더빌Bernard Mandeville을 염두에 두었으리라 본다. 맨더빌은 개인의 이기심과 사치, 뽐내는 마음, 탐욕과 같은 사적 악덕이 사회의 이익이 된다는 극단적인 주장을 펴서 혹독한 비난을 받았지만, 금욕과 절제에 바탕을 둔 당시의 낡은 도덕적 질서와 신분 사회의 위선을 과감히 무너뜨렸다는 평가도 받았다.

스미스는 인간 본성을 자기이득 또는 자기애의 자연스러운 발로로 설정했다. 맨더빌의 말처럼 남에게 피해를 주면서까지 자기이득을 챙기는 이기적 성향이 인간의 유일한 본성은 아니었다.

자기애는 내가 사랑받고 싶은 만큼 타인도 사랑받기를 원하는 공감대 속에서 형성되는 감정이다. 남을 증오하는 것을 두려워하고 자신도 다른 사람에게 증오당하는 것을 부자연스럽게 여기는

2 정의와 균형을 위한 경제학

감정도 역시 자기애에 속한다. 자기이득이라고 다를 게 없다. 스미스는 자기애와 자기이득을 번갈아가면서 사용했으니 거의 같은 개념이라고 보아도 좋다. 자기이득의 추구는 자신이 이익을 얻는 만큼 다른 사람의 이익도 존중하는 인간 행동이다. 타인의 이익을 침해하면서까지 자신의 것을 챙기려는 이기심과는 엄격히 구분된다.

맨더빌의 이기심은 타인에게 피해를 주고 자신의 이득만을 챙기려는 속성으로, 스미스의 자기애와 명확히 구별된다. "맨더빌은 '개인의 부도덕이 공공의 선을 만든다'라고 했는데, 스미스는 평생 동안 그 의견에 반박했다는 것을 명심해야 한다."[2] '이기심'과 '자기애 또는 자기이득'을 동일시하는 오류는 스미스와 맨더빌을 혼동하는 것이나 마찬가지다.

남의 희생을 요구하는 것은 이기심이며, 다른 사람도 자신을 사랑하고 있음을 가치 있게 여기며 긍정하는 것은 자애심이다. 자기애란 자신의 욕구를 충족시키고 안정감을 얻으면서 타인과 사회에 해악을 끼치는 존재가 되지 않기 위해 분별력 있고 신중하게 행동하는 것을 말한다.

흔히 오해하듯 스미스는 이기심을 찬양하지 않았다. 전환기 시대에 맞게 자기이득과 자기애를 긍정하는 가치론 위에서 새로운 도덕적 판단의 범주를 설정했다.

입장을 바꿔보는 상상력

애덤 스미스 시대에 들어와 세상은 넓어졌다. 더는 가족과 촌락에서 대대로 익숙해져 있는 친족과 마을 구성원끼리 살아갈 수 없었다. 사람의 활동 영역이 좁은 마을의 경계를 넘어 전국적으로 넓어졌고, 스미스는 이기적이고 낯선 타인끼리 교류하는 시장 사회에 적합한 도덕철학의 기준을 마련해야만 했다.

스미스는 당시 통속적으로 의지하고 있던 기독교의 절대 윤리에서 도덕성의 기초를 찾지 않았다. 이성의 힘을 믿는 계몽주의적 사고에서 그것을 구하지도 않았다. 그가 도덕적 판단 기준을 인간의 자연스런 감정에서 끄집어낸 것은 매우 참신한 시도였으며, 이성보다는 감성을 중시했던 스코틀랜드의 지적 풍토에서 보면 당연한 것이기도 했다.

낯선 사람들이 모여서 하나의 사회를 안정적으로 이루려면 서로를 묶어주는 정서적 끈이 필요하다. 누구나 타인의 운명에 관심을 갖는다. 길거리에서 다친 사람을 보고 가슴 아파하며 도울 방법을 생각하고, 타인이 기뻐하는 모습을 보며 자신도 행복해하는 것은 인간 본성에서 우러나오는 자연스러운 감정이다. 스미스는 선하든 악하든 누구나 본성으로 갖고 있는 연민이나 동정을 도덕적 기초로 삼는다. 스미스는 타자를 이해하고 서로를 느껴보는 동감sympathy의 원리라는 넓은 그물망으로 낯선 사람끼리 교류하고 거래하는 이익사회를 포획하고자 했다.

길거리에 쓰러져 있는 사람을 보면 자신도 모르게 다가가거나 최소한 긴급전화로 구호 요청을 한다. 남루한 거지가 피부병에 걸려 길거리에서 몸을 긁고 있으면 자신도 모르게 몸 어딘가가 근질거리는 듯 느낀다. 상대방의 입장을 자기와 바꿔서 생각해보면 우리는 측은한 마음을 더 가지게 된다. 피 흘리며 쓰러진 사람을 보고도 사진이나 찍고 있는 사람에 대해 여론이 뭇매를 때리는 일은 동감 능력의 상실을 비난하는 것이다.

지금도 우리는 격렬하게 싸울 때 '너도 내 입장에서 한번 생각해봐!'라는 말을 자주 한다. 우리는 종종 처지를 바꿔 상대방의 입장에서 나를 바라봄으로써 내가 하고 있는 행동이 타당한지 판가름한다. 동감의 원리는 '상상 속에서 서로의 입장을 대신하는 교환 행위' 안에서 이루어지며 행위의 적정성propriety의 기준이 된다.

스미스에게 자신의 이기심egoism을 억누르고 조절할 수 있는 도덕적 판단력은, 타인의 처지에서 나를 바라보고 서로 입장을 바꿔서 생각하는 역지사지易地思之의 동감 원리를 통해 끊임없이 훈련할 수 있는 것이었다.

스미스는 철학자 데이비드 흄David Hume과 오랜 교우를 맺었고 그에게서 영향도 많이 받았다. 흄은 합리적 이성을 배격했다. 그는 인간이 다른 사람의 쾌락과 고통을 느낄 수 있는 공감의 능력을 가지고 있다고 보았다. 도덕적 행동은 타인의 고통과 행복을 느낄 수 있도록 감정을 예민하게 갈고닦아야 가능한 것이었다.

다른 사람이 부상을 당했을 때, '나도 언젠가는 저렇게 될 수도 있다'는 마음의 상상력은 사회 전체를 거대한 가족처럼 연결해주는 동포 의식fellow feeling의 원천이다. 스미스는 타인의 입장에서

나를 바라보고, 사람에게 인정받고 비난을 피하려는 본능적 욕구
와 자연스런 감정을 동감 원리로 삼아, 혼란과 무질서로 나갈 수
도 있는 시장 사회에 도덕적 질서를 부여했다.

　장 자크 루소Jean-Jacques Rousseau도 스미스와 마찬가지로 인간
을 자연 상태로 본다. 루소는 "만일 자연이 인간에게 이성의 지주
支柱로서 연민의 정을 주지 않았다면 인간은 그 모든 덕성을 가지
고 있어도 괴물에 불과했을 것이다"라고 말하면서 인간은 본원적
으로 자기애와 연민을 가진 존재라고 보았다.[3] 타인의 곤경을 주
저 없이 돕고, 병든 노인을 부축하는 연민과 동정심이 있어서 사
회 전체가 협력한다고 루소는 말했다.

　신은 더는 바깥에서 권위 있는 자세로 도덕 군주처럼 군림하지
않았다. 신은 한발 뒤로 물러섰으나 다른 모습으로 인간의 마음속
에 조용히 들어섰다. 위대한 자연의 모습은 신이 자신의 의지로
끊임없이 계획을 세워왔음을 증거한다. 인간도 자연의 한 조각이
며 신의 의지가 반영된 존재다. 인간은 원죄에 의해 타락한 존재
도 아니며, 무서운 하나님과 일대일로 소통하며 간절한 기도를 통
해 자신의 구원을 확증하는 나약한 존재도 아니었다.

　신은 자연이며, 자연 속에 내재해 있었다. 신은 우리 인간의 내
면에 자리 잡고 동거 생활에 들어갔다. 스미스는 신이 자연의 모습
으로 인간의 내면에 들어선 것을 발견했다. human nature(인간
성)란 영어 단어는 신이 내재적인 자연nature의 모습으로 인간
human에 깃들어 있음을 보여준다. '자연 존재로서 인간'에게는 소
박하고 풍부한 가능성이 잠재되어 있으며, 자신의 행위를 스스로

고쳐나갈 수 있는 가능성마저 지니고 있다. '내재적 자연에서 자연스럽게 우러나는 감정 또는 타자에 대한 정서'를 뜻하는 정념이야말로 도덕을 낳는 기초이며 조화롭고 안정된 사회를 이루어가는 바탕이었다.

인간 안에 내면화된 자연, 즉 신은 스미스가 말하는 공정한 관람자impartial spectator나 다름없다. 우리는 도덕적 행위의 기준으로 삼기 위해 매일 타인의 입장에서 생각하고 느끼고 반응한다. 내면에 자리 잡은 제3자의 시선이 내부 재판관으로서 행위의 적정성을 결정짓는다.

주변 사람의 판단이나 평가가 언제나 옳지는 않다. 아무리 입장을 바꿔서 생각해봐도 도덕적으로 회의가 따르는 일도 많다. 이때 최종적으로 행위를 판단해주는 것이 내면화된 신, 즉 공정한 관람자라고 할 수 있다. 동감의 원리 속에서 타인의 시선으로 나를 바라보고 또 그것이 옳은지 그른지를 다시 공정한 관람자의 시선으로 판단한다. 지속적인 학습과 반성으로 도덕적 판단을 키우고 경험의 반복과 훈련으로 행위의 적정성을 살피는 작업은 자신의 도덕적 자연, 즉 신의 의지와 계획을 끊임없이 탐색하는 것과 같다.

개인적 체험이 하나 떠오른다. 나는 한 연극을 재미있게 관람한 기억이 있다. 관람석의 관객들도 극장을 나오면서 좋은 연극이었다고 한마디씩 거들었다. 아내는 연극 자체보다는 유명 배우가 출현했기 때문에 공연을 즐겼다고 했다. 그런데 다음 날 신문을 펼쳐보니 연극에 대한 혹독한 비판이 실려 있어서 당혹스러웠다.

이때 일반 관람자들이 내린 대중적인 평가는 연극의 평론 기사, 즉 '공정하고 추상적인 관람자'에 의해 수정되어 새로운 판단의 범주를 얻는다. 실제로 17세기 영국에서 본격적으로 극장이 세워지고 지방도시에 순회 극장이 열리자 『스펙테이터Spectator』라는 평론지가 발간되어 연극에 대한 전반적인 사항을 감독했다. 이후 Spectator는 연극 용어에서 한층 더 은유의 폭을 넓혀, 사회를 감시한다는 뜻으로 확장되었다. 스미스가 공정한 관람자impartial spectator라는 개념을 쓸 때, 스펙테이터라는 단어를 넣은 것도 당시 상황과 무관하지 않다.

공정한 관람자는 가슴속에 자리하는 위대한 동거인으로, 언제나 양심의 속삭임을 들려주고 도덕적 최종 판단을 내려주는 심판관이다. 우리는 인간도 아니고 신도 아닌 제3의 존재, 즉 공정한 관람자를 통해 신을 모방하고 신의 위치까지 가려고 하지만 결코 신의 영역에는 도달할 수 없다. 그러나 인간은 자기 규제와 절제를 통해 자연의 모습으로 내면에 자리 잡은 신을 끊임없이 닮아가려 한다.

신은 언제나 우리에게 보이지 않는 손을 내밀고 있다. 인격을 높이고 싶은 마음, 자신을 사랑하는 만큼 남을 사랑하려는 자기애, 사회를 조화롭게 발전시키려는 인간의 능동적 노력은 '보이지 않는 손'과 더 굳세게 악수하는 것과 같다.

2 정의와 균형을 위한 경제학

도덕적 우주를 위한 신의 손

스미스의 보이지 않는 손은 기본적으로 인간 세계에 도덕적 우주를 만들려는 신의 손이다. 자연이 인간의 마음과 동거하는 이상 우리는 보이지 않는 손에 이끌릴 수밖에 없다. 문명과 탐욕에 오염되어 얼룩진 내면의 본성을 유리알처럼 깨끗이 닦아내고, 연민과 동감을 샘물처럼 뿜어내는 것이 인간 본연의 모습이다. 우리가 가장 빈번히 예로 드는 '보이지 않는 손'과 관련된 내용은 『국부론』의 한 구절에 불과하다.

> 우리가 저녁 식사를 기대할 수 있는 것은 푸줏간, 양조장, 빵집 주인들의 자비심이 아니라 돈벌이 또는 자기이득에 대한 그들의 관심 덕분이다.……대개 푸줏간 주인은 공공의 이익을 증진할 의도가 없으며 외국 산업보다 국내 산업에 대한 지원을 선호하는 것은 오지 그 자신의 안전을 위해서며……이 경우, 다른 많은 경우에서처럼 보이지 않는 손에 이끌려 그가 전혀 의도하지 않았던 목적을 달성하게 된다.

인간은 이타적일 수 없다. 이타적이고 자비로우면 더욱 좋겠지만 그것은 완전한 존재인 신의 몫이고 인간은 그저 불완전할 따름이다. 남에게 피해를 주지 않고, 자신의 이득을 추구하는 만큼 타인의 이익도 존중하면 된다. 자기이득을 위해 노력하면 의도하지 않았던 공공의 선은 보이지 않는 손에 이끌려 달성되는 것이다.

스미스는 철학을, 서로 분리되고 개별적으로 흩어져 있는 모든 대상을 보이지 않는 연결망invisible chains을 통해 하나로 연결하고 묶어주는 대표적 학문으로 보았다. 당시 천문학과 자연과학에서, 따로 떨어져 멀리서 움직이는 물체의 역학을 중력의 법칙으로 설명했던 뉴턴의 놀라운 발견을 자신의 영역으로 끌어들인 것이었다. 질량을 가진 물체는 서로 끌어당긴다. 중력은 질량의 제곱에 비례하고 서로 간의 거리에 반비례한다.

중력의 법칙은 스미스에게 보이지 않는 손의 사회철학으로 작용했다. 시장에서 사람이 서로 만나고 거래하고 교환하는 행위는 이타적 자비심이 아니라 자기애와 자기이득의 중력이 있기 때문에 이루어진다. 인간 본성에 에로스가 없었다면 남녀가 만나도 서로 아무런 감흥을 느끼지 못했을뿐더러, 인류는 번식을 통해 종을 보존하지 못했을 것이다. 그렇듯 스미스는 인간의 자기애와 자기이득을 뉴턴의 중력처럼 본성적으로 서로 끌고 당기는 활성적 힘이라고 승인했다.

보이지 않는 손은 인간의 이기심과 탐욕을 공정한 관람자를 통해 억누르고, 타인의 자기애도 존중하는 자애심으로 이끈다. 인간의 선천적 본성에서 비롯되는 도덕 감정은 보이지 않는 손을 통해 시장, 푸줏간 주인, 손님처럼 분산된 대상들을 하나로 잇는다.

시장의 가격기구 속에서, 개인이 자애심을 뛰어넘는 탐욕을 절제하고 역지사지의 상상력으로 교환 행위를 했을 때 우리는 전혀 의도하지 않은 공공의 선을 달성할 수 있다고 스미스는 말한다. 스미스의 보이지 않는 손은 「천문학의 역사The history of Astronomy」

라는 논문에 처음 등장한다. "불이 타오르고 물이 다시 깨끗해진다. 그리고 타고난 본성의 필요에 따라 무거운 물체는 하강하고 가벼운 물질은 위로 날아간다. 그러한 일들이 벌어지는 것에 주피터의 보이지 않는 손이 종사했는지는 여태껏 깨닫지 못했다."

뉴턴 역학에서 물체는 저마다 활성의 힘vital power과 운동 원리를 갖고 전체적인 조화로 나간다. 주피터의 보이지 않는 손은 신의 섭리이며 신성한 손으로 우주 질서를 조화롭게 이끄는 배후였다.

스미스는 자신의 저술에서 보이지 않는 손을 세 번 언급한다. 『국부론』과 「천문학의 역사」에서 각 한 번, 『도덕감정론』에서 한 차례 언급한다. "지주들의 이기심과 탐욕에도 불구하고……보이지 않는 손에 인도되어 토지가 모든 사람에게 분배되었을 때와 똑같이 생활필수품을 분배하게 된다."

보이지 않는 손은 부자들의 변덕과 탐욕, 이기심을 제약하고 소비 물자를 나누는 재분배의 기능을 유도하는 정의의 손으로 규정된다. 스미스의 보이지 않는 손은 신의 섭리가 작용하는 신성한 손이며 약자를 배려하고 독점과 부자의 탐욕을 경계하는 정의로운 손이다.

시장이 정의롭지 못하고 탐욕과 이기심으로 넘치며, 타인의 것을 빼앗고 자기 것만을 챙기려 한다면 사회의 조화와 안정은커녕 자본주의 시장 질서 자체도 존립하지 못한다. 도덕과 정의가 뒷받침되지 못하는 자본주의 시장 질서는 사회 전체를 붕괴시킨다는 것이 스미스의 시장과 보이지 않는 손의 관계다. 보이지 않는 손은 시장 메커니즘을 마법의 손으로 인정하는 것이 아니다.

"그것은 엄청나게 높은 도덕적 수준을 전제로 하고 있으며 남에 대한 관심과 배려 없이 내 것만을 최대한 챙기는 경우에도 보이지 않는 손이 저절로 사회 후생을 극대화시킨다는 이야기가 아니다."[4]

"공정한 관람자에 의해 인도되는 사회는 개인의 효용 극대화에 의해서만 인도되는 사회보다는 더 행복할 것이다."[5]

도덕을 쫓아내고 시장경제의 탐욕만이 가득한 사회는 모든 것을 비인간화하고 상품화시켜서 마침내 스스로를 붕괴시킨다. 세월호 참사에 대한 철저한 반성 없이 또다시 나락으로 굴러떨어지는 한국의 자본주의를 바라보며, 애덤 스미스의 간절한 메시지를 다시금 던진다.

토지 정의 이념의
'부활'을 꿈꾸며

사람에게는 얼마나 많은 땅이 필요한가

러시아의 톨스토이만큼 대지와 농민에 깊은 관심을 기울인 작가
는 없는 듯하다. 고전은 아무도 읽지 않는다니 일단 제쳐놓고, 익
히 들었음직한 톨스토이의 단편 「사람에게는 얼마나 많은 땅이
필요한가」를 보더라도 토지와 인간 탐욕의 문제는 잘 드러난다.

농부 파홈은 땅을 더 늘리기로 작정한다. 땅이 몹시 싸다고 소
문난 마을이 있어 한달음에 달려간다. 그곳에서 파홈은 토지 가격
이 면적이 아니라 하루 단위로 매겨져 있다는 촌장의 말에 놀란
다. 땅값은 하루에 1,000루블이고 해가 떠 있는 동안에 직접 갔다
가 돌아온 만큼 토지를 소유할 수 있다는 것이었다. 다만 해가 지
기 전에 출발점으로 되돌아오지 못하면 땅은 물론 돈도 돌려받지
못한다는 조건이었다.

하루해는 이미 지평선에 닿아 자취를 감추기 시작했다. 출발점이 저기에 보이는데 파흠은 지쳐서 더는 발을 내디딜 수가 없었다. 문득 악마가 자신을 비웃고 마을 촌장이 껄껄 웃던 새벽녘의 불길한 꿈이 떠올랐다.

땅은 내가 원하는 만큼 많아졌지만 하나님이 나를 그 땅에 살게 하실지는 알 수가 없어. 아, 내가 다 망쳤어! 이제 다 틀렸어. 욕심을 부리는 게 아니었는데…….

더 넓은 땅을 갖고자 욕심을 부린 농부 파흠은 악마의 유혹에 빠져 죽음을 맞는다. 땅은 땀 흘려 노력한 사람에게만 대가를 지불한다. 토지는 모든 사람에게 공평하게 내려진 자연의 선물이다. 부당하게 토지를 늘리려는 탐욕은 타인의 정당한 소유권을 침해하고 그들을 빈곤에 빠뜨린다. 톨스토이는 일찍부터 땅을 독점해 부당하게 이득을 얻어서는 안 된다는 토지 공동 소유권의 개념을 깊이 깨닫고 있었다.

톨스토이의 토지사상은 동시대 미국의 사회학자 헨리 조지의 『진보와 빈곤』과 『사회문제의 경제학』이란 책들을 만나 싹텄고, 그의 일생은 새로운 국면을 맞이하게 된다. 그는 제정러시아의 참담한 농노제 현실 속에서 구원처럼 헨리 조지를 만났던 것이다. 경제사상의 역사는 긴 흐름을 갖는다. 다시 헨리 조지의 토지 공개념은 100여 년 전으로 거슬러올라가 중농주의자 프랑수아 케네와 연원이 닿는다.

우리는 먼저 톨스토이가 말년에 심혈을 기울여 완성한 장편소설 『부활』에서 헨리 조지의 사상이 어떻게 그려졌는지부터 살펴보자.

토지 소유를 포기한 기쁨

톨스토이의 영원한 고전 『부활』은 19세기 말 제정러시아의 격변기와 혼란을 시대적 배경으로 삼는다. 서구 국가들처럼 러시아의 부국강병을 꿈꿨던 알렉산드르 2세는 인구의 80퍼센트를 차지했던 농노의 해방, 토지 유상분배, 자치적 지방행정, 재판 과정의 공개, 변호인과 배심원제가 포함된 사법 개혁 등의 조치를 단행했다. 하지만 차르(황제) 통치에 대한 불만과 혁명의 열기가 여전히 가득했던 제정러시아는 알렉산드르 2세가 폭탄 테러로 암살되면서 다시금 혼란기에 빠져든다.

특히 농노해방 이후에도 농민의 생활은 실질적으로 크게 달라지지 않았다. 농민은 종전의 경작지 면적보다 토지를 적게 분배받아 생계가 더욱 어려워졌으며 오히려 더 넓은 땅이 지주와 귀족의 대토지로 편입되어 버렸다. 애초부터 비싸게 책정된 토지의 유상분배 상환액도 농민의 삶을 더욱 팍팍하게 만들었다. 농민과 지식인들 사이에서 농노해방이 농민을 "법적인 노예에서 경제적 노예"로 바꾸었을 뿐이라는 자조 섞인 비판이 나오기도 했다.

『부활』의 네흘류도프 공작은 부모에게 토지를 유산으로 물려

받은 귀족이었다. 그는 젊은 시절 고모 댁에서 하녀로 일하던 카튜샤와 사랑에 빠졌으나 참전으로 곧 이별하고 만다. 이후 그녀는 임신을 하고 집에서 쫓겨나 방황하다가 술과 몸을 파는 생활로 빠져든다. 훗날 살인 사건에 연루된 카튜샤와 재판장의 배심원 자격으로 참석한 네흘류도프의 만남은 두 사람에게 새로운 세계의 문을 두드리는 시작점이었다. 이른바 부활의 서막이 오른 것이다.

카튜샤를 따라 시베리아에 가기로 작정한 네흘류도프는 모든 것을 정리하기 위해 자신의 소유지가 있는 쿠즈민스코예 마을에 내려간다. 그는 마을 소작농을 모아놓고 토지세를 주변보다 3할이나 깎아주겠다는 파격적인 제안을 내놓는다. 네흘류도프는 소작료 수입이 절반쯤 줄어들 정도로 자신을 희생하면 스스로도 만족스러울 것이라고 생각했다. 그런데 뭔가 부끄러운 마음이 가시지 않았다. 왜 그런지는 곧 밝혀졌다. 그는 새삼 젊은 시절에 심취했던 헨리 조지의 근본 사상과 당시의 자신을 떠올렸다. "그리고 이제껏 그것을 까마득히 잊고 있던 스스로에 대해 깜짝 놀랐다. '토지는 절대 사유할 수 없다. 또한 토지는 물과 공기, 태양과 마찬가지로 매매할 수 없다. 인간은 토지에 대해서, 그리고 토지가 인간에게 베푸는 온갖 혜택에 대해서 누구나 평등한 권리를 가지는 것이다.' 이제야 그는 쿠즈민스코예에서 자신이 행한 토지 처리 문제를 생각할 때 왜 부끄러움을 느꼈는지 깨달았다."

네흘류도프는 인간이 토지를 가질 권리가 없다는 것을 알면서도 자신의 소유권에 대해서는 아직도 미련을 떨치지 못했던 것이다. 그는 농민에게 토지를 빌려주는 대가로 받은 토지세가 세금이나 공공사업비로 쓰이도록 다시 마을 공동체에 되돌려주기로 최종적으로 마음을 먹었다. "이것이 (헨리 조지가 말하는) 단일세 제도는 아니었으나 지금 상태로서는 그 제도와 근사한 것이라 할 수 있었다. 어쨌든 중요한 것은 네흘류도프가 토지 사유의 권리 행사를 스스로 포기했다는 점이었다."

토지는 하늘의 태양과 달과 별, 아름다운 꽃잎을 적시는 이슬과 바람처럼 창조주가 세상에 내려준 고귀한 선물이다. 인간도 창조주의 허락을 받아 이 땅에 태어난 존재이기 때문에 우리 또한 창조주의 하사품을 평등하게 향유할 수 있는 권리를 천부적 자연권 natural right으로 가져야 한다.

자연의 선물은 인간이 대지에 입맞춤하며 감사하고, 땀 흘려 일하는 노고에 의해서만 과실을 맺는 것이다. 어느 누구도 토지를 사적으로 독점했다는 이유만으로 농민이 일군 노동 생산물의 일부를 지대地代로 가져갈 수는 없다. 이것은 창조주의 섭리와 자연법칙에도 어긋난다.

네흘류도프는 독점적 지대를 사회적 잉여로 간주해 농민 공동체에 넘겨주고 마침내 토지소유권을 포기했다. 그는 창조주의 보고寶庫인 토지를 다시 만인에게 되돌려주는 어려운 결단으로 신의 뜻을 실천에 옮겼으며, 그제야 비로소 부끄러움에서 벗어나 마음의 평화를 얻는다. 그러한 네흘류도프의 심정을 톨스토이는 『부활』에서 이렇게 그린다. "그는 끝없는 해방과 새로운 대륙을 발견한 탐험자가 느끼는 새롭고 충만한 기쁨을 느꼈다."

자본의 사유와 토지의 공유

톨스토이는 『부활』을 쓰기 10여 년 전인 1885년부터 헨리 조지의
책에 완전히 사로잡혔다. 이후에는 헨리 조지와 서신을 나누고 그
의 논설문과 선동적 연설문을 러시아 전역에 소개하는 데 앞장섰
다. 1906년에는 헨리 조지가 출판했던 『사회문제의 경제학』의 러
시아 번역판에 직접 서문을 쓰기도 했다.

> 헨리 조지는 모든 조세를 토지 지대에 부과하면 가장 중요한 사
> 회제도가 자연법칙에 부합하게 된다고 주장한다. 그는 또 토지
> 가치, 즉 지대는 전체 사회를 위해 쓰여야만 한다고 주장한다.
> 전체 사회가 이 방안을 채택하는 것은, 사람이 손이 아니라 발로
> 걷는 것만큼 자연스러운 일이다.……러시아에서는 인구의 90퍼
> 센트 이상이 농업에 종사하고 있고, 헨리 조지의 이론은 러시아
> 인민들의 정의감에 정확하게 부합한다.

1896년 3월에 헨리 조지는 자신의 경제사상을 알리는 데 열성
적이었던 톨스토이에게 감사와 존중을 표하고 유럽 여행길에 러
시아를 들러서 방문해도 좋을지 허락을 얻기도 했다. 하지만 두
사상가는 끝내 만나지 못했다. 헨리 조지가 뉴욕 시장 선거에 출마
해 무리하게 강행군을 하다가 1897년 10월에 사망했기 때문이다.

젊은 시절에 헨리 조지가 겪은 가난은 뼈저렸다. 둘째 아들이
태어났을 때 집에 먹을 빵 한 조각이 없어서 해산한 아내를 위해

이웃집에 구걸을 할 정도였다. 이때 경험했던 빈곤이 그의 사상과 생애에 커다란 영향을 미쳤다. 일간지 인쇄공으로 근무했던 헨리 조지는 중학교 중퇴라는 학력에도 불구하고 독학으로 수많은 책을 섭렵해 나중에 유명한 저널리스트가 된다.

29세가 되던 1868년에는 『샌프란시스코 헤럴드』의 뉴욕 특파원을 지낸다. 그는 기자 생활 동안 휘황찬란한 뉴욕에서 극도의 사치와 지독한 빈곤이 뚜렷이 공존하는 현실에 충격을 받았다. 왜 '번영과 진보' 속에서 '가난과 빈곤'은 더욱 심해지는가? 헨리 조지의 토지 경제사상은 여기서 출발한다.

고전적 생산 이론에서 토지, 노동, 자본은 가장 중요한 생산요소다. 토지를 사용하면 당연히 지대가 비용으로 지출된다. 더 많은 부를 창출하기 위해 투자된 자본에 대해서도 이자를 지불해야 한다. 노동 역시 임금이 뒤따라야 한다. 일단의 생산 과정이 끝나면 토지, 자본, 노동이라는 생산요소의 대가로서 각기 분배되는 지대, 이자, 임금은 사회적 소득의 원천이 된다.

이것은 '사회적 부=지대+이자+임금'으로 나타낼 수 있다. 이것을 바꾸면 '사회적 부-지대=이자+임금'이 된다. '지대'와 '이자+임금'은 역비례 분배법칙으로 작용한다. 지대의 분배 비율이 30퍼센트라면 이자와 임금으로 지출되는 사회적 부는 70퍼센트가 된다. 지대의 비율이 70퍼센트 높아지면 이자와 임금은 30퍼센트로 감소한다. 이렇게 사회 전체 부의 총량에서 지대가 높을수록 이자와 임금으로 배분되는 몫은 줄어들어 자본의 생산 활동이 위축되고 노동자도 더욱 궁핍해질 수밖에 없다.

헨리 조지가 빈곤의 원인으로 지목했던 것은 바로 토지 독점으로 인해 발생하는 지대가 불로소득으로 흡수되어 임금과 이자가 여전히 낮은 수준에 머무는 데 있었다. 뉴욕 같은 대도시에서 인구가 급속히 증가하고 생산력과 토지 활용도가 높아지면 예전에는 거들떠보지도 않던 외곽의 척박한 땅, 즉 한계지marginal land까지 경작면적이 넓어진다. 그렇게 되면 상대적으로, 중심지의 비옥한 땅은 한계지보다 지대는 물론 땅값도 훌쩍 뛰어오른다. 사회가 발전할수록 한계지의 영역도 넓어지면서 중심지는 그만큼 지대가 상승하고, 지주는 막대한 사회적 잉여를 불로소득으로 전유하게 되는 것이다. 이제 중심지의 지주는 지가가 상승할 것이라는 투기 심리 때문에 굳이 토지 관리에 신경 쓸 필요도 없이 값비싼 땅을 놀리고, 이때부터 토지 유휴화의 사회적 악순환도 벌어진다.

헨리 조지는 부의 불평등한 분배를 토지 사유제에서 찾았다. 그렇다고 자본주의 관습으로 굳어진 토지의 사적 소유권을 사회주의처럼 국유화하기는 무리라고 판단했다. 대신에 지대 전체를 조세로 징수하고 다른 조세를 면제하는 지대 조세제land value taxation를 주장했다. 사회 발전에 따라 상승된 지대는 완전하게 환수해 사회가 공유하고, 공공 목적에 맞도록 사용하면 불평등과 빈곤은 한층 완화될 것이었다.

오늘날 헨리 조지의 토지사상을 일컫는 지공주의地公主義는 적지 않은 비판에도 세계적 공감대를 형성하고 있다.[1] 지공주의는 톨스토이와 헨리 조지의 한결같은 윤리 가치관에 바탕을 둔 '자본의 사유와 토지의 공유'를 기본 철학으로 삼고 있다. 말하자면

"노력해서 생산한 것에 대해서는 직접 생산자의 사유를 인정해 효율성을 달성하고, 사람의 노력과 무관하게 하늘에서 내린 토지는 사유 대상에서 제외함으로써 형평성을 달성하자는 것이었다."[2]

프랑수아 케네의 '토지 단일세'

프랑스의 케네를 창시자로 하는 중농주의는 피지오크러시 physiocracy의 번역어지만, 엄밀하게는 '자연의 지배'를 의미한다. 이 용어는 애덤 스미스가 케네의 농업 중시 사상을 강조하기 위해 농업적 체계agricultural system라고 표현했던 까닭에, 중농주의로 불리게 되었다.

중농주의는 프랑스 특유의 경제구조를 배경으로 탄생한다. 17세기 프랑스의 재무상 장 바티스트 콜베르Jean-Baptiste Colbert는 화폐 재정을 늘리기 위해 국가 주도로 중상주의를 강력하게 이끌었다. 콜베르티슴Colbertisme으로 특징되는 프랑스 중상주의는 국내 산업의 육성과 수출 경쟁력을 강화하는 토대로 흔히 사용하는 저물가·저임금 정책에 집중한다. 국내 물가와 임금을 낮은 수준에 묶어놓기 위해서 필연적으로 저곡가 정책이 뒤따랐다. 농산물의 적정가격bon prix, 良價이 보장되지 못하자 농업 부문에서 농민의 생활은 더욱 피폐해졌고 농업 자본축적도 밑에서부터 와해되는 결과가 야기되었다.

중상주의의 상업적 체계mercantile system에 반발해서 나온 경제사상이 바로 '농업적 체계'인 중농주의였다. 케네는 국가의 부는 상업에서 획득되는 금은과 화폐에 있는 것이 아니라 토지와 노동의 결합물에서 발생하는 농업 생산의 잉여가치, 즉 순생산물net product에 있음을 최초로 제시했다. 그는 농업에서 창조되는 잉여의 순생산물을 지나치게 강조한 나머지, 상업이나 공업을 자기증식 능력이 없는 불임sterile 업종이라고까지 몰아붙였다.

농업만이 토지에 투하된 농업 노동이나 자본 가치 이상의 잉여 생산물을 창조하는데 그것은 자연의 풍요로운 힘이 배후에 작용한 덕택이었다. '자연의 지배' 질서가 농민의 노고를 통해 결실을 맺고 신의 존재가 경제적으로 드러나는 것이 지대였다. 지대는 바로 토지의 은총이었다.

스스로 잉여를 창출하는 토지 증식 가치에만 세금을 부과하고 다른 모든 종류의 조세는 폐지하자는 케네의 토지 단일세single tax 에서, 우리는 헨리 조지의 지대 조세제를 만나게 된다.

당시 농업 후진국이었던 프랑스에서는 2퍼센트의 특권 계층인 귀족과 성직자가 전체 토지의 80퍼센트를 소유하고 있었지만, 세금은 한 푼도 내지 않았다. 나머지 제3신분인 부르주아, 노동자와 더불어 전체 인구의 90퍼센트를 차지하는 농민은 토지세인 타이유Taille, 교회에 내는 10분의 1세dime, 부동산이나 연금 수익에 부과되는 20분의 1세vingtième 등의 인두세와 소득세, 시세보다 10배나 비싸게 소금을 강제로 사야 되는 염세 등, 각종 직간접세에 시달렸다. 이러한 앙시앵레짐ancien régime(구체제)의 봉건적 억압과 농민의 불만이 프랑스혁명으로 폭발되기도 했다.

케네는 프랑스 농민을 옭아매는 온갖 종류의 과중한 세금을 없애고, 그 대신 지대에 통합시켜 부과하는 토지 단일세 이론으로 헨리 조지의 주목을 받았다. 지주계급의 조세 부담률은 토지 가치의 증식분, 즉 순생산물의 30퍼센트를 넘지 않는 것이었다. 그럼에도 케네는 지주 귀족의 토지 소유와 지대 수취를 정당화하고 특권층을 옹호하는 한계를 벗어나지는 못했다.

케네에서 시작된 토지 정의 이념

헨리 조지는 케네를 높이 평가한다. 그는 케네가 형식적인 학교 교육을 받지 않고 (자기처럼) 독학을 해 외과의사가 되었고 훗날 베르사유 궁전에서 루이 15세의 주치의가 되고 왕의 사상가King's Thinker가 되었다"고 언급한다.

헨리 조지가 보기에 케네의 위대한 경제사상은 다음과 같다.[3] 케네가 추구했던 위대한 목적은, 인간이 창조주가 의도했던 자연적 질서에 따라 살면서 자유를 확립하고 빈곤을 제거하는 일이었다. 인간이 필요한 물자를 얻어낼 수 있는 유일한 원천은 토지다. 토지가 인간의 욕구에 맞게 결실을 맺도록 하는 것은 노동이다. 토지에 노동을 가해 산출된 생산물이 바로 국가의 부wealth였다.

사회의 유기체가 부유해지기 위해서는, 인간이 자유롭게 능력을 발휘해 신이 선물한 토지에서 노동 생산의 결과물을 거둘 수 있도록 보장해줘야 한다. 농민에게 세금을 과중하게 부과해 정당한 노동의 대가를 수탈하거나, 상공업에 불공정한 혜택을 주기 위해 농산물의 적정가격을 억누르는 행위도 신의 자연법칙을 어기고 인간이 누려야 할 자연권을 훼손하는 일이다.

창조주가 의도했던 자연의 지배 질서가 인간의 경제 질서에 스며들도록 자유를 확립하면 부당한 억압과 빈곤도 사라질 것이었다. 중농주의가 제시한 토지 단일세도 가치가 증식되는 순생산물에 부과되기 때문에, 다른 분야의 자유로운 경제활동을 방해하지 않고 '모든 생산 영역에서 자유'를 보장할 수 있는 개혁안이었다. 애덤 스미스의 유명한 자유방임주의Laissez faire도 여기서 출발했다. 헨리 조지는, 케네가 중농주의를 통해 구현하고자 했던 모토를 '특혜 없는 공정한 사회A fair field and no favor'라고 요약해 토지 개혁 사상의 한 축으로 삼았다. 헨리 조지의 이러한 지공주의는 후진적 프랑스의 개혁을 꿈꿨던 중농주의에서 발원해 톨스토이의 『부활』까지 이어진다.

현재 한국 사회에서 갈수록 심화되는 빈부의 격차와 불평등 문제는 소득분배에도 원인이 있겠지만, 근원적으로는 자산과 토지의 소수 집중이라는 왜곡된 구조에서 기인한다. 불평등한 한국 사회에서 헨리 조지를 매개로 하는 토지 정의의 이념은, 시대를 뛰어넘는 경제사상의 원류 속에서 새로운 부활을 꿈꾸고 있다.

2 정의와 균형을 위한 경제학

대공황에서
세계를 건져낸 케인스의
'소셜 픽션'

소셜 픽션의 원조

『촛불의 미학』으로 잘 알려진 프랑스 철학자 가스통 바슐라르 Gaston Bachelard는 인간은 꿈꾸는 존재라고 말한다. 그는 일렁이는 촛불을 보며 읊조린다. "하나의 불꽃 속에 세계가 살아 있는 것은 아닌가? 불꽃은 하나의 생명을 갖는 것이 아닌가? 그것은 어떤 내적 존재의 눈에 보이는 징표이며 숨어 있는 힘의 징표가 아닌가? 불꽃은 우리에게 상상할 것을 강조한다."

인간은 생각하기 이전에 꿈꾸는 존재다. 처음에 바슐라르는 꿈이나 상상력이라는 매우 비합리적인 것을 제거하면 엄밀하고도 객관적인 과학에 다다를 수 있다고 생각했다. 그러다가 거꾸로 꿈과 상상력이 불러일으킨 역동성과 창조성의 세계에 빠져들었다.

과학철학자에서 몽상 연구가로 탈바꿈했던 바슐라르를 보면,

1930년대 대공황의 늪에서 세계를 구해냈던 영국의 경제학자 케인스가 떠오른다. 케인스 역시 냉철한 이성과 엄밀한 실증 능력을 소유한 경제학자답지 않게 인간의 창조적 정신과 대담한 상상력이 사회의 변혁을 이끌어낼 수 있다고 생각했다. 예술과 문학을 사랑했던 케인스는 먹고사는 현실적 문제를 뛰어넘어 "인생에서 최고 목표를 사랑, 심미적 체험, 지식을 추구하는 것에 두었다".

꿈과 상상력은 새로운 창조적 발상을 낳는다. 1929년에 세계는 종전의 고전학파 경제 이론을 가지고는 도저히 설명이 불가능한 엄청난 공황으로 경기가 곤두박질친다. 미국에서 검은 목요일 Black Thursday의 주가 대폭락이 야기한 대공황으로 길거리에는 빵과 스프를 얻기 위한 행렬이 가득했고 실업자가 넘쳐났다. 1929년에 약 3퍼센트였던 실업률이 1933년에는 무려 26퍼센트에 육박했다. 케인스는 위기에 빠진 자본주의를 구하기 위해 날카로운 통찰력으로 기존 경제 이론과 자유방임주의에 종언을 고하고 코페르니쿠스적 전환이라고 할 수 있는 거시경제학을 연다.

오늘날 세계는 글로벌 금융 위기 이후 신자유주의가 낳은 모순으로 허덕이고 있다. 실업의 고통, 사회적 분열, 부의 양극화와 빈곤 양산, 생태계 파괴 등으로 고장 난 자본주의를 치유하기 위해 세 명의 경제학자가 다시 떠올랐다. 케인스는 폴라니, 마르크스와 더불어 영화 〈어벤저스〉의 영웅들처럼 지구를 구할 세 명의 슈퍼 영웅으로 불리기도 한다.

특히나 20세기 세계 경제의 밑그림을 그린 1930년에 미래 100년의 사회를 그려낸 케인스의 대담한 비전과 상상력은 여전히 주목할 만하다. 우리의 염원을 미래에 실어 날랐던 경제학자가 다시금 사회적 상상, 즉 소셜 픽션social fiction의 원조로 손꼽히고 있으니 바슐라르와 연결 짓는 것도 큰 무리는 아닌 듯싶다.

100년 뒤를 상상한 케인스

소셜 픽션이란 사회에 대해 아무 제약 없이 상상하고 이상적인 미래를 그려보는 기획법으로, 공상이나 예측이 아닌 의지가 담긴다. 사람이 마음속에 염원하는 미래의 모습을 사회적 상상력으로 그려내면 이를 바탕으로 지금 우리가 무엇을 해야 하는지를 차례대로 생각하고 기획할 수 있다.[1] 케인스는 대공황으로 고통 받던 1930년에 「우리 후손의 경제적 가능성」이라는 에세이에서 100년 후인 2030년의 사회를 그렸다.

먼저 케인스는 에세이 첫머리에서 대공황의 공포로 확산된 경제적 비관주의와 생활수준의 위기감은 잠깐일 뿐이라고 적는다. 지금 우리가 받고 있는 고통은 고령화에 따른 류머티즘이 아니다. 기존의 노동을 흡수할 정도로 기술적 효율이 급속하게 높아지는 것에 따른 성장통일 뿐이라고 그는 확신했다. 그동안 생활수준이 너무 향상되었기 때문에 경기불황으로 속도가 조금만 느려져도 둔화감을 느끼는 것은 당연하다고 여겼다.

케인스는 100년이 지나고 나면 경제 문제는 모두 풀린다고 생각했다. 경제는 더는 문제가 되지 않으며 새로운 삶의 방식을 통해 행복을 느끼는 사회가 될 거라 보았다. 자본축적과 기술혁신으로 국가의 생활수준은 지금보다 4배에서 8배까지 높아질 것이라고 예측했다. "큰 전쟁이 일어나지 않고 인구의 급격한 증가가 없다고 가정하면, 나는 100년 안에 경제 문제가 해결되거나 적어도 해결의 가시권에 들어올 것이라고 결론을 내린다. 이는 곧, 만약 우리가 미래를 내다본다면, 경제 문제가 인류의 항구적 문제가 아니라는 것을 의미한다."

경제사적으로 지나온 시간을 되돌아보면 세계는 꾸준히 성장세를 지속했다. 전체적으로 기술적 효율성은 매년 1퍼센트 넘게 향상되고 있는데, 100년 후가 되면 이것이 제조업, 농업, 식량 생산, 광산, 운송 분야로 확산해 지금 인력의 4분의 1 수준으로 모든 작업을 처리할 수 있게 된다. 케인스가 보기에 "(원죄를 짊어지고 힘들게 일하는) 내면의 늙은 아담the Old Adam을 만족시키기 위해서는 하루에 3시간 정도의 노동이면 넉넉할 것"이었다.

그때가 되면 생계에 필요한 노동시간이 줄어들고 상대적으로 여가와 자유시간은 늘어난다. 부의 축적이나 화폐에 대한 욕망이 더는 사회에서 중요한 미덕으로 꼽히지 않는다. 새로운 사회에서는 소유물로서 돈을 사랑하는 것은 다소 혐오스럽고 병적인 성향으로 인식될 것이다.

"과학적 상상력까지 갖춘 천재성이 있다"고 프로이트를 칭찬했던 케인스는 새로운 사회가 갖는 정신병리학적 현상을 날카롭게 지적한다. 부유한 계층에서는 여가와 자유를 주체하지 못한 까닭에 신경쇠약이 나타나고, 돈에 대한 욕망과 집착이 사회적 인정을 받지 못하는 사회에서 다른 긍정적인 수단을 마땅히 발견하지 못해 매우 불안하고 맹목적인 사람이 등장한다는 것이다.

화폐에 대한 집착은 프로이트식으로 보면 유아적 상태에서 벗어나지 못하는 고착과 퇴행일 뿐이다. 경제적 문제가 해결된 자유로운 사회에서 화폐는 집착의 대상이 아니다. 이제 100년 후의 사회는 "삶에 필요한 것을 구입하고 인생의 즐거움을 누리는 수단으로서 돈을 사랑하는 마음"으로 넘어가는 승화sublimation의 단계가 된다.

물질적 욕망이 다른 대상으로 승화된 사회에서 경제는 인류에게 중요한 문제가 아니다. 케인스는 소셜 픽션으로 그린 2030년을 "자연이 거의 모든 사람에게 내리는, 즉 사람마다 마땅히 존재 이유와 삶의 목적을 추구하는 합목적성purposiveness의 진짜 본질에 대해서 진지하게 파고드는 사회가 될 것"으로 전망한다. 미래 사회는 덕성과 지혜의 길을 걷는 목가적 풍경으로 가득 찬다. "탐욕은 악덕이며 고리대금업은 악행이며 돈을 사랑하는 모습을 혐오하는 사람, 내일은 전혀 생각하지 않으며 덕성과 건전한 지혜의 길을 참되게 걸어오는 것을 본다. 이제는 어떻게 지혜롭고 아름다우며 풍요로운 삶을 누릴 수 있을 것인가 하는 문제가 가장 중요하게 된다. 다시 한 번 목적을 수단보다 가치 있게 여기며 '유용한 것th useful'보다 '선the good'을 선호하게 될 것이다."

케인스에게 좋은 삶이란 자연과 대면하고 사물 하나하나에 깊은 애정을 쏟고 인간과의 따뜻한 교류를 통해 '직접적인 즐거움'을 얻는 것이었다. 모든 것을 화폐 욕망으로 간접 대상화해 거기서 소유의 쾌락을 얻는 1차원적 세계를 벗어나서 다양하고 즐겁고 풍요로운 삶의 세계를 구축하는 것이었다. "더불어 우리는 시간마다, 매일매일 덕스럽고 충만하게 살아가는 법을 가르쳐주고, 사물을 직접 대하며 즐거움을 얻을 수 있고, 실을 잣지도 않고 땀흘려 일하지 않으면서 들판의 백합에서 즐거움을 느낄 줄 아는 사람을 존경하게 된다."

100년 후의 사회에서 경제는 사회를 이끄는 최우선 영역이 되지도 못한다. 지금처럼 경제학자가 왕좌를 차지하는 것이 아니라 "치과의사 정도로 겸손하고 능력 있는 존재로 평가받도록 일을 잘 처리하면 된다".

오늘날에도 여전히 케인스의 사회적 상상은 실현되지 않고 있다. 눈부신 기술혁신과 자본 생산성을 달성했지만 노동시간은 더욱 증가하고 삶은 단조로워졌다. 여유 시간은 소비사회의 상품화 세계에 편입되어 자본주의가 깔아놓은 허구적 궤도에서 소진될 뿐이다. 케인스는 한계효용 체감의 법칙에 따라 소득이 많아지면 추가적인 만족도는 줄어들고 대신에 상대적으로 희소한 여가를 선호하는 경향이 늘 거라고 가정했다. 그러나 결과는 반대였다. '시간의 상품화'에 따라 열심히 여가를 소비한 만큼 더 열심히 일할 수밖에 없는 쳇바퀴의 다람쥐 같은 상황이 된 것이다.

경제적 문제가 끝나는 경계선에서 사회는 지적이고 문화 예술적인 영역으로 옮겨갈 것이라는 예상도 어긋났다. 케인스는 베블런의 '과시적 소비'를 간과했다. 부의 축적과 과시적 소비는 타인과 자신을 구별 짓는 중요한 행위로서 끊임없이 확장되었다. 필요

충족 범위를 넘어선 그 지점에서도 경제 영역은 멈출지를 몰랐다. 물질적 욕망은 하늘로 치솟는 바벨탑의 축적구조로 이어졌다. 화폐 축적과 물신숭배를 통해 불멸을 추구하려는 맘모니즘mamonism 이 케인스가 강조했던 '종교의 영원성'을 대신했다.

그럼에도 케인스가 그렸던 100년 후의 사회에는 지혜롭고 유쾌하고 다양한 삶을 누리는 사회를 염원한 그의 바람이 담겨 있다. 이것은 케인스의 사회적 상상력이지만 결국은 우리가 꿈꾸는 소박하고 구체적인 삶의 모습을 옮겨놓은 것이다.

우리는 인생에서 존재 의미를 찾고, 사람과 따뜻한 정으로 교류하고, 더불어 행복하게 살기를 원한다. 자연 속에서 삶의 의미를 깨닫고 공감하며, 초월적 존재에 손을 내밀고 우주적 충만감에 젖고자 한다. 경제학자 케인스의 상상은 인류의 염원을 담은 동시에, 우리가 인생의 참모습을 찾아 즐겁고 유쾌한 삶을 살아가는 데 깨달음을 준다.

상상력이 낳은 새로운 관점

케인스는 먹고사는 문제에만 매달리는 경제학자가 아니었다. 인류의 미래를 꿈꾸고 기획했던 삶의 디자이너이자 생의 철학자였다. 케인스는 1929년 대공황과 실업의 고통으로 모두가 신음하고 있을 때 100년 뒤의 좋은 삶을 위해서 지금 해야 할 일이 무엇인지를 궁리했다. 경제학의 가치 체계 역시 케인스가 그리는 인간적 삶의 모습을 비껴가지 않았다.

경제는 목적을 위한 수단이었다. 경제성장은 고용을 창출한다. 경제활동과 고용은 무엇 때문에 필요한가? 일단 경제활동은 식량과 의복과 주거를 공급해준다. 그렇다면 그다음은 무엇인가? 케인스에게 경제활동은 목적을 위한 수단에 지나지 않았다. 목적은 바로 좋은 삶이며, 그것은 케인스가 직관과 미학의 사상적 기반을 제공받았던 철학자 조지 에드워드 무어George Edward Moore의 정의 대로 "사람과 교류하는 우애와 즐거움, 그리고 아름다운 대상물에 대한 향유contemplation"였다.

경제성장과 고용은 좋은 삶을 위해 반드시 필요했다. 당시 대공황의 파국과 실업은 기존의 고전학파 경제학 이론으로는 도저히 설명할 수 없는 현상이었다. 상상은 새로운 관점을 낳는다. 케인스는 새로운 창조적 관점에서 기존의 자유방임주의이론을 뒤집어 실업 문제를 해결하고자 했다.

기존의 고전학파 경제학의 이론은 시장의 자율조정적인 메커니즘에 전적으로 의존하는 자유 방임주의적 사고를 토대로 하고 있었다. 실업은 노동의 수요곡선과 공급곡선이 일치하지 않아 고용량이 공급초과 상태에 있기 때문에 생기는 것으로, 조금 고통스럽더라도 시간이 지나면 임금수준이 낮아져서 저절로 해결될 수 있는 현상이었다. 그래도 실업이 존재한다면, 그것은 현재의 임금수준에서 노동보다는 여가를 선택한 자발적 실업이었다.

임금수준의 변화에 따라 고용이 균형을 이루듯 물건이 팔리고 안 팔리는 것은 물가라는 변수에 따라 좌우되고, 저축과 투자의 괴리도 이자율의 변화를 통해 신축적으로 조정된다는 것이 고전학파 경제학의 자율적 시장 모형이었다.

고전학파 경제학의 대표적인 패러다임은 장 바티스트 세Jean-Baptiste Say의 법칙이었다. 케인스는 세의 법칙을 "공급은 스스로 수요를 창출한다"라고 요약한다. 생산물이 공급되면 거기에 참여한 경제주체들은 생산요소를 제공한 까닭에 임금, 이자, 지대, 이윤을 소득으로 보상받는다. 판매자의 생산 비용은 곧 소득이다. 소득을 얻은 사람은 생산물을 소비하는 데 소득을 모두 지출한다. 생산자는 생산물을 판매해서 얻은 수입으로 다시 생산을 개시한다. 생산물 공급→생산요소 비용지출→소득→생산물 소비지출(수요 창출)이라는 순환이 시장에서 지속적으로 이루어지기 때문에 시장 전체의 총공급과 총수요는 언제나 일치한다. 일시적으로 물건이 팔리지 않아 재고가 발생하고 불균형이 존재할 수도 있지만 경제 전반에 걸쳐서 과잉생산이나 공황은 존재할 수 없다. 혹시라도 소비하지 않고 저축한 사람 때문에 총수요가 부족한 경우가 발생할 수도 있지만, 그때는 이자율이 자동적으로 낮아지고 투자수요가 늘어나서 총수요를 메운다.

케인스가 보기에 세의 법칙으로 대표되는 고전학파 경제학의 시장 모형은 매우 추상적이고 비현실적이었다. 시장은 모든 가격 변수가 신축적으로 작용해 세상의 모든 문제를 해결해주는 완벽한 장치가 아니었다. 이미 독점기업이 가격을 지배하고 노동조합이 임금을 좌우하는 상황에서 시장의 자동조절 기능은 무력할 수밖에 없었다. 경제가 선한 삶이라는 목적을 위한 수단이듯 시장은 목적 자체가 아니라 경제 문제를 처리하는 수단일 뿐이었다.

인간도 시장의 물가, 임금, 이자율의 변수에 따라 정확히 반응하는 자동기계가 아니라 복잡한 심리 구조를 가진 사회적 존재였다. 케인스는 대공황으로 미래가 불확실한 상황에서 인간 내면의 무의식을 깊숙이 들여다봤다.

내일이 어떻게 전개될지 모르는 불안에 떠는 사람은 화폐소득을 지출하지 않는 '소비하지 않을 자유'를 갖는다. 여기서 케인스는 화폐를 단순히 교역을 위한 편의수단이 아니라 가치를 저장하는 수단으로 부각시킨다. 불안한 사람은 화폐소득을 곧바로 소비로 지출하지 않는다. 내일 언제 돈이 필요할지 모르기 때문에 화폐를 채권이나 증권에 투자하기보다는, 이자를 손해 보더라도 현금을 보유하거나, 쉽게 현금화할 수 있게 당좌예금을 드는 등 유동성liquidity 선호 경향을 보인다. 화폐는 가치저장수단으로 투자와 연결되지 못하고 퇴장해버린다. 생산물 공급이 소비를 통해 수요를 낳는 세의 법칙은 부정될 수밖에 없었다.

아무리 이자율이 낮고 자금 조달이 쉽다 하더라도 기업이 선뜻 투자에 나서지는 못한다. 기업가도 미래에 거두어들일 자본의 한계효율을 기대하고 합리적 계산보다는 '동물적 감각'에 따라 투자 행위를 하는 비합리적 성향의 소유자일 뿐이기 때문이다.

미래가 불확실한 상황에서는 소비가 줄고 투자가 제대로 이루어지지 않는다. 경제 규모는 끊임없이 축소되고 생산 자원을 제대로 활용할 수 없어서 고용도 현저히 줄어든다. 이처럼 실업이 만연하면 좋은 삶의 기본이 되는 경제 문제를 도저히 해결할 수 없게 된다. 경제가 민간도 기업가도 손을 쓸 수 없는 지경에 다다르면 어떻게 해야 할까? 대대적 소비 확대를 위해 정부가 나서야 한다.

그때까지도 영국 고전학파 경제학에서는 국가의 간섭을 악으로 여기는 시장 지상주의가 지배적이었다. 미국은 대공황을 자연스러운 현상으로 여기고 "불이 진화될 때까지" 기다리자고 고집했다. 케인스는 태풍이 몰아치는데 곧 잠잠해질 것이라고 여기고 방치하면 "장기적으로 우리는 모두 죽는다"며 정부가 유효수요와 고용 확대를 위해 무슨 일이든지 해야 한다고 주장했다. '고용'과 좋은 삶을 최우선으로 삼았던 케인스는『고용, 이자, 화폐의 일반이론』에서 "재무부가 빈 병들을 은행권 지폐로 채워서, 폐광지역에 적당한 깊이로 묻고, 땅 표면까지 쓰레기로 메우고는 익숙한 자유방임의 원칙에 따라 민간 기업에 다시 파내도록 한다면……더 이상 실업은 필요 없어질 것이다"라고 썼다.

케인스는 공급이 수요를 창출한다는 세의 법칙을 뒤집었다. 그는 '수요가 공급을 창출한다'는 새로운 관점에서 1933년에 학생들에게 이렇게 말했다. "지출은 스스로 소득을 창출한다."

케인스는 좋은 삶을 앞당기기 위해서는 고용이 필수적이라는 수요 관점의 새로운 경제학의 시대를 열었다. 인간적 교류를 나누고 사물 하나하나에도 심미적 유대감을 갖는 좋은 삶을 꿈꾸었기에 가능한 패러다임이었다.

신자유주의가 여전히 횡행하는 한국 사회에서 100년 후 사회를 그린 케인스의 사회적 상상력은 여전히 꿈일지도 모른다. 꿈이 없다면 미래의 비전도 기획해낼 수 없다. 헤겔의 유명한 말대로

"이상은 현실을 이끌고 다시 고양된 현실은 더 높아진 이상을 향해 미네르바 올빼미의 날개를 편다".

영국에서 케인스의 사회적 상상력은 계속되었다. 복지국가라는 소설 픽션과 결합해 전후 세계 경제를 이끄는 수정자본주의 모델을 구축했다. 1942년에 제2차 세계대전의 위기 속에서 탄생한 윌리엄 헨리 베버리지William Henry Beveridge의 보고서는 케인스적 복지국가 자본주의를 탄생시켰고, 그것이 20세기에 자본주의 황금시대를 열었다.

베버리지 보고서와 미래를 위한 사회적 상상

1939년에 독일의 아돌프 히틀러Adolf Hitler는 제2차 세계대전을 일으키면서 네덜란드, 벨기에, 프랑스를 차례로 점령하고 영국을 마지막 침공의 대상으로 삼았다. 대규모 전쟁은 총력전total war으로 단순히 군사력으로만 맞설 수 없으며 사회 통합, 정치적 협력, 국민의 단결, 애국심, 물자 공급, 공장 가동, 식량 공급 등 모든 요인이 동원되어야만 수행 가능한 것이었다.

무엇보다도 전쟁으로 힘든 고통을 겪고 혼란에 빠진 국민의 마음을 하나로 모으는 명분이 필요했다. 모두 합심하고 단결해 힘들고 고통스러운 전쟁을 승리로 이끈 뒤에는 어떤 비전이 기다릴 것인가? 왜 영국은 지켜야 할 가치가 있는 조국인가? 반전 분위기 속에 있는 젊은 청년들에게 목숨을 걸고 조국을 지키라고 호소하기 위해서는 확실한 신념을 심어줘야 했다.

영국은 제2차 세계대전 때, 독일과 이탈리아의 파시즘을 반자유주의 이데올로기로 규정하고 자유주의와 사회주의의 전쟁이라는 대결 구도를 만들었다. 독일의 전쟁국가the warfare state에 대항해 복지국가the welfare state라는 이념을 구상하고, 자유주의 국가가 승리한 뒤에는 요람에서 무덤까지 국민을 기아와 질병에서 보호해 국민 생활의 안정을 도모한다는 픽션을 그렸다.

배급이 통제되고 모든 노동자가 전시 동원 체제에서 밤낮 없이 일한 국민 총력전이었기 때문에 평등의 가치도 더욱 확산되었다. 영국에서 제2차 세계대전 시기는 기묘한 평등주의oddly egalitarianism의 시기였다. 부자든 가난한 사람이든 전쟁 기간에는 똑같이 땀 흘리고 고통을 감내해야 했다. 부자가 가진 화폐의 힘이 아니라 모든 국민의 자발적 애국심에 국력이 좌우되므로, 보편적이고도 기본적인 생활 안정이 더욱 절실히 요구되었다.

전쟁 와중인 1942년, 새로운 사회를 재건하기 위한 계획을 담은 베버리지 보고서가 탄생했다. 베버리지 보고서는 결코 새로운 내용을 담지 않았다. 그때까지 상호 난립되어 있던 개별적인 각종 사회보험을 하나의 체계로 통합해 더 단순하고 효율적으로 만들자는 제의提議를 이 보고서는 과감하게 던졌다. 영국 국민이 모든 고난을 무릅쓰고 왜 제2차 세계대전을 치르고 승리해야 하는지를 천명하는 사회적 이상과 미래 픽션을 담고 있었다.

보고서는 출간되자마자 영국 국민의 열화와 같은 지지를 받았다. 보고서를 사기 위해 런던 중심가에 있는 정부간행물 판매소

앞에 1,600미터가 넘게 줄을 섰으며, 판매 3시간 만에 7만 부나 팔렸다. 책 출간 후에 실시된 갤럽 여론조사에서 영국 성인 20명 가운데 19명이 보고서에 관해서 들은 적이 있다고 대답했으며, 대다수가 보고서 내용에 찬성한 것으로 나타났다.

베버리지 보고서는 국가 재건을 위해 궁핍, 질병, 무지, 불결, 나태라는 거대한 5가지 악Five Giants을 극복해야 한다고 지적했다. 이 5가지 악은 서로 원인과 결과가 되어 빈곤을 낳는 요인이 되기 때문에 각각 소득보장, 의료보장, 교육, 주택, 고용 등의 사회보장 정책으로 대응할 것을 강조했다. 여기에 깔린 복지국가의 이념은 국가와 개인이 협력해 국가최저수준national minimum의 복지를 확보해야 한다는 국가적 의무를 천명한 것으로. 전환기의 시대적 의의를 갖는 것이었다.

시장 메커니즘에 유효수요를 주입해 완전고용에 따른 좋은 삶을 이상향으로 삼았던 케인스의 상상력이나, 사회적 협력 관계를 통해 국가최저수준의 물질적 급부와 인간다운 생활의 미래를 담은 베버리지의 청사진은, 모두 심각한 위기 속에서도 국민에게 새로운 미래를 꿈꾸고 함께 고통을 이겨낼 것을 주문했던 소설 픽션이었다.

사실 케인스는 베버리지에 비해서 열렬한 사회 개혁가가 아니었다. 사회보장과 소득재분배, 사회적 불평등을 완화하기 위해 부자에게 고율의 세금을 거두어야 한다는 베버리지의 주장도 내켜하지 않았다. 케인스의 관심은 어디까지나 시장의 불안정성을 제거해 경제 문제에서 자유로운 상태를 만들어 지적이고도 문화·예술적인 사회를 이끄는 데 있었다. 반면 베버리지는 시장경제의 모순과 불황의 경기순환에서 야기되는 각종 리스크와 사회적 안전보장에 대한 불안에서 국민의 기본적 생활을 보장해야 한다는 적극적 사회 개혁가였다. 그럼에도 두 사람은 공통적으로 시장경제의 불안정과 모순에서 발생하는 실업 문제에 깊은 관심을 가졌다.

현대의 복지국가 이념은 케인스와 베버리지의 사상이 결합된 것으로, 공공정책에 의한 유효수요의 창출, 총수요관리에 의한 시장의 정치경제적 관리, 혼합경제, 사회보장과 소득재분배, 사회보험에 의한 경기변동의 조절 등을 통해 완전고용을 달성하는 것이 목표다. 국가를 위기 속에서 구출하고 자본과 노동의 대결, 양극화의 모순에 빠져 있던 자본주의를 늪에서 꺼낸 현대의 복지국가 이념은, 국가적 역할의 후퇴와 신자유주의 시장 이데올로기에 의해 다시 쇠락했다.

미래를 향한 사회적 상상력은 위기에 처했을 때 희망과 용기를 준다. 상상의 힘은 오늘날 우리가 당면한 거대 프로젝트를 굴러가게 만든다. 굳이 연말 세금정산의 대란에서 드러난 서민 증세, 의료민영화, 건강보험료 불평등성을 지적하지 않더라도, 좋은 삶과 복지국가의 정신을 담은 지난 역사 속의 소셜 픽션은 지금 우리 시대에도 절실히 필요하다.

균형 잡힌 경제를 위한 보호무역의 가능성

'균형과 조화'의 경제를 꿈꾸다

케인스가 꿈꾸었던 미래는 '돈에 대한 사랑'이 즐거운 삶을 누리는 수단으로 한정되는, 지적이고 심미적 아름다움을 추구하는 조화로운 사회였다. 숲에 숨어 있는 백합에서 존재의 미학을 향유하고, 들판의 벼 이삭을 보며 충만함을 느끼는 좋은 삶을 그렸다. 선하고 좋은 삶은 케인스의 모든 이론 체계와 경제 사고를 꿰뚫는 것이었다. 경제학은 자연과학이 아니라 윤리였으며 좋은 삶을 위한 시녀였다. 케인스의 경제학적 사고는 도덕과 미학이 어우러져 있었으며 '균형과 조화'를 씨실로 삼고 있었다.

시장도 사회적 연대와 애정을 파괴하지 않고 사회와 조화를 이루거나 좋은 삶을 위한 수단에 머물러야 했다. 케인스는 세계적인 거대 법인의 유통망이나 대기업이 골목 상권을 파괴하는 국제화를 반대하고 지역의 정체성을 더 중요하게 여겼다. 식량과 먹거리의 수입으로 농촌이 황폐화되는 자유무역도 역시 인간의 좋은 삶을 파괴한다는 이유로 경계했다.

과도한 저축과 구두쇠의 인색함을 반대했으며, 극도로 탐욕스러운 소비지출도 균형 잡힌 삶을 망친다고 경계했다. consumption이란 단어가 소비와 폐결핵의 뜻을 동시에 지니고 있는 것처럼 과도한 소비는 삶을 죽음으로 몰아넣는 것이었다. 삶의 질을 위한 적정한 소비, 부자와 빈자의 양극화를 해소하기 위한 소득재분배, 외국과의 교역 축소와 국민적 자급자족, 국제수지의 과도한 흑자에 대한 비판, 국가와 지역의 균형 발전 등은 모두 케인스의 균형 잡히고 조화로운 경제적 사고를 대표한다.

전쟁으로 세계의 평화가 유지되지 않으면 개인의 존엄성과 행복한 생활도 유지될 수 없었다. 전간기戰間期(제1차 세계대전 종결부터 제2차 세계대전 발발까지의 기간인 1919년에서 1939년까지를 말함)에 영국의 재무부 관리로 있었던 케인스는, 제1차 세계대전이 끝나고 독일의 배상금과 전쟁 채무를 다루는 파리강화회의에서 온몸으로 자신의 균형적 사고를 실현하고자 했다.

새로운 세계를 위한 '케인스 플랜'

제1차 세계대전의 결과, 패전국 독일은 과도한 배상금을 떠안았다. 이때 케인스는 독일이 전후 재건을 통해 유럽의 일원으로 자연스럽게 편입할 수 있도록 유도해야 전쟁의 씨앗이 없어질 것이라고 주장했다. 사실 영국과 프랑스는 전쟁 동안 미국에 빌린 전쟁 비용을 갚기 위해 독일을 쥐어짰다. 케인스는 세계 경제의 리더 격인 미국이 영국과 프랑스의 전쟁 부채를 삭감해주면 독일의 배상 규모도 줄일 수 있다고 생각했다. 실망스럽게도 미국의 태도는 차가웠다. 1919년 6월 28일에 "전쟁으로 인한 모든 손실과 피해에 대해서는 독일과 동맹국들이 책임을 져야 한다"(제231조)는 규정이 담긴 베르사유 조약이 체결되었다.

케인스는 패자에게 분노와 모욕을 안겨주는 카르타고식 평화Carthaginian Peace의 위험성을 신랄하게 비판했다. 그는 승전국에 의한 유럽의 평화는 오히려 유럽을 궤멸시키는 결과를 가져올 것이라며 1919년에 『평화의 경제적 결과』를 펴냈다. 케인스의 예측대로 유럽의 국제관계는 상호 채권과 채무 관계로 불균형을 이루었다. 독일은 전쟁 배상금으로 궁핍해졌고 파국적인 인플레이션 때문에 사회 전체가 깊은 상처를 입었다. 생활고에 처한 국민은 극단주의로 치닫게 되어 히틀러가 독일 수상이 되는 길을 열어주었다. 역사에 가정은 없다지만 1919년 케인스의 프로그램이 작동되었다면 제2차 세계대전은 예방 가능했을지도 모른다.

케인스는 『평화의 경제적 결과』에서, 배상 요구액은 독일의 지불 능력을 넘어서 실행 가능성도 없으며, 유럽의 지도자들이 평화는 정치가 아니라 경제 문제와 직결된다는 점을 간과했다고 비꼬았다. 강화의 조건을 더 관대하게 하는 게 공정한 처사였으며 서로에게 이익이 되었을 것이라고 신랄하게 비판했다. "평화조약의 과제는 서로의 관계를 명예롭게 하고 정의를 충족시켜주는 것이며, 적어도 (독일이) 살아갈 수 있는 생명력을 다시 세우고 상처들을 치유하는 데 있었다. 이러한 과제들은 고대의 승리자들이 지혜로 보여주었던 관용만큼이나 세심한 배려가 요구되는 것이었다."

케인스는 또 다시 닥쳐올 전쟁의 가능성을 예견하고 항구적인 평화를 이루는 데 앞장섰다. 전쟁의 승자가 패자를 정치적으로 가혹하게 다루었던 극단적 편향에서 벗어나, 관대한 포용과 경제적 협력을 통해 공동 이익을 추구했다.

케인스의 관심은 늘 투자와 유효수요 확대를 통한 완전고용량의 유지에 있었다. 한 국가를 궁핍화한 대가로 다른 강대국이 부유해져 자국에 흑자 재정만 쌓아놓는다면, 세계 전체적으로 유효수요와 경제의 규모는 줄어들 것이다. 승자든 패자든, 강대국이든 빈국이든 관용과 협력의 구도 속에서 균형적인 관계를 유지하는 것이 세계 경제의 공동 번영과 평화를 위한 최선의 방책이었다. 제2차 세계대전이 끝난 뒤, 케인스는 전후 세계 질서를 '국제적 협력과 평화 공조'로 재편하려는 구상을 했다. "케인스의 국제주의는 미국으로 하여금 흑자를 쌓아두지 않고 소비함으로써(19세기에 영국이 했던 것이다) 채권국으로서 의무를 다하도록 만드는 데 달려 있었다. 그는 미국이 그렇게 하도록 확약해주는 설계안을 고안하려고 애썼으며 국제청산동맹International Clearing Union, ICU이 바로 그 결과물이었다."[1]

케인스 플랜은 ICU라는 강력한 국제중앙은행을 설립하는 것이 핵심이었다. ICU는 국제수지 불균형을 해소할 책임을 적자국과 흑자국 모두에 부과하는 역할을 맡았다. 무역 적자로 허덕이는 국가나, 무한정 수출로 흑자를 쌓아두는 국가 모두에게 국제수지 불균형 해소에 협조하도록 규율해 원활한 국제적 유동성을 확보하고, 더불어 전후 세계 경제를 회복시키고자 했다. 케인스의 속마음은 미국과 같이 만성적 흑자가 예상되는 국가의 청구권을 일정 시점에서 해소하는 데 있었다.

ICU는 흥미롭게도 오늘날 지역 통화의 계정과 비슷한 방식을 취한다. 우선 각 국가의 대외 거래 내용은 해당 중앙은행에 적립(+)과 인출(−)이 표시되는 방식으로 청산되며, 직접적으로 외환을 주고받지 않는다. 예를 들어 한국, 중국, 일본 사이에 수출과 수입이 이루어지면 무역 상대국과 상관없이 해당국의 ICU 계좌에 수출은 플러스, 수입은 마이너스로 표시될 뿐이다. ICU에서는 금과 일정한 가치를 갖는 가상화폐 방코bancor를 발행해 국제통화의 결제 단위로 삼는다.

적자국과 흑자국이 모두 부담을 떠맡는 국제수지 불균형의 조정 장치는 케인스 플랜의 핵심이다. 각국은 평균 무역 쿼터Quota를 기준으로 무역흑자credit나 적자deficit가 누적되는 국제수지 불균형 상태가 1년 이상 지속되면 ICU 집행위원에서 권고나 제재를 받는다. 적자국은 자국 통화의 평가절하, 자본 유출에 대한 통제 등을 시행해야 하며 흑자국은 국내 수요 팽창을 위한 조치, 자국 통화의 평가절상, 후진국 개발을 위한 국제적 대출 등의 권고를 받는다. 적자국과 흑자국 모두 흑자 초과액이나 적자 초과액에 대해서는 과징금 또는 이자를 지불해야 한다.

케인스 플랜은 영국의 지배력이 약화된 상황에서 거부되었고, 그 대신 미국의 입장을 대변하는 해리 화이트Harry D. White의 안정화 기금Stabilization Fund이 기본 안으로 채택되었다. 오늘날 되돌아볼 때 균형과 합리성을 견지한 케인스 플랜과 달리, 화이트의 안은 전후 미국이 달러 중심의 통화금융체제를 주도해 세계 자본주의 질서를 구축하기 위한 헤게모니 장치였다. 케인스의 설계안대로, 국제수지 불균형을 흑자국과 적자국이 분담하는 체제가 마련되었더라면 세계는 더 나은 질서로 진입했을지 모른다. 방코의 국제결제수단으로 달러가 기축통화가 되지도 못할뿐더러, 세계적으로 자본 이동에 대한 통제가 용이해지고 국제수지 불균형도 지금처럼 커지지 않았을 것이다.

오늘날에는 선진국조차 자국의 만성적인 적자를 벗어나 흑자국이 되기 위해 평가절하와 환율 전쟁, 수출 독려, 양적완화 등의 신중상주의를 추구하고 있다. 따라서 빈곤한 개발도상국의 성장이 방해받고 이웃 국가를 가난에 빠뜨리는 근린 궁핍화beggar-thy-neighbour의 위험도 높아지고 있다. 고전적 중상주의가 식민지 확대 경쟁으로 세계대전의 불씨가 되었던 것처럼 신중상주의도 다시 세계 평화를 위협하는 중이다. 케인스 플랜과 화이트의 안이 혼합된 채로 출범한 브레턴우즈 체제Bretton Woods system의 국제통화 질서도 1970년대에 붕괴했다. 미국이 세계 금융질서를 주도하는 체제 아래서 케인스 플랜은 역사의 뒤안길로 사라졌지만 그가 남긴 '균형과 평화'의 구상은 여전히 구원의 손길로 살아 있다.

약탈적 자유무역을 반성하다

케인스는 영국의 경제학자답게, 처음에는 자유무역의 절대적 찬성자였으나 서서히 보호무역을 옹호하는 쪽으로 옮겨갔다. 1920년대만 하더라도 케인스는, 제1차 세계대전 이후 유럽의 부흥을 위해 국제무역이 불가피하다며 "무역의 자유와 국제교류, 국제협력을 통해 인류의 유한한 자원을 최적으로 분배해야 한다"고 주장했다. 1922년 10월 맨체스터 클럽의 강연에서 케인스는 당시 재정 문제를 해결하기 위해 보호관세의 움직임을 보였던 영국의 앤드루 보너 로Andrew Bonar Law 정권을 강하게 비판하며, 이전에 자유무역은 부의 증대에 바람직한 보조 수단이었지만 지금 그것은 파괴적 빈곤을 막기 위해 필요불가결한 조건이 되고 있다고 말했다.

1923년 1월에는 저널 기고를 통해 "우리는 경제적 이익을 얻는다는 단순한 교리가 아니라 국제적 도덕 원칙으로서 자유무역을 견지해야만 한다"며 자신의 자유무역관을 더욱 굳혔다.

1930년대에 들어서자 케인스의 생각은 돌연 바뀌었다. 오히려 자유무역의 폐해를 지적하고 보호무역을 찬성하는 쪽으로 돌아섰다. 자유무역과 보호무역을 오갔던 케인스에 대해 "두 가지 (대립적) 사안에 대해서 똑같이 대중을 휘어잡고 뛰어난 논거를 제시하는 지적 기교를 보여줬지만 동시에 불안정한 모습도 노출시켰다"는 평가도 있다.[2] 그렇지만 한 사람의 경제사상은 외부 상황과 내적 상호작용에 따라 끝없이 변한다.

2 정의와 균형을 위한 경제학

전쟁을 피하려는 케인스의 전체적 맥락에서 보면 자유무역은 마땅히 거부해야 할 것이다. 그는 끝없는 세계화와 자유무역은 국내적 안정을 해치고 결국은 국가 간의 다툼과 전쟁으로 이어질 수 있다고 예견했다. 물론 케인스가 보호무역을 주장하게 된 것은 당시 경제적으로 큰 혼란을 겪고 있던 영국의 경제 사정과도 결코 무관하지 않았다. 그만큼 케인스는 직관적이면서, 사안에 따라 실용주의자이기도 했지만 '경제의 평화적 결과'라는 일관성을 벗어나지는 않았다.

제1차 세계대전 이후 다시 금본위제로 복귀하는 과정에서 영국은 큰 곤경에 빠졌다. 금본위제는 한 나라의 통화량을 금 보유량과 연결시켜서 조절하는 자율적 경제 메커니즘이다. 예를 들어 한 나라의 수입이 늘어나면 대외결제수단으로 금이 유출된다. 밖으로 빠져나간 금 때문에 금 보유량이 감소하면 자연스레 국내의 화폐량도 줄어들게 되어 디플레이션이 발생하고 국내 물가는 하락한다. 다시 값이 싸진 물건은 대외경쟁력을 갖추게 되어 수출량이 늘어나고 국내로 금이 반입되면 화폐량은 증가한다. 이처럼 금의 유출과 반입에 따른 국내 화폐량의 증감으로 수출과 수입이 반복되어 국제수지와 통화량이 자동적으로 조절되는 원리가 금본위제에서 기대하는 것이다.

문제는 현실 경제가 금본위제의 추상적 논리처럼 간단하게 움직이지 않는다는 데 있다. 금 보유량이 20퍼센트로 감소하면 통화량도 20퍼센트로 줄어들고, 국내 모든 산업 부문의 물가도 즉각 20퍼센트씩 하락하는 신축성을 지녀야 하지만 현실은 결코 그렇지 못하다. 특히 임금은 상승하는 성질은 가지고 있어도 아래로 내려가기는 어려운 하방경직성을 지닌다.

케인스는 자유무역론자들이 화폐임금이 충분히 하방신축적이고 유동적인fluid 경제사회를 전제로 하는 비현실적인 조정 프로세스를 취하고 있다고 비판한다. 케인스에게 경제란 고전학파 경제학의 그것처럼 탄력적으로 움직이는 액체liquid 상태가 아니라 끈적끈적해서 쉽게 변화하지 않는 점성sticky의 성질을 갖는 것이었다. 물가도 하락하고 실질임금도 내려가야 수출 상품이 경쟁력을 갖추고 다시 금이 유입될 텐데도, 당시의 점성적인 경제 프로세스와 영국의 현실은 그렇지 못했다.

어떻게 하면 실질임금을 낮추고 생산비도 내려서 교역조건을 좋게 할 것인가? 임금이 내려가면 고용도 늘어난다. 그렇다고 무조건적 임금 삭감은 노조의 거센 저항을 불러일으킨다. 물가가 내려가지도 않는데 화폐임금을 삭감하면 전체적으로 반발이 심해지는 게 당연하다. 해결책은 하나였다. 생활비가 오를 때 화폐의 명목임금을 그대로 묶어두고 실질임금이 저절로 내려가게 하는 방법이었다. 그러면 사회적 저항도 훨씬 적어진다. 특히 가격인상 방식은 임금노동자뿐만 아니라 지대 취득계급이나 다른 고정화폐소득자에게 부담이 분산되기 때문에 불만을 덜 수 있다.

보호무역은 수출입 관세 부과로 국내 물가를 올려서 상대적으로 실질임금을 낮출 수 있는 최선의 방안이었다. 생산비가 낮아진 기업들은 상품 수출 경쟁력을 쌓아 장기적으로 이윤을 획득함으로써 기업의 신뢰를 유지할 수 있었다. 1930년 2월에 케인스는 은

행체제의 작용이 어떻게 경제에 영향을 미치는지를 포괄적으로 탐구하기 위해 조직된 '맥밀란 위원회Macmillan Committee on Finance and Industry'의 위원으로서 보호무역에 대해서 처음 언급한다. 케인스는 화폐임금의 삭감이 아니라 가격의 인상을 통해 실질임금을 감소시키는 보호관세의 역할을 강조하며, 보호무역 아래서 실질임금은 저하되고 실업이 감소하는데, 대외 무역수지의 증가를 화폐임금의 인하 없이 실현하려는 보호무역론자들의 방법은 균형 회복에 유효하다고 생각한다고 했다.

1929년 미국 대공황의 여파로 각국이 무역장벽을 높이고 앞다투어 보호무역주의로 돌아서고 있었다. 영국 경제도 새로운 돌파구를 찾지 않으면 심각한 처지에 빠질 상황이었다. 케인스는 여러 차례 동료들과 다듬은 보고서에서 보호무역 방안을 제시했다. 수입품에 10퍼센트의 한시적 관세를 부과하고 철강 산업이 스스로 비효율적 경영 구조를 합리화한다는 조건으로 철강에 보호관세를 부과할 것을 주장하는 내용이 골자였다. 영국의 모든 수출품에 일괄적으로 10퍼센트의 관세를 부과하고 여기서 얻은 세수로 수출보조금을 지급한다는 안이었다.

영국은 애덤 스미스와 데이비드 리카도David Ricardo의 비교우위에 근거한 자유무역을 이념적 신조로 삼아왔다. 영국은 값싼 식량과 목화를 인도와 같은 식민지에서 수탈해 들여온 다음, 다시 자유무역을 앞세워 저렴한 공산품을 덤핑해 인도 면직물 시장을 궤멸하는 방식으로 세계적 규모의 자본축적을 일구었다. 인도에서 거두어들인 막대한 잉여는 영국의 런던 시티를 세계적 금융 중심지로 만들었다. 자유무역을 통한 수출 증가와 대외 무역수지의 잉여 획득은 식민지를 둘러싼 치열한 경제 전쟁이나 다름없었다. 자유무역은 언제든 평화보다는 전쟁을 씨앗으로 품는다.

케인스는 제1차 세계대전을 겪고 난 이후, 자유무역이나 자본의 국제적 이동을 뒷받침하는 경제적 국제주의economic internationalism를 비판하고 새로운 영국의 미래상을 제시했다. 지금껏 영국의 일방적 자유무역이 보여주었던 '해외 투자-수출 산업형'에서 벗어나 국제경제와 적절히 균형을 맞추는 '국내 투자-국내 산업형의 경제구조'에 방점을 찍었다. 케인스 모델은 국내 경제와 세계 경제의 적절한 균형을 유지해 외부적 충돌을 막고 평화를 유지하는 데 중점을 둔다. 케인스는 식민지에서 저렴한 원료 공급을 강압적으로 확대해 생산 비용을 낮추고, 다시 공산품의 수출을 식민지의 수요 확대로 해결하는 '자본주의 시장체제의 외부 확대와 군사력을 동원하는 제국주의'에 반대했다.

케인스는 국가가 정치경제적으로 정부의 재정지출을 통해 유효수요를 늘리면 외부적 확장 없이 경제 발전, 자본축적, 완전고용이 가능하다고 생각했다. 자유무역은 케인스가 염원하는 '선하고 좋은 삶'과도 어긋난다. 국제적 분업이라는 이름으로 들여온 값싼 식량은 목가적 전원을 파괴하고 오랜 전통 속에 간직한 자연과 인간적 유대를 사라지게 만드는 것이었다. 국경 없는 세계화가 추구하는 이득과 효율의 경제가 아니라 '국경 있는 비효율 속의 경제와 인간적 삶'이 그의 궁극적 지향점이었다.

협조적 보호무역을 주장하다

좋은 삶과 보호무역에 대한 케인스 플랜은 마침내 1933년 4월 17일 더블린대학에서 강연한 '국민적 자급자족National Self-Sufficiency' 이라는 충격적 제목 속에서 결실을 맺는다.[3] 케인스는 단기적 사적 이익을 추구하기 위해 자본이 국제적으로 이동하고 거리낌 없이 국경을 관통하는 자유무역은 평화를 유지하기보다는 전쟁을 일으키기 쉽다고 단정한다. 경영의 책임도 없는 외국인이 국내 자산을 소유하는 것도 참을 수 없을 정도로 중압감과 적대심을 불러일으킨다고 보았다. 이런 것들이 결국 제1차 세계대전을 일으킨 것이다.

"따라서 나는 국가 간의 경제적 분규를 극대화하기보다 극소화하는 쪽을 지지한다. 사상, 지식, 과학, 접객, 여행 같은 것들은 속성상 국제적이어야 한다. 그러나 합리적이고 편의상 가능하다면 상품은 국내에서 소박하게 생산하도록 하자. 그리고 무엇보다도 금융은 일국적이 되어야 한다."

경제적 국제주의는 전쟁을 가져올 수 있다. 국가의 자급자족은 평화를 이끈다. 케인스는 몽골의 초원에서 생산되는 말과 양의 젖이 값싼 덴마크 우유에 밀려 토착 경제가 허물어지는 식의 세계화를 경고한다. 지구를 반 바퀴 돌아 우유가 몽골까지 도착하는 동안 낭비되는 에너지로 인한 오염과 생태계 파괴는 말할 것도 없다.

케인스 이후 국가적 자본 통제의 이동은 브레턴우즈 체제의 틀 속에서 어느 정도 가능했다. 덕분에 국가마다 단기적 외부 금융자

균형 잡힌 경제를 위한 보호무역의 가능성

본의 변동성에 상관없이 정책적 자율성을 보호받았고, 전후 새로운 세계 질서도 안정적으로 유지될 수 있었다. 그렇지만 1970년대 중반에 들어서면서, 미국과 영국이 실물경제 위기를 타개하고자 신자유주의를 앞세워 규제 완화를 하고 금융질서를 자유화시켰고, 자본 이동에 제동을 거는 질서를 폐지했다.

금융의 자유화로 투기적 자본이 활개 쳤고 세계 경제 질서는 교란되었다. 소박한 국내 경제와 국민의 삶은 외환 위기로 뿌리째 뽑혔고 강대국의 구조 조정 프로그램에 예속되는 비극을 낳았다. 자본 이동을 통제하기 위해 단기성 외환자금의 흐름에 세금을 부과하는 토빈세Tobin's tax 논의는 케인스의 금융 일국주의와 맞닿아 있다.

국가마다 비교우위에 있는 제품을 특화 생산하는 것이 비용도 적게 들고, 세계적으로 자원이 효율적으로 분배된다는 국제적 분업 이론에 케인스는 동의하지 않는다. 대부분의 국가가 현대적 대량생산 과정을 통해 1차 산품primary goods(가공되기 전의 농산물과 광산물)이나 공업 제품을 동일한 효율로 만들 수 있게 되었기 때문이다. "더구나 부가 증가할수록 1차 산품이나 공업 제품이 국민경제에서 수행하는 역할은 국제 교역의 대상이 될 수 없는 주택, 개인 서비스, 로컬 어메니티local amenity(지역의 쾌적성·편의 시설) 등에 비해서 현저하게 비중이 줄어들었다."

이제 국민경제에서 현저히 비중이 줄어든 1차 산품과 공업 제품은, 국민적 자급자족으로 생산비가 조금 오른다 하더라도 큰 문제가 되지 않는다. 생활에서 비중이 점점 감소하고 있는 쌀처럼, 값이 조금 올라도 마음만 먹으면 언제든 구입할 수 있기 때문이다. 이는 대부분의 사람에게 쌀이 더는 필수품이 아니라는 뜻이다. "결론적으로 '국민적 자급자족'은 비용이 다소 들더라도 우리가 원할 경우 충분히 손에 넣을 수 있는 '사치품'이 되어간다고 말할 수 있다."

속성상 자유무역은 수출 경쟁력을 확보하기 위해 국내 임금을 억누른다. 따라서 국내 소비는 부진해지고 기업가의 이윤은 늘어나는 소득 불평등의 주된 원인이 된다. 저임금의 빈약한 소득은 값싼 외국 제품의 구매로 이어지고 국내 산업이 공동화되는 결과로 이어진다. 현재 세계적 움직임을 보이고 있는 소득(임금)주도 성장론도 수출 개방형 경제가 더는 국내 경제를 활성화시키지 못한다는 진단에서 나오는 것이다. 근로자의 임금을 올려 가계소득 증가→소비 증가→내수 활성화의 선순환을 이루어야 한다는 지적도, 무역 자유화의 한계를 보여준다.

프랑스 역사학자 에마뉘엘 토드Emmanuel Todd는 무역 자유화의 결정적 폐해를 지적한다. "무역 자유화는 세계적 수준의 불평등을 증폭시켰다. 국제 경쟁의 결과로 모든 곳에서 임금은 동결되고 이윤은 지속적으로 증가했다. 자유무역에 의해 노동자 소득이 위축된 것은 자본주의의 전통적 딜레마를 다시 불러왔으며, 현재 이것이 전 세계로 확산되고 있다. 임금 하락은 생산 증가를 흡수하지 못하는 결과를 낳았다."[4]

토드는 자유무역의 폐단을 제거하고 세계 경제를 다시 재생시키기 위해 잠정적으로 세계가 협력하는 협조적 보호무역을 주장한다. 일시적 보호무역을 통해 국내 임금 인상과 수요 확대를 도모하면, 국내 생산물을 소비할 수 있는 여력이 늘어나서 전체적으로 세계 경제가 활성화된다고 본다. 세계적으로 임금 소득과 수요가 확대된 뒤에 다시 자유무역으로 이행하자는 것이다. "보호무역의 궁극적 목표는 세계 경제의 재생에 있습니다. 다른 지역을 공격하는 것이 아닙니다. 현재의 경제 위기를 극복하기 위해 일정 기간 보호무역으로 이행할 필요가 있습니다. 보호주의의 목표는 임금의 재상승 조건을 만들어내는 것입니다."

케인스의 보호무역 성장 모델도 이와 다르지 않다. 조금 비싸게 주더라도 국내 생산물을 구입해 임금 상승의 수요 조건을 마련한 뒤, 이를 다시 국내의 자본축적과 완전고용으로 잇는 선순환의 경제 전략이 담겨 있다. 케인스의 보호무역은 국내와 세계에 완충 장치를 마련해서 민족적 정체성과 문화를 보존해야 한다는 조화로운 세계관으로 이어진다. 그는 균형 잡힌 경제생활의 가치를 중시했다. 모든 사회적 재능을 유감없이 발휘하고 전통을 보존하는, '상당히 균형 잡힌well-balanced 나무랄 데 없는 국민 생활complete national life'을 하나의 비전으로 제시했다. 특히 농업에 대해서는 단호했다. "어떤 나라가 농업을 할 여유가 없다고 말하는 것은, 누군가에게 '여유'라는 단어의 뜻을 속이는 일이다. 예술 또는 농업, 창조 또는 전통을 위한 여유가 없는 나라는 살아갈 여유가 없는 나라다."[5]

케인스가 주장한 조화로운 경제학은 세계주의적이자 민족주의적이며, 국민주의적이자 국제주의적이다. 국내 투자와 수요 확대,

정부의 재정지출과 소득재분배를 통해 국내에서 완전고용을 실현하는 것은 외국과의 교역을 줄이고 세계화로 향하는 발걸음을 늦추며, 거기서 비롯되는 사회적 긴장을 느슨하게 만드는 기제로 작용한다. 국제수지 균형을 위한 ICU가 실현되었다면, 세계의 거시경제학적 불균형이 없어져서 자동적으로 더욱 다원적인 세상이 만들어졌을 것이다. 국가와 지역은 자신의 정체성을 재발견하고 더욱 발전시켰을 것이다. 정치경제학에 의해 발생한 불균형이 해소되어서 통화도 더욱 안정되었으리라.[6]

'호모 에코노미쿠스'의 탄생과 '로빈슨 크루소'

합리적 개인은 어떻게 태어났는가

어릴 적 누구나 한 번쯤은 읽었을 대니얼 디포Daniel Defoe의 『로빈슨 크루소』는 지금도 다양한 콘텐츠와 버전으로 우리 곁에 남아 있다. 무인도에서 살아남는 서바이벌 게임의 원형이 되거나 모험과 강인한 정신을 키우는 극기 훈련도 모두 로빈슨 크루소의 새로운 버전이라고 할 수 있다.

그러나 『로빈슨 크루소』는 단순한 모험이나 무인도 탈출기에 그치지 않는다. 근대 자본주의를 주도하는 합리적 개인의 성장 이야기로, 주인공이 어떻게 상인 자본가나 중간계급의 부르주아로 커나가는지를 여실히 보여주는 소설이다. 로빈슨 크루소는 영국 식민지 글로벌리즘의 인간을 상징하는 모델로 규정된다. 『율리시스』 같은 난해한 장편소설을 쓴 제임스 조이스James Joyce도 로빈슨 크루소 캐릭터를 "남성적 독립심, 냉담한 잔인성, 끈질김, 느리지만 효율적인 지적 능력, 성적 무관심, 실용성과 잘 조화된 종교심, 계산 아래 이루어지는 과묵성 등 앵글로색슨 정신의 모든 면"이 투사된 영국 제국주의의 진정한 원형이라고 말한다.

로빈슨 크루소라는 상징적 캐릭터는 구체적 시간과 공간을 뛰어넘어 아예 경제학 방법론의 아이콘으로도 자리 잡게 된다. 경제학 교과서에서 최고의 인간 모델로 삼고 있는 호모 에코노미쿠스, 즉 최소 비용으로 최대 효율과 만족을 얻는 합리적 계산가이자 동시에 이기적 인간의 원형을 대표하는 인물이라고 할 수 있다.

로빈슨 크루소가 철저한 합리적 개인주의자로 성장하는 과정에서 보이는 서구 특유의 종교적 통과의례도 반드시 눈여겨봐야 한다. 프로테스탄티즘을 내면화해 마침내 신의 섭리를 받아들이고 여기에 근면 성실과 노동의 가치를 깨달아가는 종교적 수용 과정은 빼놓을 수 없다. 아울러 『로빈슨 크루소』에는 사업에 뛰어들어 커다란 실패도 맛보고, 수많은 작품과 평론 팸플릿을 쓰거나 정치적 모험도 마다하지 않고 파란만장한 삶을 살았던 대니얼 디포의 개혁적 구상과 당시 영국의 경제적 사정도 고스란히 담겨 있다.

근대 부르주아의 탄생과 종교

로빈슨 크루소는 무인도에 도착해 외로움과 절망 속에서 1년을 보낸다. 그런 가운데 문득 자신이 이렇게 살아 있다는 것도 기적 같은 행운이라는 것을 깨닫고, 난파선에서 가져온 보리 씨앗이 섬에서도 푸른 생명으로 자라나는 것을 보고 신에 감사하는 마음은 더욱 솟구친다. 종교적 깨달음은 지난 과오를 회개하고 서서히 신을 내면화하는 과정에서 신앙적 삶에 대한 각오로 이어진다. 먼저 그는, 아버지의 충고를 거역하고 모험과 투기로 일확천금을 얻으려 했던 허영심을 뼈저리게 반성한다.

중산층이었던 로빈슨 크루소의 아버지는 집을 떠나려는 아들에게 간곡히 충고했다. "요행수를 바라지 말거라. 세상의 재난은 거의가 상류층과 하류층의 것이다. 중류층the middle station of life은 재앙을 당하는 일이 매우 적고 흥했다가 망하는 터무니없는 기복이 없어서 좋다. 행복한 기분으로 살아갈 수 있는 것이 중산층의 생활이다. 만약에 네가 이렇게 집을 뛰쳐나가 어리석은 짓을 한다면 신은 너를 결코 축복해주지 않을 것이다."

18세기 전반기 영국에서 외국 무역이란 모든 운을 하늘에 맡긴 채 실패하면 완전히 파산하고, 요행히 성공하면 큰돈을 버는 일종의 모험이었다. 당시 투기와 요행수로 벼락부자가 된 이야기는 『딕과 고양이Dick Whittington and his cat』라는 당시 명작동화에서 잘 나타난다.

『딕과 고양이』는 우리의 전래동화처럼 권선징악을 강조하기보다는 행운이 뒤따르는 성공에 초점을 맞추고 있다. 1350년경 영국의 작은 마을에서 태어난 주인공 딕 휘팅턴은 무척 가난한 탓에 황금이 넘쳐흐른다는 대도시 런던으로 길을 떠난다. 그러나 런던 시내는 황금은커녕 쓰레기와 쥐로 넘쳐났다. 딱히 갈 곳도 없는 휘팅턴은 우연찮게 대규모 무역 상인의 저택에 머문다. 다락방 신세를 면하지 못했지만 그나마도 쥐들이 북새통을 이루는 바람에 잠도 제대로 잘 수 없었던 휘팅턴은 구두닦이로 번 돈을 털어 고양이 한 마리를 산다. 그 뒤로 쥐는 흔적도 없이 사라져버린다.

자비심 많았던 저택의 대상인은 하인들에게 곧 동방으로 떠날 무역선에 투자할 것을 권한다. 이런 식으로 개인이 유한책임으로 투자하고 이익과 손실을 함께 공유하는 방식이 주식회사의 시초가 되었음은 물론이다. 다른 사람과 달리 돈 한 푼 없었던 휘팅턴은 투자를 겸해 그동안 정들었던 고양이를 배에 실어 보낸다. 동방으로 가던 배는 거센 풍랑을 만나기를 거듭하면서 가까스로 낯선 항구에 닻을 내린다. 그곳의 왕은 손님을 후하게 대접한다. 그때 궁전에서 들끓고 있던 쥐 떼가 산해진미로 가득 찬 저녁 만찬에 달려들어 자리를 망쳐버리려고 하는데, 마침 휘팅턴이 보낸 고양이가 쥐들을 모두 소탕했고, 왕은 감격한다. 고양이는 막대한 돈에 팔렸다.

휘팅턴은 요행히도 떼돈을 벌었고, 평소 마음에 품고 있었던 대大상인의 딸과 결혼한다. 훗날 그는 네 차례나 런던 시장을 지내고 엄청난 재산을 모은다. 이 동화에는 사실과 허구가 뒤섞여 있지만, 여전히 휘팅턴 가문의 문장紋章에는 사랑과 고마움의 징표로서 고양이를 새겨넣는다고 한다.

무인도에 간 로빈슨 크루소는, 아버지의 반대를 무릅쓰고 휘팅턴처럼 투기적인 방법으로 일확천금을 얻으려고 했던 지난날의 비합리적 생활 자세를 참회하고 신을 내면 깊이 받아들인다. 부친의 충고는 아버지이자 곧 하나님의 말씀이었던 것이다. 로빈슨 크루소의 이야기는 신에 대한 불복종과 그에 대한 징벌을 통해 인간이 회개하고 구원을 향해 간다는 주제를 바닥에 깔고 있다. 이제 로빈슨 크루소는 매일 기도하고 하루하루 생활도 기록하며 근면 성실한 노동으로 합리적 생활을 실천해나간다. 미국 건국의 아버지라 불리는 벤저민 프랭클린Benjamin Franklin이 매일 청교도의 덕목을 실천한 결과를 일기장에 기록했던 것과도 흡사하다.

로빈슨 크루소는 차변借邊과 대변貸邊으로 복식부기複式簿記를 작성해 경제적 손익계산을 따져보는 계산적인 태도도 몸에 익힌다. 게다가 회계장부에 자신이 처한 상황을 불행과 행운의 시각으로 나누고, 대차대조표 방식으로 정리해 감사하는 마음을 더하며 성찰하고 기도했다. 가령 '나는 몸에 걸친 의복이 하나도 없다'는 상황을 '악마의 유혹devil'이라고 이름 붙여서 왼쪽 차변에 놓고 이것을 다시 '그래도 나는 열대지방에 있고 설사 의복을 갖고 있다고 하더라도 거의 몸에 걸치지 않을 것이다'라는 '선하고 긍정적 생각good'을 오른쪽 대변에 놓고는 감사의 마음을 갖는다.

아버지, 즉 신의 말씀을 내면화해서 종교적 깨달음으로 나가는 부르주아의 성장 과정은 중산층의 가족 관념으로 연결된다. 다시 이것은 가족의 재생산(결혼과 자녀의 탄생)과 사회적 재생산(노동력의 배분)으로 이어져 근대 자본주의 경제를 이루는 토대가 되었다. 특히 중산층의 가족-청교도-자본주의라는 연결 고리는 지크문트 프로이트Sigmund Freud나 들뢰즈와 가타리, 막스 베버Max Weber의 논의에서 더욱 확실한 해명을 들어볼 수 있다.

'아버지'에게서 벗어나려는 욕망

로빈슨 크루소의 큰형은 스페인 내전에 참전했다가 전사했고, 둘째 형도 가출해서 생사를 알 수 없는 상태였다. 지금에 와서는 자신마저 고도에 갇힌 불행한 신세가 되었으니, 이 모두가 아버지의 충고를 어겼기 때문이다. 아버지의 명령과 권위는 가족을 굳건히 지키는 절대적 조건이 된다. 로빈슨 크루소가 아버지의 충고를 진즉 들었더라면, 부친의 말처럼 "질투의 격정에 사로잡히거나 분에 넘치는 야망에 몸을 태울 일도 없이 절제, 중용, 평안, 건강, 사교, 오락, 기쁨 등 신의 축복이 따라다니는" 안정적이고 행복한 중산층 생활을 영위했을 것이다.

프로이트는 근대 자본주의에 적합한 가족의 욕망 구조를 가정이라는 울타리에 묶어놓는 데 크게 기여했다. 모험과 투기를 찾아 떠나려는 아들을 붙잡아서 건전한 중산층 인간으로 키워내고, 근대 자본주의가 바라는 노동의 재생산 영역으로 흡수하기 위해서는, 밖으로 탈주하려는 로빈슨 크루소적인 욕망을 아버지-어머니-자식이라는 가족 삼각형의 오이디푸스 콤플렉스에 묶어놔야만 했던 것이다. 자본주의적 가족의 욕망 구조에서 아버지를 어기거나 뛰어넘는 일은 금기다. 자신도 모르게 아버지를 죽이고 어머니와 결혼했던 오이디푸스는 결국 자신의 눈을 찌르고 공동체 밖으로 스스로 추방당하는 형벌을 받는다. 로빈슨 크루소에게 내려진 신의 형벌도 아버지를 어긴 오이디푸스가 받은 형벌과 크게 다르지 않다.

정신분석학자 자크 라캉Jacques Lacan은 "시니피앙signifiant(기호 표현)은 인간의 존재 조건이다"라는 명제를 가지고 오이디푸스와 아버지를 이해한다. 먼저 시니피앙이란 무엇인가. 가족 호칭에서 아빠, 엄마, 아들, 딸이라고 부르는 언어처럼 표현된 기호가 시니피앙이다. 그런데 언어 기호는 단독으로 의미를 갖지 못한다. 언어는 차이의 체계 속에서 의미를 드러낸다. 체계 내의 다른 기호와의 대립 관계(차이)에 따라 기호가 의미하는 내용, 즉 시니피에 signifié(기호 의미)를 내포하게 되는 것이다. 예를 들어 빨간 신호등은 기호 표현으로서 단독으로 의미를 갖지 못한다. 파란 신호등이나 노란 신호등과 함께 교차로에 걸려야지 비로소 '멈춤'이라는 기호 의미를 내포하게 되는 것이다.[1]

언어는 사물을 따라다니는 단순한 이름이나 기호 표시가 아니다. 언어가 있음으로 해서 사물이 존재하는 것이다. 언어가 없으면 존재 또한 없다. 아버지라는 언어가 없으면 아버지가 존재하지 않는 것도 매한가지다.

언어 또는 시니피앙은 존재를 부여하고, 그것이 내포하는 의미와 상징은 구조화된 어떤 질서와 그 나름의 세계를 이루고 있다. 난혼시대에는 나와 이모가 성적 관계를 맺을 수 있었다. 언어 호칭의 혼돈은 하나의 질서화된 친족관계 또는 사회적 질서가 와해된다는 것을 뜻한다. 어떤 계기를 통해 카오스chaos(혼돈)는 코스모스cosmos(질서)로 옮아가게 된다. '하지 마라!'고 하는 근친상간의 금지incest taboo는 혼돈스러운 성의 욕망 코드에 질서를 부여했다. 씨족은 점차 분화되고 대가족으로 갈라졌다. 마침내 아버지,

어머니, 아들이 구분되면서 일부일처제의 가족 단위로 진입하게 되었다. 자유스럽고 무질서한 성적 욕망과 충동도 가정이라는 상자 속에 가둔 것이다. 원초적 충동은 가정의 틀 속에 가두어졌고 아버지-어머니-자식이라는 삼각형의 욕망으로 묶였다. 자본주의는 가족의 소중함을 깨우치기 위해 '홈 스위트 홈!'을 외쳐불렀으며 가정의 울타리를 넘어서는 성의 욕망은 금기시되었다.

다시 라캉의 "시니피앙은 인간의 존재 조건이다"라는 말을 풀어보면 이렇게 된다. 아버지라는 호칭의 시니피앙을 통해 무질서한 욕망은 근친상간 금지라는 도덕적 법률 속으로 진입하고 비로소 아버지와 아이의 모습이 형태를 갖추게 된다. 아버지라는 이름은 가정에서 불리는 단순한 호칭을 넘어서 사회적 질서와 법률 등 외부적인 것과 연결된다. 아버지는 곧 사회질서와 윤리도덕이었다. 아들이 아버지를 뛰어넘는 일은 금기사항이다. 지금도 문학과 영화 속에서 최고의 욕망인 금지된 사랑은, 언제나 금기의 경계선을 서성이며 인간 깊숙이 자리 잡은 원초적 욕망을 끊임없이 유혹하고 있다. 그렇지만 금기를 깨뜨리는 일은 가정과 사회에서 매장되거나 공동체에서 추방당하는 사회적 죽음을 자초할 뿐이다. 이것이 아버지라는 이름의 시니피앙 속에서 존재가 지워지는 자식의 인간 조건이다. 이제 아버지에 의해 억압된 욕망과 금기는 문명화된 인간 질서의 출발점이 된다.

18세기 후반에 이르면 로빈슨 크루소적 욕망은 가족 안으로 제한되고, 가정은 타인의 시선에서 차단된 사적이고 내밀한 공간이 된다. "거칠고 험한 외부 세계와 반대로 (로빈슨 크루소의 아버지가 충고했듯) '젖과 꿀이 흐르는' 편안하고 행복한 안식처로 가정을 만들려는 욕망의 배치가 탄생한 것이다. 18세기 후반, 혹은 19세기에 부르주아 가정에서 가장 먼저 발생한 이러한 새로운 욕망의 배치에 우리는 '가족주의'라는 이름을 붙일 수 있을 것이다."[2]

사실 아버지라는 이름의 시니피앙으로 가둬진 욕망과 가족의 형성은 하나님 아버지라는 기호 의미가 내포된 시니피에에 의해서 이루어진 것이다. 아버지의 메타포는 바로 하나님이었다. 로빈슨 크루소의 아버지는 자식에게 충고할 때 빈번하게 신의 이름을 들먹인다. "나는 너를 위해 기도를 그치지 않겠지만 신은 너를 축복도 해주지 않을 것이며, 너는 딱한 환경에 빠져서 뼈저리게 후회할 것이다." 로빈슨 크루소는 무인도에 도착하기 전에 풍랑을 만나거나 고독한 환경에 처하면 한결같이 하나님이 자신에게 내려준 천벌이라고 생각해 혹독한 죄책감에 시달린다.

누구나 곤란에 처한다. 때로 행운과 불행은 우연적이다. 그렇지만 이런 상황을 하나님의 형벌과 은총으로 나눠서 구분하고 인과관계를 필연화하는 종교적 구도는 아버지가 자식에게 끊임없이 심어놓은 관념의 반영에 지나지 않는다. 들뢰즈와 가타리의 말을 조금 비틀자면 "죄책감은 아들이 체험하는 내면적 감정이기 이전에 아버지에 의해 투사된 관념이다".

아버지를 매개로 로빈슨 크루소를 죄책감에 몰아넣고 근대적 부르주아의 인간형으로 만드는 과정은 아버지와 자식이라는 인간의 조건이자 동시에 '신과 인간'의 조건이기도 하다. 근대 자본주의에서 신과 인간의 관계는 역시 막스 베버의 '프로테스탄티즘의 윤리와 자본주의 정신'을 경유하지 않을 수 없다.

프로테스탄트가 만든 호모 에코노미쿠스

베버는 로빈슨 크루소로 상징되는 근대의 부르주아를 프로테스탄트가 만들어낸 독특한 인간형으로 바라본다. 베버는 벤저민 프랭클린이 물질적 탐욕보다 종교적 덕목을 끊임없는 의무감으로 실천하고, 근면 성실과 철저한 시간 관리로 부를 추구하는 금욕적 ascetic 인간인 전형적 부르주아라고 지적한다.

일단 베버는 종교적 구원과 근대 자본주의에서 부의 추구를 칼뱅주의calvinism로 설명해간다. 종교개혁가 장 칼뱅의 교리는 하나님은 인간이 태어나기 이전부터 구원받을 사람과 그렇지 않을 사람을 미리 예정해놓았다는 예정설predestination을 주창했다.

당시 사람들은 과연 자신이 구원을 받았는지 아니면 죄의 나락으로 떨어지도록 예정되었는지 도저히 알 길이 없었다. 그때 하나님은 오늘날과 달리 무섭고 엄격한 분이었기 때문에 자신이 구원받았는지를 알려고 노력하거나 구원해달라고 기도한다는 것 자체가 신의 권위에 도전하는 것이었다. 인간은 자신의 구원에 대한 불안과 의혹, 온갖 잡념을 떨치기 위해서라도 열심히 일했다. 마치 의사가 암인지 아닌지를 최종적으로 판정하기 전에 병원 대기실에서 왔다 갔다 불안해하고 어디든 매달리고 싶은 환자의 행동과도 같다.

사람은 불안을 떨쳐버리기 위해 열심히 일하고 신의 뜻을 따르는 청교도적 삶 속에서 자신이 구원받았음을 주관적으로 확신해간다. 금욕적으로 생활해 신의 영광을 더하고 현세의 직업을 천직으로 알고 충실히 봉사하는 것을 자신의 소명으로 삼았다. 칼뱅은 엄격한 교리에 따르는 고통의 보상으로서 근면 성실하게 노동한 결과물, 즉 최소한도의 정상 이윤만을 받고 거래하는 합리적 경영에 따른 물질적 부와 세속적 성공을 구원의 증거로 인정해주었다.

당시는 신과 인간의 사이에 거대한 심연이 가로놓여 있어서, 인간은 도대체 하나님의 생각이 뭔지 짐작할 수 없었고, 자신이 구원을 받고 있는지 어쩐지 알 수도 없어 불안과 허무에 빠져 있었다. 결국 베버는, 종교적 불안이 현세적 금욕과 직업에 대한 충실로 연결되어 유럽 자본주의를 특징짓는 에토스가 되었다고 보았다.

매일 노동하며 종교적으로 구원을 받아 새로운 인간으로 거듭나려고 했던 로빈슨 크루소의 시도 역시 이와 무관하지 않다. 베버의 독특한 논리가 필연성을 갖고 있지는 않더라도 당시 신과 인간의 조건을 설명하는 데 어느 정도 유용한 것은 틀림이 없다.

『로빈슨 크루소』는 가족이라는 삼각형 욕망의 재배치와 프로테스탄티즘의 내면화를 통해 합리적 개인의 근대적 자화상을 그려낸 소설로 평가된다. 더불어 경제학에서 말하는 오직 경제적 동기와 이윤 극대화를 위해 행동하는 호모 에코노미쿠스의 원형을 묘사한 소설이기도 하다. 그렇지만 냉철하고 합리적이고 때로 무자비한 로빈슨 크루소와 이기적 경제인으로서 호모 에코노미쿠스 사이에는 분명한 차이가 있다.

오늘날 호모 에코노미쿠스는 고뇌하고 성찰하는 종교와 윤리적 관계를 모두 단절하고, 오직 시장의 경제적 원칙에 따라 행동하는 경제 동물로 전락한 지 오래다. 더구나 호모 에코노미쿠스는 경제학의 방법론적 인간으로 남는 데 그치지 않고, 오늘날 부활해 탐욕과 부패로 금융위기를 일으키고 엄청난 부를 독점하는 1퍼센트의 영웅으로까지 떠오르고 있다.

문득 대학 시절이 떠오른다. 나는 경제학을 처음 배울 때 호모 에코노미쿠스야말로 합리적인 사람이 따르고 본받아야 하는 모델인 줄 알았다. 이렇게 터무니없는 착각 속에 있는 내게 훗날 철학자 앨프리드 화이트헤드Alfred North Whitehead는 다음과 같이 지적해주었다. "일단 추상화가 되면 그것을 구체적 실재로 착각하게 되어 이른바 '오도된 구체성의 오류the fallacy of misplaced concreteness'를 범하게 된다는 것은 논란의 여지가 없다."[3]

오늘날 현대 자본주의가 탐욕과 부패에서 벗어나 새로운 시스템으로 가야 한다는 수많은 비판의 핵심은, 결국 자본주의적 인간의 내면을 성찰해 윤리적으로 회복해야 한다는 것이다. 이것이 우리가 로빈슨 크루소를 되돌아봐야 하는 이유이기도 하다.

3 공생과 상생을 위한 경제학

경제사상의
텍스트로서
『로빈슨 크루소』 읽기

자본주의 여명기를 묘사하다

자본주의는 글자 그대로 '자본capital'이 모든 사회·경제적 관계를 지배하고 특히나 인간의 노동력을 자유롭게 사고팔 수 있도록 상품화하는 것을 기본 특징으로 한다. 이는 물론 마르크스의 시각이다. 1760년대 영국의 산업혁명으로 제 모습을 확실히 갖춘 자본주의는, 기계와 공장 설비 같은 생산수단으로 모습을 드러낸 산업자본과 굶어 죽지 않기 위해서 자신의 노동력을 상품으로 팔 수밖에 없는 임금노동자를 두 축으로 하는 것이었다.

자본과 노동이라는 생산요소는 하루아침에 생겨나지 않는다. 산업자본이 축적되기까지는 아프리카와 아메리카 등지에서 자행된 식민지 약탈이나 부등가교환과 같은 기나긴 수탈이 선행된다. 임금노동 역시 중세 봉건시대부터 대대로 농사를 지어왔던 직접 생산자의 경작권을 박탈하고 '토지라는 생산수단에서 농민을 분리해 임금 없이는 달리 생계를 도모할 수 없게 만드는' 강압적 방법이 역사적으로 진행되는 것을 전제로 한다. 이런 과정을 초기의 원시·본원적 축적primitive accumulation 또는 자본주의에 앞서 진행되는 선행적previous 축적이라고 부른다.

디포는 근대 자본주의에 선행하는 초기 축적기에 살았던 작가였던 만큼, 소설 『로빈슨 크루소』에도 당연히 자본주의의 여명기를 반영하는 영국의 경제 사정들이 드러나 있다. 디포는 왕성한 집필가로서 명성을 날렸지만 정치적 혼란기 속에서 반란을 도모하다가 사형을 당할 뻔했으며, 젊은 시절에는 상인과 경영인으로서 뛰어난 수완을 보였고, 사업차 유럽과 아메리카 대륙을 돌아다니던 모험가이기도 했다. 이때 무역을 하며 겪었던 교훈들이 영국 경제의 비전을 밝히는 책으로 발표되기도 했는데, 그 책에 구체적으로 다룬 보험에 관한 원리들도 『로빈슨 크루소』에 넌지시 나타난다.

농장 소유주가 된 로빈슨 크루소

아버지의 간곡한 만류에도 항해 길에 올랐던 로빈슨 크루소는 무인도에 표류하기 전까지 브라질에 정착해 노예 농장주로 성공해서 상당히 많은 부를 축적했다. 유럽의 신기한 공산품을 서아프리카로 운송해 유통차액을 남기고, 그렇게 해서 번 돈으로 노예 농장주가 되는 전형적인 상인자본가의 경로를 보여주기도 한다.

로빈슨 크루소는 사탕수수 농장에 일손이 달리자 아프리카의 흑인 노예를 값싸게 밀무역하기로 작정한다. 스스로 마지막이라고 생각했을지 모를 또 한 번의 투기적 모험에 나섰다가 마침내 그와 일행이 탔던 배가 난파되고 이때부터 28년간이나 무인도에 갇히는 비극이 시작된 것이다.

로빈슨 크루소가 보여준 상인자본의 순환은 상업자본merchant capital의 형태로서 M(화폐)−C(상품)−M′(화폐+유통차액)에 해당한다. 일정한 화폐로 구입한 상품을 다른 곳에서 교환해 더 많은 돈을 버는 것이다.

첫 항해에서 로빈슨 크루소는 어렵사리 마련한 40파운드의 돈으로 장난감을 비롯한 잡동사니를 사서 서아프리카의 기니Guinea로 가지고 간다. 그는 다행히도 거센 풍랑이나 해적을 만나지 않은 덕분에 현금 300파운드에 달하는 5파운드 9온스의 사금砂金을 목돈으로 쥔다. 그는 첫 번째 상업 투기adventures에서 7배가 넘는 차액을 남긴 것이다. 300파운드 중에서 200파운드는 마음씨 고운 어떤 영국 선장의 미망인에게 맡기고, 100파운드는 새로운 자본fresh capital으로 삼는다.

기니 무역상으로 변신한 로빈슨 크루소는 두 번째 항해에서 카나리아 제도로 가다가 불운을 맞는다. 그는 해적을 만나 포로로 잡히고 해적선 선장의 노예로 전락하고 만다. 그 뒤 로빈슨 크루소는 기회를 엿보다가 북아프리카에서 노예 생활을 하던 충직한 쥬리Xury와 함께 조각배를 타고 바닷가로 도망쳤고 다행히도 흑인 무역을 하는 포르투갈의 선박에 구조된다. 여기서 그는 그 선장에게 옛 주인에게서 훔친 조각배와 소지품, 생사고락을 함께한 쥬리를 팔고 220페소라는 돈을 마련한다. 로빈슨 크루소로 상징되는 앵글로·색슨의 무자비성과 명민함도 항상 자신을 따르던 하인을 팔아넘기는 대목과 관련된다. 로빈슨 크루소는 탈출하기 전에 쥬리에게 "네가 날 도우면 난 너의 가장 좋은 친구가 될 거야!"라고 약속했던 터였다.

마침내 브라질에 도착한 그는 인게니오Ingenio(사탕수수밭과 설탕 공장)의 소유주와 친분을 맺고 플랜테이션plantation 농장에 적극 뛰어든다. 경제사적으로 16세기 신대륙에서 유럽으로 들어온 상품은 금과 은 등의 귀금속이었지만, 이후 설탕과 담배 등 열대산 제품의 비중이 늘어난다. 광산에서 금과 은을 채취하기 위해서는 현지 원주민의 노동으로도 충분했지만 사탕수수와 담배 작물을 키우는 플랜테이션 농장은 열대성 기후와 풍토병에 강한 흑인 노예의 노동이 절대적으로 필요했다. 플랜테이션은 값싼 노동자를 이주시켜 향신료, 고무, 커피, 사탕수수, 담배 작물 등의 열대식물을 키우는 기업 형태로 이것을 이주식민지settlement colony 경제라고도 부른다.

로빈슨 크루소는 사탕수수 농장을 성공적으로 운영했는데, 수익이 좋은 담배 농장 플랜테이션까지 사업 규모를 키우고 싶었기 때문에, 더 많은 자금이 필요했다. 그래서 그는 예전에 영국의 선장 미망인에게 맡긴 200파운드를 회수했다. 로빈슨 크루소는 사람을 시켜서 선장 미망인에게 받은 돈을 농장에 필요한 농기구 등의 물건으로 바꾸라고 한 뒤, 이를 다시 리스본을 거쳐 브라질로 보내도록 조치한다. 이것도 혹시 모를 위험 때문에 100파운드씩 두 번에 걸쳐 상환하는 방법으로 진행했다. 역시 그의 치밀한 계산과 리스크를 분산하는 지적 재능이 엿보이는 거래 방식이다.

대니얼 디포는 무역상에서 열대 농장 소유주로 커가는 초기 로빈슨 크루소의 궤적을 통해 산업자본의 축적에 선행하는 전기적 前期的 자본, 즉 상인자본이나 고리대자본의 실제 모습을 구체적으로 그려낸 것으로 보인다. 브라질의 플랜테이션과 노예 농장주라는 상인자본의 흐름을 볼 때 "근대 자본주의는 식민주의와 인종 차별을 떼놓고는 생각할 수도 없다"라는 마르크스의 지적이 로빈슨 크루소에게도 딱 들어맞는다.

'울타리 치기'와 영국 중산층의 탄생

남태평양의 무인도인 후안페르난데스 제도에 표류한 로빈슨 크루소는 먼저 난파선에서 식량, 화약, 머스킷 총, 옷, 성경, 비스킷, 럼주, 면도칼, 나이프, 포크, 금화 등에 이르기까지 섬 생활에서 필요하거나 그렇지 않은 물건까지 모두 실어 나른다. 아마 이보다 중요한 것은 로빈슨 크루소가 육지에서 체득했던 지식과 기술이었을 것이다. 비록 그는 무인도에 표류했지만 아무것도 없이 고립된 원시인이라기보다는 사실상 "자본가였으며 난파선은 생산수단에 필요한 기적적 선물이라 할 수 있다".[1]

로빈슨 크루소는 난파선에서 생존에 필요한 물건을 가져오고 기본적 방어를 목적으로 요새와 같은 집을 짓는다. 차츰 그는 종교적 참회 속에서 평안을 얻어가며 섬을 탐사하고 자신이 거주하고 있는 튼튼한 오두막집을 중심으로 울타리도 친다. 굳이 요새 같은 집 둘레에 다시 울타리를 쳐야만 될까 싶은 장면에서 로빈슨 크루소는 "울타리가 완성될 때까지 나는 결코 안심할 수 없다고 생각했다. 말로써 도저히 표현할 수 없을 정도의 온갖 고된 노동은 믿기 어려울 정도였다"고 일기에 적는다.

이 대목에서 잠깐 시선을 멈출 필요가 있다. 로빈슨 크루소의 울타리 치기는 디포가 살았던 영국의 원시적 자본축적기에 벌어졌던 인클로저enclosure운동과 깊은 연관이 있기 때문이다.

중세 영국의 촌락공동체에서 농민이 보유한 토지는 한곳에 모여 있기 보다는 기다란 띠 모양(오늘날 1에이커 면적[약 4,046제곱미터])으로 조각조각 나뉘어 분산되어 있었다. 농민의 보유지는 비옥한 곳과 척박한 땅에 고루 나뉘어 경작되었다. 만약 어느 한 장소에 우박이 집중적으로 내려도 다른 곳에 또 다른 조각 땅이 있었기 때문에, 한 해 농사를 완전히 망치는 사태는 피할 수 있었다. 이것도 일종의 리스크 분산 장치였다.

중세의 농업 방식은 촌락공동체의 규제가 강하게 지배했다. 서로의 땅을 가리지 않고 공동으로 경작하고 작물의 종류는 물론 파종 시기와 수확 시기도 일률적으로 정해졌다. 이로써 농민은 분산된 토지를 일일이 옮겨 다니는 시간을 절약했고 혼자서는 보유할 수 없는 축력(소 4~6마리)을 가지고 공동으로 경작을 했다. 가축을 한꺼번에 풀어서 사육하고 배설물을 비료로 얻기 위해서 모든 공동체의 경작지는 파종 시기와 수확 시기도 똑같이 맞췄다. 생산력이 미약했던 중세의 농촌에서 개인은 공동체의 유기체적 조직에 매몰되었고 개체의 효율성보다는 집단적 평등 원리가 우선되었다.

15세기 중엽 이후에 진행된 인클로저운동은 흩어진 띠 모양의 토지인 개방지open field와 목초나 땔감 채취 등 마을 공동으로 이용할 수 있는 공동지와 황무지를 영주와 대지주계급이 울타리와 벽, 돌담의 경계표지로 둘러싸고 사유화한 것을 말한다. 인클로저운동으로 토지소유권이 불완전한 농민은 강제적으로 토지를 빼앗기고 쫓겨나게 되었다. 이후에는 양모 가격이 뛰어올라 농지를 목장으로 전환하는 목양 인클로저가 진행되면서, 대다수의 농민이 토지라는 생산수단을 잃어버리고 도시로 흘러들어가 임금노동자가 되는 길을 걸어야 했다.

영국 튜더왕조시대(1485~1603년)에 땅에서 쫓겨나 떠도는 부랑민의 행렬은 "컹, 컹 개들이 짖어대요 / 거지 떼가 마을로 몰려오고 있어요!"라는 당시의 전래 동요에서도 잘 드러난다. 토머스 모어Thomas More가 『유토피아』에서 "양의 발은 모래를 황금으로 바꾸고 양이 사람을 잡아먹는다"고 개탄한 대로 폭압적으로 임금노동자를 창출하는 원시적 자본축적 과정이었다.

로빈슨 크루소의 울타리 치기fenced나 인클로저는 사유화 과정을 통해 개인의 근대 소유권이 확립되는 과정이기도 하다. 때마침 존 로크John Locke는, 자연 상태의 공유물에 노동을 투여해 변화시키거나, 개인의 노력과 같은 어떤 행위가 이루어질 때 소유물이 될 수 있다는 소유권 사상으로 인클로저와 같은 원시적 축적 과정을 뒷받침해줬다. 결국 로크의 소유권은 배타적 사유재산권의 확대와 자본주의적 불평등을 정당화하는 것이었다. 로빈슨 크루소 역시 로크주의자로서 울타리를 쳐서 영토를 구획 짓고 가축도 키우며 나중에 식인종인 프라이데이를 받아들여 자신의 주권을 행사하는 공간으로 만들어간다.

영국에서 소유권의 울타리 치기로 시작된 크고 작은 인클로저는 300년이라는 긴 시간 동안 진행되었다. 특이하게도 디포는, 토지에서 쫓겨난 방랑자들이 근대적 공장의 도시 임금노동자로 변화하는 기나긴 과정에서 틈새기 형태로 생겨난 소인클로저small enclosure에 주목했다. 이것은 폭력적인 대규모 인클로저와는 달리 떠돌아다니는 유랑민이나 빈민을 흡수했던 긍정적이고 건설적 형태였다.

디포는 『로빈슨 크루소』를 출간하고 나서 영국 전역을 돌아다니며 경험했던 내용을 몇 권의 여행기로 남겼고, 이것은 지금도 소중한 경제 사료로 활용되고 있다. 그 가운데, 근대 공장제도의 바로 직전 단계였던 가내수공업, 즉 매뉴팩처 형태의 농촌 모직물 공업이 활발했던 웨스트요크셔 주의 핼리팩스Halifax를 묘사한 장면은 유명하다.

구릉 경사진 곳에 집들이 빼곡히 늘어서 있고 토지는 소인클로저 형태로 나눠져 있고 크기는 2에이커부터 7~8에이커까지였다. 대부분이 직물업에 종사하고 있었으며 날씨가 좋은 날에는 천을 펴서 말리는 틀tenter에다 모직물을 널어놓는 모습을 볼 수 있다. 눈에 크게 띄는 집에는 어디에나 매뉴팩처 작업장이 있었으며 농촌 중산층으로 커나가려는 직물 제조업자clothier들은 영업용이나 제조에 필요한 말 한두 필은 갖고 있었다. 매뉴팩처의 제조업자들은 가족을 위해 두서너 마리나 더 많은 암소를 키우고 양계를 하거나 사료용 씨를 파종하고 있었다. 다른 소인클로저로 구획된 곳에서는 고용된 노동자들이 양털을 빗거나carding 실을 만드는 일로 분주했다.[2]

디포가 그려낸 소인클로저는, 평균 5~6에이커 정도의 땅에서 곡물을 키웠고, 다른 중심지에는 커다랗고 낡은 벽돌집과 매뉴팩처 작업장이 있으며, 거기서 닭이나 암소, 운반용 조랑말을 키우고 농촌을 지나는 떠돌이 유랑민을 고용해 정착시키는 형태다. 또 양모에서 실을 잣고 직물을 만들고 염색하는 모직물 제작 공정을 이웃에 하청을 줘 협업의 네트워크를 이루고 평화롭게 살아간다. 이렇게 농촌공업의 중소 생산자가 소인클로저에 세웠던 정주 양식은, 지배 관계와 규모의 차이는 있겠지만, 섬에서 로빈슨 크루소가 울타리를 쳐서 영역을 구축하던 모습과 유사하다는 점에서 둘 다 중산적 생산자층의 모습을 그려낸 것으로 본다.[3]

디포는 청교도적인 중류층 신분으로 성장하는 로빈슨 크루소의 모습에서 당시 영국식 중산층의 사회경제적 모델을 꿈꾸었을 수도 있다. 하지만 실제로 전환의 격동기 속에서 매뉴팩처의 중산층 모델 역시 세월을 비켜갈 수는 없었다. 그 후에 진행된 원시적 자본축적기의 고통스러운 과정 속에서 소상품 생산자인 중산층의 한쪽은 자본가로 성장하고, 한쪽은 임금노동자의 대열로 추락하는 양극 분해를 거치게 된다. 다시 말해 로빈슨 크루소의 아버지가 중류층의 생활이 얼마나 좋은지를 빗대며 비난했던 "사악한 생활에다 사치스럽고 방종한 상류층과 중노동에다 필수품도 부족하고 거칠고 부족한 섭취로 고된 하류층"의 삶으로 양극 분해된 것이다.

디포는 소설 속에서 중류층의 사회적 모델을 그려내려고 애썼을지도 모른다. 혹시나 로빈슨 크루소로 구체화된 앵글로·색슨족의 전형적 캐릭터를 중산층의 미덕 속에 살면서 감추고자 했던 것은 아닐까. 그렇다고 왼손에는 성경을 오른손에는 라이플총을 든, 즉 기독교와 무력을 바탕으로 새로운 제국을 건설하려는 본래의 의도가 숨겨질 리는 만무하다. 그는 무인도에서 탈출한 뒤에 브라질 농장을 처분하고, 조카와 함께 팽창하는 해양대국 영국의 패권주의에 몸을 싣고 타자를 또 하나의 지배 대상으로 삼기 위해 모험을 계속해나간다.

'보험원리는 신의 계획이다'

다시 소설의 첫 대목으로 돌아가보자. 섬에 표류한 지 며칠 만에 로빈슨 크루소는 난파선에서 가져온 물건을 텐트와 그 옆에 임시로 파놓은 동굴에 가져다놓았다. 어느 날 큰비가 내리더니 번개가 내려치기 시작했다. 그 순간 문득 한 가지 생각이 그의 뇌리를 스쳤다. 번갯불로 화약통이 한꺼번에 폭발하지 않을까 하는 걱정이었다. 로빈슨 크루소는 집짓기와 울타리 치는 일보다도 최우선적으로 화약을 소량으로 분산시키는 작업에 들어간다. 그는 2주간에 걸쳐서 240파운드의 화약을 100개쯤 되는 상자와 자루에 나누어 넣고 여기저기에 숨긴 뒤 표식도 해두었다.

디포는 화약을 나누는 이른바 리스크의 분산을 통해 보험원리를 소설 속에서 나타내고자 했다. 이미 그는 로빈슨 크루소를 쓰기 20년 전에 『프로젝트론An Essay upon Projects』을 출간해 사람이 재해나 불행을 당했을 때 서로 리스크를 분담하는 공제보험조합에 대해 구체적으로 적었다. 이 책에는 보험 이외에도 민간은행설립, 유료도로, 연금, 파산자 구제의 필요성, 군사훈련과 여성을 위한 아카데미 운영 등 국민 복지와 국가 경쟁력을 강화하는 사회기획 구상이 실려 있다. 벤저민 프랭클린도 자서전에서 『프로젝트론』을 "자기 인생의 미래에 사고를 전환하는 데 중요한 영향을 미쳤던" 두 권의 책 중 하나라고 높이 평가할 정도였다.

처음 유럽이나 미국에서 생명보험은 하나님이 주관하는 인간의 생명을 세속화시켜 상품화한다는 차원에서 거센 종교적 논란을 불러일으켰다. 이 책에서 디포가 구상한 보험원리도 신의 섭리와 불가분한 관계를 맺고 있어서 초기 보험 사상을 연구하는 데 흥미를 더해준다.

일반적으로 보험은 수많은 질병이나 사망과 재해 같은 우연한 사건을 한곳에 모아놓고risk pooling 대수大數의 법칙에 따라 확률 또는 위험률을 정확히 예측하고자 하는 원리다. 대수의 법칙이란, 동전을 던지는 횟수가 거듭되면 될수록 2분의 1이라는 객관적 확률에 근접하듯, 우연의 사례가 많거나 관찰 기간이 길수록 확률이 실제 값과 같아지는 것을 말한다. 어쨌든 우연한 사건이나 위기의 발생은 오늘날 아무런 종교적 연관성을 갖고 있지 않지만 초기에는 우연성contingency도 신의 섭리를 벗어나지 못하는 것이었다. 디포는 프로테스탄트로서 보험에 대한 자신의 철학과 구상을 밝힌다. "프로테스탄트의 운명 예정설로 볼 때, 어떤 병사가 참호 속에서 죽을 운명이었다면 세상을 미리 내다보는 신의 예지豫知가 그 병사에게 다른 사람보다 몸을 높게 세울 것을 명했던 것이다. 위험이 많은 바닷가의 선원도 마찬가지다."[4]

먼저 디포는 신의 섭리를 '제1원인'과 '제2원인'으로 나눈다. 제1원인은 신이 사건을 직접 관장하는 필연적 영역이기 때문에 우리 눈에 보이지도 않고 인간의 지식으로는 도저히 알 수 없는 것이다. 자연스레 인간은 자신이 경험할 수 있고 관찰 가능하며 우연적 사건이 벌어지는 제2원인에 관심을 돌릴 수밖에 없다. 그렇다고 제2원인의 영역이 신의 의지와 전혀 상관이 없다고 생각해서는 안 된다. 인간 세상만사 모든 사건이 겉으로는 우연처럼 보이지만 사실 알고 보면 신의 의지와 깊이 관련되어 있다. 인간의 죄와 무지로 하나님의 계획을 알지 못하기 때문에 우연처럼 보일 뿐이다.

신의 계획 속에서 일어나는 우연한 사건을 그대로 방치해서야 인간은 어리석음과 죄악에서 벗어날 길이 없다. 우연성을 한데 모아 필연성으로 바꾸는 일은 신의 의지를 구현하는 작업이기도 하다. 디포는 우연적 영역에서 위험도가 높게 관찰되는 병사와 선원을 별도의 그룹으로 분류해서 보험조합을 만들 것을 사회적 프로젝트로 제시한다. "사람을 몇 개의 그룹으로 분류할 필요가 있다. 그들이 부닥치는 우발적 사고의 형태가 다르기 때문에 상이한 집단마다 각기 걸맞은 조건으로 보험조합 또는 우애조합friendly society이 만들어져야 한다."[5]

이것이야말로 신의 법칙Divine Rule이 우리에게 안내하는 프로젝트이며, 이로써 재해는 방지되고 인류는 세상에서 일어날 수 있는 모든 불행, 빈곤과 비탄에서 보장받을 수 있게 된다고 디포는 결론짓고 있다.

위험도에 따른 그룹으로 보험 제도를 운영하는 프로젝트야말로 성경 구절처럼 "하늘은 스스로 돕는 자를 돕는다"는 신의 계획을 온전히 수행하는 것이었다.

디포는 『로빈슨 크루소』에서 중산층 부르주아가 프로테스탄티즘의 종교적 세례를 통해 성장하는 모습과, 신의 섭리 속에서 국민의 안녕과 질서를 유지하는 방법을 담은 사회 개혁 구상을 전개했다. 이 과정에서 근대 자본주의로 이행하는 17세기 영국 경제의 모습과 그에 걸맞은 새로운 구상을 자연스레 담았다. 이처럼 『로빈슨 크루소』는 단순한 모험기를 뛰어넘어 경제사상의 텍스트로서 단단히 한몫을 한다.

소비사회에서
'제작본능'
되살리기

성희롱과 유한계급론

2014년 11월 미국 존스홉킨스대학의 남학생 클럽인 '*ΣAE*(시
그마·알파·엡실론)'에서 16세 여학생을 성폭행한 사건이 드러나
서 세계적으로 큰 충격을 주었다. 남학생 클럽 프래터니티
fraternity는 그리스어를 조합해서 단체명으로 삼은 폐쇄적 엘리트
조직으로 입회식 때 음주를 강요하거나 신입생을 가혹하게 다루
는 것으로 악명이 높다. 부자들끼리 뭉치고 인종을 차별하는 배타
적 남학생 클럽은 전국적인 조직망을 갖추고 있어 미국의 '프래
터너티 산업'이라고 할 정도인데, 이는 대학 재정에 든든한 자금
줄이 되고 있어서 대학들도 쉽사리 규제하지 못한다.

대학의 명예를 빛내는 미식축구 선수들이 성폭력을 벌이기도
했다. 대학 내의 성폭행 문제를 다룬 다큐멘터리 〈사냥터Hunting

Ground〉는 어느 여대생이 미식축구리그NFL 드래프트 1순위의 미식축구 스타에게 피해를 당한 내용을 들려준다. 영화에서는 피해자가 경찰에 고소를 해도 속수무책이었다. "여기는 엄청난 풋볼타운이기 때문에 고소하기 전에 신중해야 한다"든지 "대학의 유명한 축구팀을 건드리는 것은 좋은 생각이 아니다"라는 외부의 협박 속에서 피해자가 오히려 가해자가 된 듯 대학을 그만두거나 자살하는 비극으로 사건이 종결되기도 했다.

오늘날 국내외 대학에서 일어나는 각종 성희롱과 폭력은, 미국의 경제학자인 소스타인 베블런이 『유한계급론』에서 날카롭게 지적한 야만 계급의 약탈적 계보가 표면에 드러난 사건으로 볼 수 있다. 유한계급은 땀 흘리고 일하는 생산적 노동을 혐오하고 타인에게 빼앗은 전리품과 노획물을 우월한 능력의 징표로 삼는다. 상류 계층은 노동에 대한 금기 또는 노동 회피 의식absentation from labour을 갖는다. 먹고사느라 아등바등하는 생산직 노동자와 달리, 자신은 시간을 비생산적으로 소비하느라 바빴다는 증거를 제시해 부러움과 명성을 추구한다. 대학에서 고전, 영어 철자법, 낡은 관용어를 습득해 학식을 과시하는 일도 시간과 노력을 비생산적으로 낭비했다는 증거가 된다.

이미 100년 전에 베블런은, 대학의 유한계급이 야만시대의 약탈과 과시적 성향을 보존해왔다고 비판했다. "대학에서 운동경기가 정식 학문 분야에 편입되고, 운동선수로서 성공한다는 것은 시간과 금전적 낭비는 물론, 매우 비생산적이며 (야만적인 약탈의) 고대적 특성을 가진 기질을 전제로 한다. 미국의 유한계급들이 학업의 일환으로 참가하는 운동경기나 그리스 알파벳 문자를 딴 대학의 엘리트 사교 클럽Greek-letter fraternity의 역할도 마찬가지다."

베블런은 당시 미국 대학이 금력과 이익 추구의 비즈니스에 지배당해 지식 추구라는 대학 본연의 역할이 파괴되는 것을 개탄했다. 대학이 유한계급 의식에 오염되고 대외적 명성과 금전적 권력에 눈감는 행태를 베블런이 일찌감치 예견했다고 보아도 지나치지 않다.

'한가로운 호기심'과 '제작본능'

베블런처럼 대학에 날카로운 메스를 가한 경제학자는 없다. 타고난 기벽이 있는 천재적 괴짜에다 냉소적 태도로 어느 대학에서도 정착하지 못했던 베블런은 현실과 일정한 거리를 유지하면서 전방위적으로 비판의 칼날을 들이댔다.

『미국의 고등교육』은 『유한계급론』을 집필하는 동안 짬짬이 써두었던 원고를 10년 만에 발표한 것이다. 이 저작에서 베블런은 금전 추구에 혈안이 되어 오직 돈만 추구하는 사업가들이 이사회에 참여해 상아탑을 아수라장으로 만드는 과정을 냉혹하게 지적했다. 지식의 영역을 보존하고 확장시켜야 할 대학이 돈벌이의 사냥터가 되고, 학문은 헛된 명성을 추구하는 수단으로 변질되는 현상은 오늘날 한국의 대학에도 정확히 들어맞는다. 너도나도 학점 따기와 스펙에 정신이 팔려 있고 실험실의 기자재보다는 번듯한 건물에 신경을 쓴다. 지식은 상품화되고 연구비를 많이 가져온 교수가 대접받고 기부금을 많이 낸 사업가가 칭송받는다. 베블런은 대학이 본래의 모습으로 돌아가야 한다고 강조한다. "대학의 모든 지식 체계는 한가로운 호기심idle curiosity과 제작본능instinct of workmanship이라는 인간 본성의 충동적 속성에 기반하는 독창력과 성향으로 이루어져야 한다."[1]

대학에 가득해야 할 '한가로운 호기심'은 어떤 의도나 방향 없이 삶과 관련된 문제의 해답을 찾으려는 본성을 말한다. 여기에는 사물에 호기심을 가지고 알려고 노력하며, 그것을 체계화해 지식으로 만들려는 욕구도 들어 있다. '근본을 파고드는 사고'와 '알려고 하는 호기심'은 일종의 즐거운 놀이와도 같다. 근본을 파고드는 사고fundamental thinking는 한가로운 호기심의 근간을 이룬다. 여기에 물질적 이득을 얻으려는 욕망이 배제되는 것은 당연하다.

한가로운 호기심은 '쓸데없는' 호기심이다. 이것저것에 호기심을 갖고 눈을 반짝이며 물어보는 어린아이의 순수한 모습으로 보아도 좋다. 부모한테 귀찮을 정도로 질문하는 어린아이는 때로 부모에게 '쓸데없는 것에 신경 쓰지 말고 공부나 하라!'는 핀잔을 듣고 마침내 호기심을 버리고 유용하고 세속적 지식으로 가득 찬 어른의 세계로 들어간다. 앙투안 드 생텍쥐페리Antoine de Saint-Exupéry의 『어린왕자』에 나오는 주인공도 어른들의 충고 때문에 화가의 꿈을 포기한다. "어른들은 나에게 속이 보이거나 보이지 않는 보아뱀 따위의 그림은 걷어치우고, 차라리 지리와 역사, 산수와 문법을 공부하는 게 좋을 것이라고 충고했다."

제작본능의 개념은 만만치 않다. 장인본능이나 노동자 본성 또는 공장工匠본능으로도 번역되는 제작본능은 솜씨와 기량을 최대한 발휘해 생산성과 효율을 높이고 싶어 하는 인간 본래의 성향을 의미한다. 내용을 더 잘 알기 위해서는 간단하게나마 베블런의 경제학 체계를 들여다보자.

베블런은 신고전학파 경제학에서 가정하는 호모 에코노미쿠스의 인간 모델을 집중적으로 꼬집는다. 인간은 최소 비용으로 최대 만족을 얻거나 쾌락과 고통 또는 효용과 비효용disutility만을 계산하는 피동적 존재가 아니다. 베블런의 인간은 어떤 목적을 향해 끊임없이 자신의 본능과 성향을 발현해가는 능동적 주체다. 더불어 주류 경제학의 패러다임에는 궁극적으로 안정과 균형을 최종 지점으로 삼는 목적론이 내재되어 있다고 맹공을 퍼부었다.

경제학에서 수요와 공급의 법칙은 시장의 목적론을 잘 보여준다. 가격이 내리면 수요는 늘고 공급은 줄어드는 초과수요가 발생해 다시 가격이 오른다. 가격이 오르면 반대로 수요는 줄고 공급은 상대적으로 늘어나는 초과공급이 발생한다. 이러한 초과수요와 초과공급이 서로 반복되다가 마침내 균형가격으로 수렴되고 수요와 공급도 여기에 맞춰 최종적으로 안정을 얻는다. 우리는 흔히들 '시장이 궁극적으로 모든 것을 다 알아서 해결해줄 것이니 정부는 간섭하지 마라'는 이야기를 종종 듣는다. 시장을 마치 살아 있는 인격체처럼 간주하는 사고 관습은 지금도 남아 있다. 베블런은 시장 메커니즘 속에 인간세계와 사물을 최종 지점으로 이끄는 영혼이 있다고 보는 애니미즘animism의 선입관에서 탈피해야 한다고 주장한다.

수요와 공급의 법칙은 아이작 뉴턴의 기계론적 세계관과 긴밀히 연결되어 있다. 뉴턴은 우주를 정밀한 부속품이 결합해 자신의 운행 법칙에 따라 움직이는 기계장치로 생각했다. 하나님의 설계에 따라 제작된 거대한 기계장치에는 신의 의지에 따라 최종 질서를 향해 가는 목적론이 내재한다.

베블런은 물활론物活論의 애니미즘과 기계론적 사고에 기반한 목적론적 선입관을 떨쳐버리고 독자적인 경제학 방법론을 세운다. 뉴턴을 떠나, 또 하나의 과학적 패러다임으로서 찰스 다윈 Charles Darwin의 진화론에 기댄 경제학을 세운다. 다윈주의는 적응·생존·경쟁을 키워드로 한다. 환경에 잘 적응해서 유리한 변이를 가진 개체만이 자연선택을 통해 생존이 가능하고 그렇지 못한 종은 도태된다고 하는 변화 원리다. 모든 변화의 흐름은 적합한 유전인자gene가 계승되고, 서로 영향을 미치며, 내부의 인과관계들이 누적되어 끊임없이 진화하는 과정이기도 했다.

뉴턴의 기계론적 목적론과 분명한 획을 긋는 다윈주의는 생물계의 진화에서 최종적인 목적지는 없다고 선언한다. 진화론은 무無목적성, 우연성, 맹목성을 양보할 수 없는 토대로 삼는다. 내일 어디로 갈지도 모르고 또 무엇이 일어날지도 알 수 없는 우연과 불확실한 상태에서 목적지를 정한다는 것은 어리석다. 진화론자들은 "인간이 계획을 세우면 신은 웃어버린다"는 말을 즐겨 쓴다.

인간 종種은 목적도 없고 우연성이 넘치는 불확실한 사회에서 오직 생존하기 위해 능동적으로 움직여야 한다. 주류 경제학의 피동적 인간과 대비되는 인간의 능동성은 진화경제학에서 필연적이다. 베블런은 "인간은 단순하게 외부 환경에 수동적으로 반응하는 수동적 존재가 아니라, 끝없이 전개되는unfolding 행동 속에서 자기를 실현하고 표출하려는 습관과 성향을 일관되게 갖춘 체계structure"라고 규정한다.

제작본능도 결국은 인간이 능동적 주체라는 전제에서 이해되어야 한다. 외부 환경에 적응해 생존하고 서로 경쟁하면서, 종을 유지하기 위해 쓸데없는 낭비와 무익을 버리고 유용하고 효율적인 능력을 키워나가고자 하는 인간 본성이다. 딱 떨어지는 논의는 아니지만 다음의 이야기를 통해 제작본능을 어느 정도는 쉽게 이해할 수 있다. "인간을 호모 사피엔스, 호모 루덴스 등으로 많이 규정하잖아요. 그런데 저는 얼마 전부터 호모 사이언티피쿠스Homo Scientificus라고 부르기 시작했습니다.……그런가 하면 누가 시키지도 않는데 혼자 앉아서 어떻게 하면 활촉을 더 뾰족하게 잘 만들까 생각하면서 활촉을 갈고 있던 사람도 있었을 거예요. 바로 기술자죠. 또 남이 일해주는 덕분에 잘 먹고 잘사는 사람도 있었겠죠. 하지만 남 덕에 잘 먹고 잘살기만 하려는 사람만 있는 집단과, 동물의 행동을 관찰하고 더 뾰족한 활촉을 만들기 위해 애쓰는 사람을 가진 집단 중 어느 집단이 더 성공적이었을까는 너무나 자명한 것 아니겠어요? 인간이 다른 동물에 비해서 그런 활동들을 특별히 잘했기 때문에 오늘날 객관적으로 볼 때 가장 성공한 동물이 된 거 아닌가요?"[2]

제작본능은 인간의 종을 보존하고, 인간을 인간답게 하는 순수

정신이며, 인간의 불변적 특질이라고 베블런은 말한다. 그런데 오늘날 대학과 사회에서 순수한 제작본능과 한가로운 지적 호기심은 점차 상업화와 시장논리에 밀려서 오염되고 있다. 학문의 즐거움, 놀이와 공부, 쓸데없는 호기심의 자극, 만들고 보람을 느끼는 인간의 삶, 기술자 정신, 엔지니어와 창조경제 등은 모두가 베블런이 현 한국의 대학과 사회에 던지는 역사적 메시지라 하겠다.

베블런의 '두 가지 시선'

한가로운 호기심과 제작본능의 개념은 베블런의 고단한 생애와 떼어놓고 생각할 수가 없다. 베블런은 1857년 미국 동북부의 노르웨이인 개척지 농장에서 12명의 자녀 중 여섯째로 태어났다. 그의 부모는 그가 태어나기 10년 전인 1847년에 노르웨이를 떠나 유럽 이민자가 많은 위스콘신으로 이주했다.

아메리칸 드림을 꿈꾸며 이민 대열에 낀 이들은 딱한 사정으로 건너왔고, 베블런의 집안도 마찬가지였다. 그의 부모도 노르웨이에서 쫓겨나다시피 미국으로 건너왔다.[3] 무일푼이던 베블런의 아버지는 위스콘신주의 카토Cato에 40에이커(약 16만 제곱미터)의 토지 구입 비용을 마련하기 위해 1년 동안 혹독한 노동에 시달렸다. 나중에는 더 많은 토지를 보유하게 되었으나 고리대 이자를 물기 위해 땅을 팔아야 했고 투기꾼과 엉터리 변호사와 사기꾼에게 피해를 입고 많은 고통을 겪었다.

베블런은 일찍이 학업에 정진해 예일대학에서 박사 학위까지 받았지만 회의론자였던 그는 보수적인 대학에서 발붙일 곳이 없었다. 결혼도 했고 한창 일해야 할 27세의 나이였지만 다시 서부의 고향으로 내려가 7년간 빈둥거리며 지내야만 했다. 그동안 학문적 글을 쓰면서 소설, 시, 찬송가에 이르기까지 닥치는 대로 책을 읽고 물리학과 식물 채집에도 흥미를 가졌다. 시카고대학 교수 시절의 베블런을 보고 어느 학생이 "저기 26개 언어를 구사하는 베블런이 지나간다!"고 말했다고 하듯, 그리스어, 라틴어, 아이슬란드어와 산스크리트어 등을 익히고 인류학과 생물학까지 당대의 모든 사상을 섭렵했다. 게으르고 나태한 시간 속에서 자신이 알고 싶은 온갖 잡동사니를 충족시켰다. 여기서 베블런은 '한가로운 지적 호기심'의 본능을 끄집어낸다.

베블런이 살던 마을은 이민자 농업 공동체로, 커피나 설탕이 사치품일 정도로 모두 검소하고 경건한 루터파 신자로 이루어져 있었다. 깊은 신앙심 속에서 밤낮으로 일하고 황무지를 개간해 땅을 늘려가는 부모의 모습에서 베블런은 친족과 다음 세대를 배려하고 희생하는 어버이 본능parental instincts을 보았다. 식량을 더 많이 생산하기 위해 농법을 연구하고 농사 도구와 기술을 개발하는 아버지에게서는 경작자와 기술자 성향의 '제작본능'을 이끌어냈다.

베블런의 표상 한쪽에는 아버지의 제작본능이 서 있었고, 한쪽에는 엉터리 변호사나 사기꾼과 같이 부모와 가족 공동체를 괴롭혔던 약탈적 유한계급이 존재했다. 그것은 다시 베블런의 유명한 이분법인 산업industry과 영리기업business의 대립으로 나타난다.

베블런에게 제도institution란 우리가 익히 알고 있는 것과 달리 지배적인 사고 습관과 생각의 기준을 뜻한다. '산업'에 지배적인 사고 습관은 마을 공동체 집단의 생존과 내일을 위해 땀 흘려 일하고 노동하는 근면 성실과 협동과 연대를 최고의 가치로 여기고 칭송한다. 산업의 범주에는 제작본능, 어버이 본능, 객관적 합리성, 냉철한impersonal 사실의 탐구, 일과 노동, 기술자, 엔지니어, 기계와 과학 등이 들어 있다.

평화로운 촌락공동체의 산업과 달리 영리기업은 야만시대의 약탈, 전쟁, 폭력, 술책 등을 칭찬하는 제도(=지배적 사고 습관)가 지배한다. 폭력과 약탈을 선善으로 보는 야만 사회에서 인간의 땀과 노고가 미화될 수 없는 것은 당연하다.

베블런은 약탈 문화의 사고 습관이 소유권을 발생시키고 유한계급의 성향이 싹텄다고 보았다. 미개시대의 생산적 작업industry과는 확연히 다른 공훈과 약탈이 지배적 생활 습관으로 자리 잡으면서 소유권 제도가 비로소 시작한다. 집단 공동체에서 무용담을 자랑하는 영웅적 전사들이 포로와 여자, 약탈한 재물을 소유할 수 있도록 사회적 승인이 이루어진다. 사냥과 전쟁에서 노획한 사슴의 머리, 전리품trophy은 탁월한 능력과 명예의 증거물이며 전사의 특권으로서 소유권을 인정받았다. 야만시대의 약탈과 과시적 기질이 오늘날 유한계급의 사고 습관과 문화를 지배해온 것이다. 약탈 문화에서 발생하는 베블런의 소유권 개념은 사적 소유가 개인의 창조적 노력이나 생산적 노동에 근거한다는 경제학의 전제를 완전히 뒤엎었다.

남북전쟁을 거쳐 미국 전역에 대륙횡단철도가 완성되는 과정에서 당시 미국의 자본주의는 베블런이 꼬집는 폭력과 술책force and fraud이 만연하는 약탈적 성격을 띠었다. 남북전쟁 이후에 북부의 기업가들은 정치적 세력과 연합해 공업 위주의 정책을 마음껏 펼쳤다. 1862년에 시작된 대륙횡단철도 사업에 이민자의 값싼 노동력을 활용했고, 행정부의 특혜에 힘입어 미국 철도의 70퍼센트가 독점재벌의 수중에 넘어갔다.

유럽의 경제학을 직수입한 미국의 경제학자들의 이론은 현실과는 너무나 거리가 멀었고, 부자들의 약탈적 행태를 정당화해주었다. '존재하는 것은 모두 정당하다'는 입장을 바탕으로 미국 경제학은 돈을 놓고 벌이는 무자비하고 기괴한 자본축적을 '검약과 축적'의 결과라고 불렀다. 명백한 사기 행각은 기업 활동으로 미화되었다. 소유는 생산과 무관했다. 생산 현장에서 땀 한 방울 흘리지 않고 대대로 땅을 물려받은 지주, 즉 부재지주Absentee ownership는 토지 소유에 대한 특권을 인정받고 자본의 권력을 확장해 끊임없이 재산을 확장해온 사람에 지나지 않았다.

베블런의 소유권은 "소유란 자연이 제공해준 상태 또는 토지에 노동을 투여해 변화시켜서 발생하는 자연법적 권리"라는 존 로크의 개념과는 정반대였다. 소유권의 역사를 통해 생산의 결과물이 제작본능을 발휘한 사람에게 돌아가는 것이 아니라, 약탈본능을 성공적으로 발휘한 영리기업의 유한계급에 귀속되었음을 보여준다.

영리 계층은 금전적 이득을 추구하는 약탈 조직으로서 생산 과

3 공생과 상생을 위한 경제학

정에 참여하지 않으면서 소유에 몰두하는 부류의 사고 습관과 연결되어 있다. 이런 범주에 속하는 기업의 우두머리captain of industry, 기득권 계층, 부재지주는 금전적 경쟁과 이득 획득에만 정신을 쏟는다. 상층의 자본가나 영리기업가는 기술자의 상품생산에 기여하는 것이 아니라 상품의 정규적 흐름을 방해해 가치를 변동시키고 혼란에 빠뜨림으로써 이윤을 거두어들인다. 기술자는 질 좋고 값싼 제품을 연구하는 호기심과 제작본능으로 생산 효율을 높이고 사회적 공급과 물질적 복지를 늘리려 한다. 이와 달리 영리 계층은 생산을 의도적으로 제한하거나 중단시키는 사보타주로 이득을 챙긴다.

영리 계급의 전근대적이고 야만적인 속성은 문화적 상징으로도 드러난다. 그들은 땀과 생산적 노동을 혐오하고 실용적인 유용성을 싫어한다. 매너와 예법, 의례ceremony, 형식, 까다로운 절차, 와인을 맛보고 생산지까지 맞추는 비실용적 박식함, 스포츠, 경주마 사육법, 고가의 애완견 등을 즐기고 문화적 상징으로 과시한다. 지금도 애완견은 비생산적이고 실용성이 없는데도 유한계급의 지배 성향을 만족시키는 과시적 수단으로 애용된다.

베블런의 염원은 영리기업으로 오염된 제작본능을 되살리는 것이었다. 근면 성실과 합리적 과학기술의 제작본능이 최대한 발현되는 사회를 꿈꾸었다. 산업 기술자와 영리기업의 유한계급은 정신적 태도와 관점에서 서로 다른 특징을 지닌다. 산업 계층은 인간 존재에 적합한 경제적 재화를 획득하기 위해 수동적 환경에 적극적인 변화를 가한다. 반면에 유한계급은 다른 인간을 지배함으로써 사회적 지위와 소유재산을 빼앗는다.

산업과 영리기업의 이분법은 지크문트 프로이트가 말하는 본능의 양극성, 즉 에로스Eros(생명 충동)와 타나토스Thanatos(죽음 충동)로 연결시킬 수 있다. 프로이트의 설명에 따르면, 에로스는 살아 있으나 입자로 흩어진 상태의 물체를 묶어서 복잡한 조직체로 만들어 보존하는 운동을 진행한다. 타나토스는 유기적 생명체를 무생물로 되돌리는 과제를 맡고 있다. 에로스는 자기 보존의 충동 또는 생성과 보존이며 타나토스는 자기 파괴와 해체이며 외부로 향하는 공격 성향을 갖는다.

지금 애정과 동반同伴을 통한 생성의 힘을 가져야 할 우리 사회는 갑과 을의 인간 지배로 유기적 질서가 파괴되어 가고 있다. '나는 소비한다. 고로 존재한다'는 호모 콘소마투스Homo Consomatus(소비인간)는 사치와 낭비로 자원을 탕진하고 자신의 주체마저도 고갈시킨다. 소비인간은 상품을 욕망하는 것이 아니라 소비하는 행위를 바라보는 타인의 부러운 시선과 질투를 욕망한다. 따뜻한 애정과 연대로 가득 차야 할 사회는 질투와 경쟁심으로 서서히 혼들린다.

국가와 대학 사회에서도 생성과 창조의 힘이 사라지고 치열한 경쟁과 약탈적 성과만이 요구된다. 창조적 에로스보다는 파괴적 그림자가 드리워지고 있다. 자본주의라는 저거너트juggernaut(멈출 수 없는 무지막지한 수레바퀴로 한 번 지나간 자리는 모든 것이 파괴됨) 속에서 인간과 생명의 가치가 점점 파괴되고 우리 모두가 자신도 모르게 타나토스의 행렬을 따라가고 있다고 말하면 너무 자학적인지도 모르겠다. 제작본능의 산업과 유한계급의 영리기업이라는 이분법이 때로 거칠기는 하지만, 베블런이 보았던 두 개의 시선은 경제학을 비롯해 대학과 사회의 모든 영역에 걸쳐 지금도 여전히 유효하다.

자유로운
인간의 경제를
찾아서

센코노믹스, 인간과 윤리를 묻다

오랜만에 알베르 카뮈의 『페스트』를 뒤적이는데 「작가수첩」에 나오는 문장 하나가 눈에 성큼 들어왔다. "그만큼 한가하고 습관에 젖은 삶 속으로 예고도 없이 들이닥치는 전쟁은 질병이나 죽음과 마찬가지로 부조리한absurd, 다시 말해서 어처구니없고 이해할 수 없는 것이었다."

2015년에는 메르스MERS의 공포로 주변 풍경들이 갑자기 낯설어졌다. 여름밤은 깊은 적막만 감돌았고 정거웠던 이웃의 얼굴이 때로 낯선 타인으로 멀어지기도 했다. 지금 생각하면 쑥스럽기 그지없는 일이다. 메르스는 한가로웠던 우리의 일상에 죽음이라는 가면을 쓰고 불쑥 침입해 세상이 얼마나 부조리한지 보여주었다. 맹목적으로 믿었던 조리條理는 어처구니없게도 부조리를 위장한

껍질이었다. 국가의 대처 능력과 첨단 문명에 대한 신뢰와 믿음은 사라지고, 우리는 실상 거대한 부조리에 둘러싸인 허구적 존재라는 것도 깨달았다.

부조리의 껍질은 하나씩 벗겨졌다. 무책임, 무능, 은폐가 민낯을 보이고 마지막에는 민주주의가 후퇴하는 모습을 보였다. 메르스가 전혀 연관이 없어 보였던 민주주의라는 얼토당토않은 지점에서 결합하게 되니 이 또한 아이러니한 부조리다. 인도의 아마르티아 센은 바로 그러한 부조리의 세계를 정면으로 직시했던 경제학자다. 경제학의 양심이라고 불린 센은 질병과 기아와 빈곤은 경제학을 넘어 자유와 민주주의적 가치가 훼손되었을 때 발생한다며, 센코노믹스SEN-conomics의 시대를 열었다.

센코노믹스는 비주류 경제학자였던 센이 노벨 경제학상을 받았을 때 언론들이 센세이셔널sensational한 사건이라고 해서 붙여진 이름이기도 했다. 인간 불평등과 빈곤에 깊이 애정을 보였던 센코노믹스는 기존 주류 경제학의 방법론과 이기적 인간 모델을 근본적으로 흔들었다는 점에서도 획기적이었다.

센코노믹스는 주류 경제학이 사상적 토대로 삼고 있는 공리주의utilitarianism를 가차 없이 비판하는 데서 출발한다. 공리주의는 쾌락과 고통을 사회 전체적으로 합산해서 윤리와 도덕, 법과 정책 등의 개인 행위(또는 효용)나 사회적인 조직의 원리로 삼는다. 공리주의는 버스에서 젊은이가 노인에게 자리를 양보하는 것을 쾌락과 고통의 관점에서 바라본다. 우리의 전통문화로 볼 때 젊은이가 노인에게 자리를 양보하는 것이 마땅하다. 선험적이고 보편적

인 도덕과 윤리 차원에서 바라보아도 당연하다. 그러나 공리주의
는 그렇지 않다. 젊은이는 건강하기 때문에 노인보다는 덜 고통스
럽다는 이유로 자리를 양보하는 것이 옳다고 판단한다. 젊은이와
노인의 쾌락과 고통을 합산했을 때 자리를 양보하는 일이 그렇게
하지 않는 것보다 낫기 때문이다. 공리주의에서 모든 행위의 가치
는 이마누엘 칸트Immanuel Kant의 선험적 도덕률의 당위적 윤리보
다는 쾌락(+)과 고통(−)의 합계로 평가된다.

센은 공리주의가 쾌락과 고통의 결과만 가지고 옳고 그름을 판
정한다며 결과주의consequentialism라고 비판한다. 노인 앞에서 담
배를 삼가는 예절도 문화의 차이로 인식하기보다 쾌락과 고통의
합산에 비추어 해석한다. 노인은 담배 연기를 괴로워하기 때문에
젊은이가 담배를 참아야 한다. 이처럼 결과에 대한 중시는 행위의
동기와 의도, 문화와 역사를 고려하지 않는 획일성과 보편주의를
낳는다.

사회 전체의 후생도 개인의 주관적 만족에 의존하는 쾌락과 고
통의 합산으로 가늠한다. 센은 이를 두고도 전체 후생을 개인의
주관적 효용으로만 합계sum-ranking한다고 일침을 놓는다. 공리주
의에서 주관적 '개인'은 주류 경제학의 방법론이 명제로 삼는 '개
인주의'와 서로 불가분의 관계다.

공리주의와 효용 이론은 모든 인간관계보다는 재화와 개인 간
의 효용적 관계에만 초점을 둔다. 개인의 효용이 합산되어 전체적
으로 쾌락의 정도만 많으면 된다. 현대 경제학의 신고전학파는,
결과·개인·주관을 강조하며 과학적 실증 경제학이라는 이름

속에서 가치판단이나 윤리를 사회과학에서 추방하는 도구적 합리성으로 무장했다. 당연히 인간 모델도 경제학의 합리성을 따르는, 즉 최소 비용으로 최대의 쾌락(만족·효용)을 추구하는 호모 에코노미쿠스를 전제로 하고 있다. 센은 자기 이익의 극대화는 적어도 비합리적이지는 않다. 그러나 자기 이익의 극대화가 아닌 것을 비합리적이라고 주장하는 것은 아니라고 말했다.

신고전학파 경제학의 합리성은 자기 이해관계 이외의 모든 선택은 비합리적이라 규정하며, 인간의 권리와 의무에 대한 수행에도 관심을 쏟지 않고 모든 선택을 공리주의적 효용에 의해서만 판단하는 것이다.

센은 공리주의와 호모 에코노미쿠스를 비판하고, 이기적 행위와 효용 극대화를 추구하는 호모 에코노미쿠스는 전체의 비극을 초래하는 합리적 바보rational fools라고 했다. 합리적 바보는 정신적으로 빈약한 이기적 인간상이다. 그는 신고전학파 경제학이 인간의 행동 동기와 윤리적 관계를 더 넓게 포함시켜야 한다고 주장했다.

센이 합리적 바보 대신에 제안한 것은 타자의 존재에 도덕적 관심을 갖고, 타자와의 상호 관계를 자기 가치관에 반영해서 행동하는, 즉 사회적 책무commitment를 갖는 개인이다. 책무에는 현실에 적극적으로 참여하고, 약속과 의무와 책임을 수행한다는 의미가 포함된다. 사회적 책무를 갖는 개인은 경제학에 따뜻한 마음을 되돌리고 사회와 정치문제에 경제 윤리의 관점을 부여할 가능성을 제공해준다. 센은 합리성을 자기 이익의 극대화로 보는 시각은 매우 비과학적이며, 실제로 인간 생활에서 요구되는 수많은 협조적 행동과 헌신적 희생을 어떻게 설명할 수 있는지 의문스럽다고 개탄한다.

센은 편협한 공리주의와 실증과학이라는 이름으로 현실을 애써 은폐하는 기존 경제학의 틀을 탈출해서, 스스로 사회적 책무를 지닌 경제학자로서 불평등과 빈곤의 현장에 직접 뛰어든다.

획득 권한의 확대와 민주주의

센코노믹스는 센이 어린 시절 인도에서 목격한 충격적인 현실을 바탕으로 성립되었다. 센은 1943년에 발생한 벵골의 대기근을 직접 목격했다. 어린 나이에 센은 학교 교정에서 굶주려 비틀거리고 심지어 착란상태에 빠져 신음하는 사람을 보고 커다란 충격에 휩싸였다. 길거리에서 굶어 죽는 사람만 200만 명이 훨씬 넘었다. 식민지 인도 시절, 영국 수상이었던 윈스턴 처칠은 벵골 대기근의 원인은 인도인의 경멸적인 습관, 말하자면 "토끼처럼 인구 번식을 꾀하는 선천적 경향 때문"이라고 하며, 문화적 우월감과 편견으로 기근의 진정한 원인을 덮어버렸다.

처칠의 말처럼, 과다한 인구에 비해 식량 생산이 줄어들었다는 사실만으로 대기근의 참상을 설명할 수 있을까? 센은 곡물 생산이 줄어든 것만 가지고는 대기근의 원인을 설명할 수 없다고 비판한다. 여기서 식량 이용량이 줄어들어서 굶어 죽는 사람이 발생한다는 식량 이용 가능량의 감소FAD, Food Availability Decline 이론은 부정된다. 전체적으로 골고루 분배만 잘 된다면 사람이 고통은 받더라도 대량으로 굶어 죽지는 않는다. "악마는 맨 꼴찌부터 잡아먹는다"는 속담처럼, 전체적으로 곡물이 부족하지 않은데도 하층민의 5~10퍼센트가 식량 구입 능력을 갑작스레 상실한 탓에 엄청난 아사자가 발생한 것이었다.

1974년, 방글라데시에서 150만 명이 넘는 사람이 대기근으로 굶어 죽고 질병으로 사망하는 근세기 최악의 사태가 벌어졌다. 대기근이 일어났던 1974년은 방글라데시 국민이 1인당 섭취할 수 있는 식량 이용 가능량이 1971~1975년 기간의 어느 해보다도 많았다. 식량의 이용 가능량이 많았던 해에 대기근이 발생했던 원인은 다른 데 있지 않았다. 센은 개인의 획득 권한entitlement이 박탈된 것에서 대기근의 진정한 원인을 찾았다.[1]

획득 권한은 식량 자원에 직접적으로 접근할 수 있는 권리를 뜻한다. 더 구체적으로 센은 획득 권한을 "한 사회에서 정당한 방법으로 어떤 재화의 묶음bundle을 손에 넣거나 자유롭게 이용할 수 있는 능력과 자격"이라고 정의한다. 달리 표현하면 "사회나 타인에게 부여 받은 권리(재산소유권이나 사회보장 수급권 등)와 기회를 사용해서 개인이 자유롭게 사용하거나 교환할 수 있는 재화(상품)의 다양한 묶음"으로 규정할 수 있다.

1974년 방글라데시의 랑푸르 지역에서 발생한 광범위한 기아와 기근은 독립 신생국의 취약한 인프라와 시장구조로는 대처하기에 역부족이었다. 부패한 관료들은 위기는 일시적이라는 말만

되풀이했다. 곡물 가격은 치솟았다.

농촌 지역에서 홍수가 발생하면 일단 농사가 중단되기 때문에, 남의 논에서 모내기를 하거나 각종 허드렛일을 하는 임금노동자는 실업 상태에 빠진다. 지역의 경기도 싸늘히 식고 전반적으로 고용도 감소한다. 정상적으로 교환되던 임금과 곡물의 상황도 급격히 악화된다. 식량 가격은 가파르게 상승한다. 식량 부족의 공포로 가격은 더욱 올라가고 사재기도 광범하게 벌어진다. 곡물을 창고에 쌓아둔 사람의 소득이 증대하는 불균등한 호황이 발생한다. 먹고살기 위해서 토지와 가축이 헐값에 방매放賣되면서 돈 있는 사람은 거부巨富가 되고 불평등은 더욱 악화된다.

소득이 중단된 농업 임금 실업자는 서서히 굶어 죽고 비농업 노동자도 턱없이 올라버린 곡물 가격 때문에 굶주림에 허덕인다. 상대가격의 변화(상대적으로 값이 싸진 공산품과 비싸진 농산물의 교환 비율 감소)로 수공업자도 위기에 빠진다. 쌀을 사기 위해 자신이 만든 수공업 제품을 내다 팔지만, 공급량이 일시에 증가해 가격은 떨어지고 곡물 가격은 더욱 높아져서 굶어 죽을 상황에 처한다. 농사도 짓고 직물도 짜는 반농반공半農半工 수공업자, 다시 말해 쌀과 직물의 재화 묶음을 골고루 소유한 사람은 수공업 제품의 가격이 떨어지더라도 직접 식량을 지배할 권리를 갖지만 대다수가 그런 획득 권한을 갖지 못한다.

벵골 지방의 어민도 물고기와 곡물의 상대가격 변화로 큰 고통을 겪었다. 이발사 역시 마찬가지였다. 고통스러운 상황에서 사람들이 머리 깎기를 미루자 손님이 급격히 줄어들었다. 어떤 지역에서는 이발과 주식 곡물의 교환 비율이 70~80퍼센트 하락했고, 이발사는 다른 직종의 사람과 마찬가지로 거리로 내몰렸다.

1973년에 10만 명이 사망한 사하라 이남 아프리카의 기근 때는 가난한 목축업자들이 큰 피해를 입었다. 가뭄이 발생하자 사람들은 가죽 제품과 같은 사치재와 고기와 같이 비싼 식품을 소비하지 않았다. 값싼 쌀을 사기 위해 값비싼 육가공품을 내다 팔았지만, 상대가격의 변화로 목축업자가 생존에 충분한 식료품을 구하는 것은 불가능했다. 센의 실증적 연구에 따르면 기근의 피해를 입은 직업 그룹 중엔 농업 노동자가 가장 많았고 어민, 비농업 노동자, 수공업자, 직인職人이 그 뒤를 이었다. 막상 홍수의 피해를 직접 입은 농민이나 소작농은 대열의 맨 꼴찌를 면해 악마의 손길을 피할 수 있었다.

방글라데시는 전체적으로 식량이 부족하지 않았음에도, 한쪽에서는 굶어 죽고 한쪽에서는 곡물을 이웃 나라에 밀수출하는 일이 벌어졌다. 부정부패와 정치적 혼란으로 분배 문제는 실패로 돌아갔다. 홍수에 이어 찾아온 콜레라, 말라리아로 45만 명 이상이 사망했다.

획득 권한은 개인의 경제적 능력에만 국한되지 않는다. 빈곤과 기아는 결코 개인의 책임이 아니기 때문이다. 개인의 획득 권한은 다양한 공적 제도와 사회적 안전망을 통해서 이루어진다. 인도 콜카타의 도시 지역에서는 식료품 배급 제도가 실시되어 농촌의 생활 빈곤자들이 식료품 가격 상승의 피해를 비켜갈 수 있었다. 취약 계층에 대한 공공투자 정책, 사회적 안전망의 구축, 고용보험과 사회보장, 강력한 사재기와 투기 엄단, 물가 안정과 빈민 정책 등은 모두 개인의 획득 권한을 확대시키며, 여기에는 민주주의가 반드시 필요하다.

기근은 자연재해가 아니다. 민주주의의 결여 등 정치적 원인 때문에 일어나는 획득 권한의 붕괴로 발생한 것이다. 인간의 기본 인권이 무너지는 권리 박탈deprivation 속에서는 식량을 구입할 수 있는 획득 권한도 붕괴된다. 언론 자유, 투명한 정보 공개, 민주적 정치 행위, 참여 정치, 복수 정당제도는 국민의 기본적 인권과 획득 권한을 보장하고 엄청난 재난에서 인간의 안전을 보호해준다. 민주주의 국가에는 확실히 기근이 없었다. 식량 생산이나 공급이 현저히 감소된 가난한 민주주의 국가보다 경제 사정이 나은 독재 국가에서 대기근이 발생했다.

1973년 인도의 마하라슈트라에서는 극심한 가뭄으로 발생한 고용 상실을 보상하기 위해 임시로 500만 개의 일자리를 만들어냈다. 노동자의 가족까지 포함한다고 했을 때 500만 개라는 일자리는 매우 많았다. 그 결과, 방대한 지역에서 식량 생산이 급격히 줄었는데도(어떤 지역은 70퍼센트 이상 식량이 감소했다) 사망률이 심각하게 증가하거나 영양실조로 생활이 급격히 악화되지 않았다.[2]

아프리카 남부의 보츠와나에서는 식량 생산이 17퍼센트나 감소하고, 짐바브웨에서는 두 차례에 걸쳐 38퍼센트나 식량이 줄었는데도 전혀 기근이 발생하지 않았다. 같은 기간에 에티오피아는 식량이 11~12퍼센트 정도 감소했는데 극심한 기근을 겪었다. 1958~1961년 중국은 기근 방지에 실패해 3,000만 명이 죽었다.

북한은 현재도 기근이 진행 중에 있다.[3] 독재 권력은 경제적 실패에 어떤 정치적 책임도 질 필요가 없고 국민의 권리를 박탈해도 자리에서 쫓겨나지 않는다. 시민과 여론의 힘을 모아줄 야당이나 기근 방지에 영향을 미치는 정보를 제공해줄 언론도 존재하지 않는다.[4]

시민의 적극적 참여로 형성된 민주주의 제도와 안전보장security 이야말로 기근 방지와 근절에 기여한다는 센의 사고방식은 인간 안전보장의 핵심을 이룬다. 이렇게 볼 때 획득 권한은 "식량과 그 밖에 필요한 생활필수품의 구매력이며 갑작스럽게 박탈된 재화의 지배 권리에서 스스로를 지킬 수 있는 개개인의 구체적 능력"까지도 의미한다.

무엇보다도 빈곤과 불평등을 제거하기 위해서는 정부의 공공 정책과 더불어, 권리의 박탈로 고통 받는 사람이 "기근 근절의 수익자에 멈추지 않고 중요한 행위자"가 되어야 하며 "단순히 오랫동안 고통 받는 수난자가 아니라 정치·경제적으로 기본 인권과 획득 권한을 확대하는 주체"로 나서야 한다. 센이 주장하는 인간 모델은 단순한 수동자the patent가 아닌 개인의 자유 확대와 역량을 강화하는 능동적 행위 주체the agent다.

인간 역량의 강화가 발전의 궁극적 목표

센은 경제 발전에서 민주주의와 자유의 확대야말로 가장 소중한 가치이며, 앞으로도 인류가 계속 지켜나가야 할 진정한 목표라고 밝힌다. 자유와 민주주의는 다른 어떤 보상이나 대가와 맞바꾸거나 훼손되어서는 안 되는 보편적 가치다.

1960~1970년대에 싱가포르와 한국을 비롯한 개발도상국에서 비민주적 권위주의가 경제성장을 촉진했다는 경험적 사례만을 가지고, 동아시아에서는 민주주의와 경제 발전이 양립할 수 없다는 식으로 개발독재를 정당화하기도 했다. 센은 권위주의적 아시아의 가치론을 부정하면서 경제 발전과 자유의 확장은 결코 분리될 수 없다고 단정한다. 균형 잡힌 경제성장의 과실을 누리고 모두가 고루고루 삶의 질을 향유할 수 있는 경제 발전을 위한다면, 자유와 민주주의적 가치는 결코 훼손해선 안 된다.

센이 말하는 발전이란, 사람이 저마다 향유하는 실질적 자유를 확대하고 삶의 가치를 높이는 과정이다. 그가 말하는 자유란, 구속받지 않는 '무제약'이나 타인에게 억압받는 상태를 벗어나는 소극적 자유에서 한층 더 나아가, 인간이 가치 있는 삶을 위해 자신이 원하고 바라는 대로 살아갈 수 있는 적극적 자유를 뜻한다.

자유의 확장은 인간 삶에 장애가 되는 부자유를 제거하는 과정과도 같다. 빈곤, 압제, 빈약한 경제적 기회, 체제의 미비로 인한 사회적 박탈, 부실한 공공시설, 국가의 과도한 억압이라는 장애물을 없애고 모든 사람이 자신의 역량을 키우고 소망하는 삶을 실질적으로 얻어낼 수 있는 자유여야만 한다. 개인의 역량에 기여할 수 있는 도구적 자유는 정치적 자유, 경제적 접근 또는 용이성, 사회적 기회, 투명성 보장, 기근과 같은 재난에 대응하는 안전보장

등을 아우른다.

자유로서 발전development as freedom은 결국, 개인의 잠재 능력을 발휘하고 자신이 바라는 삶을 살아갈 수 있도록 잠재 능력을 키워주는 것이다. 센의 경제학적 사상 체계에서 가장 중요한 개념은 잠재 능력capability이다. 센의 잠재 능력 개념은 우리가 상식적으로 알고 있는 개념과 조금 다르다. 그는 이 개념을 "사람이 좋은 생활이나 양질의 삶well-being을 살아가기 위해서 어떠한 상태being에 있고 싶어 하며, 어떤 행동doing을 하고 싶어 하는지를 결부시킴으로써 그것을 달성할 수 있도록 만드는, 선택 가능한 기능들functionings의 집합"으로 규정한다.[5]

먼저 센은 '빵'의 커뮤니케이션 기능과 향유 능력을 강조하는 영국의 문화경제학자 존 러스킨에게서 많은 것을 끄집어낸다. 러스킨은 빵이라는 재화에는 영양을 섭취하고, 서로 나누어 먹으며 대화를 나누는 2가지 기능이 있다고 했다. 빵을 제대로 먹기 위해서는 재화를 구입할 수 있는 소득이 있어야 하고 또 소화를 시켜 영양을 충분히 섭취할 수 있는 건강 등 기본적인 능력이 있어야 한다. 그다음으로 이제 빵 속에 내재되어 있는 커뮤니케이션 기능을 섭취해야 하는데 그것은 아무나 할 수 있는 것이 아니다. 빵을 먹으며 가족끼리 즐거운 대화를 나누기 위해서는 평소에 민주적으로 대화하는 분위기가 조성되어 있어야 한다. 빵 속에 내재된 커뮤니케이션 기능을 유효한 가치로 전환하기 위해서는 개인의 향유 능력이 그만큼 중요하다는 것이다.

공동체에 참여해 자신의 의견을 말하고 서로 영향을 주고받고,

내가 사는 주변을 더 나은 방향으로 개선하려는 민주적 참여 의식이 사회적 커뮤니케이션을 원활하게 한다. 개인의 잠재 능력은 억압의 부자유를 벗어나려는 자유와 공동체의 민주주의 속에서 무한히 발휘된다. 영양도 섭취하고 즐겁게 대화를 나눌 수 있도록 하는 잠재 능력이 바로 센이 말하는 개인 역량capacity이다.

자전거도 빵과 마찬가지다. 자전거를 무료로 나누어준다고 모두가 원하는 목적지에 갈 수는 없다. 자전거 타는 방법을 모르는 사람도 있고 다리가 불편해서 이용할 수 없는 사람도 있다. 이처럼 상품과 재화에 내재된 특성은 그것을 이용하는 사람의 능력에 따라 다르게 나타난다. 재화의 평등은 능력의 평등과 다르다. 상품이나 재화 그 자체에서 인간이 무엇을 할 수 있느냐의 문제로 옮겨가야 하는 것이다. 장애인에게 손쉽게 이용할 수 있는 자전거를 보급하고 정상적으로 학교에 다닐 수 있는 교육 기회까지 제공해 비장애인과 같은 능력을 발휘할 수 있도록 돕는 것, 즉 선택 가능한 기능을 많이 보유할 수 있게, 능력의 불평등과 부자유를 제거하는 과정이 실질적 자유의 확대로 이어진다.

인간이 선택할 수 있는 다양한 기능의 집합이 많을수록 복지와 행복은 커진다. 센은 인간 복지와 기능에 대해서 "인간이 보람 있고 가치 있는 삶을 살기 위한 방법은, 적절한 영양 섭취, 건강 유지, 병에 걸리지 않도록 하고 조기 사망에서 벗어나는 일과 같은 기본적인 것부터, 행복한 생활, 자기 존중 확보, 공동체 생활에 참여하는 것과 같이 더 복잡한 성취에 이르기까지 다양하다"고 말한다.

센의 빈곤 개념도 여기에서 출발한다. 기존의 경제학이 빈곤을 소득수준과 경제적 능력의 관점에서만 접근했다면, 센은 빈곤을 잠재 능력을 키울 수 있는 기회가 박탈된 상태로 규정한다. 이런 관점에서 센은, 빈곤 국가에 무조건 물자를 원조하지 말고 다양한 기회, 교육, 건강, 영양 상태, 선택을 위한 자유를 배려해 인간의 능력을 키울 수 있도록 해주어야 한다고 밝힌다.

이제 인간은 실질적 자유의 확대 속에서 잠재 능력을 발휘하고, 보람 있는 삶을 위해서 스스로 행동하고 능동적으로 생활하는 주체가 되어야 한다. 능동적 인간은 타자의 존재에 도덕적인 관심을 갖고 타자와의 상호 관계를 자신의 가치관에 반영시켜 행동한다. 센은 인간을 사회적 책무가 가능한 존재로 규정해 경제학에 휴머니즘과 따뜻한 윤리를 불어넣었다. 센코노믹스에서 말하는 인간 행위 주체는, 타인과의 커뮤니케이션 속에서 공감하고 적극적으로 행동하며 자기 행위에 책임을 진다. 불의를 목격했을 때 같이 분노하는 것이 애덤 스미스가 말하는 공감sympathy이라면, 센의 책무는 자신이 손해를 보더라도 직접 정의로운 행동에 나서는 것이다.

잠재 능력과 능동적 행위 주체로서 인간의 역량을 강화하는 것이야말로 발전의 궁극적 목표다. 그것은 동시에 자유의 확대를 의미한다. 우리가 살고 있는 사회의 발전 척도는 잠재 능력의 확대로 선택 가능한 기회의 집합이 얼마나 많아졌는지가 되어야 한다. 개인 역량의 발휘를 방해하는 제도는 당연히 제거되어야만 한다.

'불평등의 시대'를
막기 위한
피케티의 혁명적 제안

혁명적인 피케티의 '자본론'

하나의 유령이 유럽을 떠돌고 있다. 공산주의라는 유령이.

마르크스는 1848년 공산당 선언의 첫머리를 이처럼 굵고 짧게
표현했다. 토마 피케티의 저서 『21세기 자본』도 유령처럼 소리
없이 세계를 떠돌며 거센 열풍을 일으켰다. 피케티의 '자본론'은
혁명으로 불릴 만하다. 미시적 분석과 과학의 엄밀성이라는 방법
론이 지나쳐 수학으로 가득 찬 주류 경제학의 세계를 대담하게 흔
들었고, 세계를 자본과 노동의 대립적 모순으로 바라보는 마르크
스의 패러다임을 한 켠으로 밀쳐놓았다는 점에서 혁명이다.

줄곧 옳다고 여겼던 믿음을 깨뜨리고 기존의 사유 관행을 뒤집
고 있다는 데서 그 혁명성은 더욱 뚜렷이 나타난다. 피케티의 유

령은 속삭인다. 그동안 당신들이 능력껏 열심히 노력하면 마땅히 보상받을 것이라는 시장 지향적 신념은 가짜라고 말이다. 지식사회에서 두뇌와 인적 자본으로 무장하고 창조적 재능만 발휘하면 성공할 수 있다는 믿음도 허구라고 눈짓한다. 피케티는 『21세기 자본』에서 작은 불평등이야 개인의 노력과 재능으로 극복할 수 있겠지만, 거부가 되기 위해서는 재산을 상속받아 눈덩이처럼 불려서 저축하고 쌓아놓은 "비인적 자본nonhuman capital이 18세기에나 21세기에나 결정적이며 필수불가결하다"[1]며 우리가 믿고 있던 기존의 통념을 송두리째 뒤엎는다.

프랑스의 경제학자인 피케티는 파리경제대학PSE의 교수로 잠시 미국에 머물기도 했다. 피케티가 본 미국 경제학은 어린아이가 바깥에서 무슨 소리가 들려도 아랑곳 않고 장난감을 갖고 노는 것처럼, 사회의 근본 문제는 외면하고 수학과 순수이론에 몰두하는 유치함에서 벗어나지 못한 것이었다. 더욱이 인접 사회과학과 협동적 연구도 이루어지지 않았고 역사적 연구는 아예 무시되었다. 미국의 경제학자들은 현실 문제에 대해 아는 것이 거의 없는데 대접만 받으려는 오만한 경제학자일 뿐이라고 피케티는 비판한다. 이후 피케티는 쓸모없는 수학 문제에서 벗어나 역사와 사회에 대한 깊은 이해를 바탕으로 불평등과 소득분배 연구에 매진했고, 동료 교수들과 과거의 통계 데이터를 축적하는 방대한 작업을 수행해 마침내 『21세기 자본』으로 피케티 혁명을 일으켰다.

발자크의 시대로 복고하는 자본주의

프랑스 소설가 오노레 드 발자크Honore de Balzac는 1835년에 『고리오 영감』을 펴냈다. 이 소설의 주인공 라스티냐크는 가난한 귀족 집안의 출신으로 법학을 공부하기 위해 파리로 유학을 간다. 그는 보케르 부인의 하숙집에서 기거하면서 상류사회로 진입하기 위해 갈망을 불태운다. 이런 라스티냐크에게 하숙집에 함께 기거하는 정체불명의 사나이 보트랭은 충고한다. "자네에게 후견자가 없으면 시골 재판소에서 썩거나, 아니면 잘해서 서른 살까지 법복을 안 벗으면 연봉 1,200프랑의 법관이 되고 마흔 살에는 연수年收 6,000프랑의 지참금을 가진 딸과 결혼할 뿐일세."

보트랭은 학문과 재능으로 검사가 되어 성공하는 것은 환상일 뿐이라고 라스티냐크에게 일침을 가한다. "인형극에 속지 않으려면 인형극이 펼쳐지는 안쪽까지 들어가야 하는 것처럼" 상류사회로 진입해 성공하고 부자가 되기 위해서는 빅토린과 같이 지참금이 많은 아가씨와 결혼하는 것이 첩경이었다. 100만 프랑의 부자 상속녀와 결혼하면 5퍼센트의 자본수익률로 따져 매년 5만 프랑을 연금으로 받는다. 당시 평균 소득의 100배에 달하는 이 돈은 호화로운 생활을 누릴 수 있는 금액이었다. 라스티냐크가 불확실한 상황에서 온갖 노력을 다해 파리에서 스무 군데밖에 없는 검사장 자리를 100 대 1의 경쟁률을 물리치고 차지하더라도, 연봉은 중산층의 평균인 5,000프랑이었다.

원래 빅토린의 아버지는 딸에게 한 푼도 주지 않고 모든 재산을 오빠에게 물려줄 생각이었다. 보트랭은 라스티냐크에게 "그 오빠를 어떻게든 결투에 초대해서 죽게 만들 터이니, 성공하면 당신은 나에게 100만 프랑 중 20만 프랑을 주겠는가?"라고 제안한다. 작가 발자크는 부를 향한 끝없는 상승 욕구의 이면에 음모와 책략이 난무하고 있음도 보여준다.

딸을 부잣집에 시집보내려는 부모의 열성과 유산상속에 따라 이합집산하는 군상들을 그려낸 제인 오스틴Jane Austen의 소설도 피케티가 자신의 논지에 설득력을 더하는 장치로 등장한다. 발자크와 오스틴의 시대에는 귀족과 금리생활자rentier들이 부유한 생활을 누렸고, 최상위 1퍼센트에 진입하는 지름길은 유산상속을 받는 것이었다.

피케티가 『21세기 자본』에서 예화로 든 발자크와 오스틴의 시대는, 지적 노력과 열정의 대가로 떳떳한 사회적 위치를 확보하고 노동의 한계생산력을 정당하게 얻는 가치 균등의 시대가 아니었다. 유산상속 같은 거대 자산을 획득하기 위해 치열하게 암투를 벌이는 세습 사회의 불평등 구조가 민낯으로 드러난 사회였다. 피케티는 노동과 생산을 통한 소득의 흐름flow보다 19세기 부잣집 상속녀의 재산 같은 부의 스톡stock이 많은 돈을 벌어들이고, 그것이 다시 상속되는 세습 자본주의patrimonial capitalism에서 21세기 불평등의 원인을 끄집어낸다.

제2의 벨 에포크가 도래한다

부의 스톡이 소득 흐름을 압도해 불평등이 심화되는 19세기 중후
반을 벨 에포크belle époque(화려한 시대)라 부른다. 19세기 중반에
서 20세기 초까지 유럽은 풍요롭고 평화로운 벨 에포크였으며,
미국도 남북전쟁 이후 사치와 향락으로 분칠되는 도금시대Gilded
Age가 지속되었다. 풍요의 겉모습은 에펠탑, 인상파 화가, 록펠러,
포드자동차가 상징하듯 화려했지만 속으로는 부(자산)와 소득이
일부 계층에 몰려 빈부의 격차와 불평등이 심화되고 있었다.

벨 에포크와 도금시대 이후 경제가 발전하면서 소득 격차가 완
화되어야 했지만, 장기 통계로 볼 때 거꾸로 불평등이 더욱 심화
되는 현상이 나타났다. 1914년부터 1945년까지는 세계대전과 대
공황으로 국가의 강력한 재분배정책이 시행된 덕에 세계적으로
불평등이 완화되는 매우 예외적인 시기였다. 반면 1980년대부터
현재까지의 통계를 보면 부자들의 세습에 따른 자본소득 향상으
로 불평등이 심화하고 있음을 알 수 있다. 피케티는 우리 시대가
벨 에포크로 퇴행하고 있다고 분석한다. 제2의 벨 에포크라고 이
름 붙인 시대가 도래하고 있는 것이다.

피케티는 우선 자본 대 소득의 비율(β), 즉 '현재의 총자산이 국
민소득의 몇 배를 차지하는가($\beta=W/Y$)'라는 기본 법칙으로 불평
등의 구조를 읽어낸다. 자본(부)은 스톡貯量의 개념으로 욕조에 담
긴 물과 같다. 소득은 플로流量의 개념으로 수도꼭지에서 쏟아지
는 물과도 같다. 한 해 동안 사용하고 남은 수돗물은 욕조에 담겨

스톡이 된다.

소득은 한 해 동안 생산되고 분배된 재화의 총량(환산된 시장가격)이며 국내총생산GDP을 가리킨다. 자본은 국민 전체가 보유하고 있는 자본 총액(총자산)이다. 한 해 동안 소비되지 않고 남은 GDP는 저축 형태를 통해 자본 총액으로 흘러들어 자본 스톡이 된다. 소득이 많을수록 저축 성향도 크기 때문에 해마다 부자들의 자본 스톡은 점차 증가한다.

자본 스톡은 자본수익률을 지렛대로 삼아 자본소득을 낳는다. 자본소득은 기업 이윤, 배당, 이자, 임대료, 자산 매각 수익 등 금융자본과 자산을 포함해 거둘 수 있는 모든 수익을 포함한다. 자본수익률의 값이 일정하더라도 자본 스톡의 크기가 커지면 돈이 돈을 버는 식으로 자본소득은 눈덩이처럼 커진다. 따라서 부자는 더욱 부자가 된다. 피케티의 기본 법칙으로 정리하면 소득에 대한 자본의 비율이 높을수록 자본수익률(r)은 더욱 힘을 발휘하고 국민소득에서 차지하는 자본소득의 비중(α)도 걷잡을 수 없이 증가한다($\alpha = r \times \beta$).

역사적 통계로 보면 불평등이 심화된 1910년대 벨 에포크의 자본 대 소득 비율은 700퍼센트였다. 영국에서는 상위 10퍼센트의 부자가 전체 부의 90퍼센트(이 중에서 상위 1퍼센트가 전체 부의 70퍼센트를 점유)를 차지할 정도였다. 그러다가 두 차례의 세계대전과 대공황 과정에서 재산이 파괴되고, 높은 인플레이션과 자본에 대한 과세 등 강력한 재분배정책에 힘입어 자본 대 소득의 비율은 200퍼센트 수준까지 떨어졌다.

1930년대 미국에서도 자본 대 소득의 비율은 하락했다. 대공황의 과정에서 자산가치가 소멸했고 국가적으로 뉴딜 정책이라는 강력한 개입 정책이 실시되었기 때문이다. 뉴딜 정책의 핵심은 불평등을 줄이기 위한 광범위한 경제 개혁과 사회복지 정책이었다. 부자와 기업의 법인세를 올리고 사회보장제도, 구호 사업, 실업자 구제를 위해 막대한 재정 예산을 투입했다. 노동조합의 단체교섭권을 인정해 노동자의 지위를 개선했고, 임금 인상과 노동시간 단축으로 실질소득을 향상시켜 국가 전체의 구매력 증대로 이어지게 했다. 자유시장경제를 훼손시킨다며 위헌판결을 받을 정도로 강력한 뉴딜 정책으로 미국 경제의 불평등은 크게 완화되었다. 2008년 노벨 경제학상 수상자인 폴 크루그먼Paul Krugman은 뉴딜 정책 이후부터 1970년대까지를 미국이 불평등 구조를 줄였던 '대압착의 시대'라고 부른다. 여기에는 대공황Great Depression을 대압착Great Compression의 계기로 삼았다는 의미가 숨어 있다.

불평등의 역사를 추적하다

한국도 일제강점기부터 온존하던 반(半)봉건적 대지주인 지배 세력들이 한국전쟁과 토지개혁으로 소멸되어 토지 자산의 불평등이 해소되었다. 토지개혁은 지주의 토지를 유상으로 매입해 소작농에게 유상으로 분배하는 방식으로 이루어졌다. 지주들은 토지라는 자본 스톡을 내놓는 대가로 언제든 유동화가 가능한 지가증권을 보상으로 받았다. 지가증권은 일종의 채권으로 자본 스톡에 해당하는데, 당시의 높은 전시인플레이션으로 자산 가치가 급락했다. 지주들은 지가증권을 보유하거나 자본 스톡으로 투자하기보다는, 더 가치가 떨어지기 전에 헐값에 팔아치우는 플로 상태로 유동시켰다. 한국에서 지주와 소작인의 봉건적 불평등 관계가 크게 완화된 매우 예외적인 시기가 이때다.

이 같은 미국과 한국의 사례는 모든 세습 자본과 경제적 불평등 구조는 국가의 정치적 개입을 통해 평탄화된다는 경제사적 사례라고 볼 수 있다. 1970년대 중반 이후로 세계적 만성 불황을 맞아 시장 자유주의가 부활했고 정치 불간섭과 규제 완화로 경제적 불평등이 심화된다.

1980년대 이후로는 세계적으로 자본축적이 재개되어서 2010년의 자본 대 소득의 비율은 벨 에포크처럼 다시 500~600퍼센트로 증가했다. 자본소득이 커짐에 따라 부와 재산의 분포 역시 최상위 계층에 집중적으로 쏠리는 과두화 현상이 위험스러울 정도가 되었다는 것이 피케티의 경고다. 한국만 하더라도 자본 대 소득 비율이 2000년에 580퍼센트였는데, 2012년에는 세계적으로 유례가 없이 750퍼센트까지 치솟았다.

문제는 자본 대 소득 비율의 크기에만 있지 않다. 자본 스톡이 소득 플로 또는 GDP의 속도보다 빠르게 증가하는 과정에서 부가 집중되고 불평등이 더욱 심화된다는 데 있다. 달리 말해 GDP의 증가율 또는 경제성장률(g)이 낮아지고 저축과 자본수익률(r)이 일정 수준을 유지하는 r〉g의 상황이 꺾이지 않는 이상, 부자의 돈벌이는 더욱 커진다는 말이다. 예를 들어 매년 비가 넉넉하게 오면 집안마다 욕조에 물이 가득 차든 그렇지 않든 모든 사람이 빈부의 차이를 크게 느낄 수 없지만, 가뭄이 계속되면 사정은 달라진다. 빈곤한 사람은 수돗물의 양flow이 줄어들고, 욕조에 물이 넉넉히 담긴 부자들은 상대적으로 빈곤한 사람과 더욱 격차가 벌어지게 되며, 증가된 스톡으로 더 많은 부를 누릴 수 있는 기회를 얻는다.

피케티는 r〉g를 가지고 방대한 자료 속에서 불평등의 역사를 추적한다. 1700년대의 세계 평균 성장률은 0.1퍼센트대에 지나지 않았지만 1820~1913년에는 1.5퍼센트대로 올랐으며 이후 3.0퍼센트대에 올라선 것이 2013년까지 지속되었다. 20세기의 3.0퍼센트 경제성장률은 더는 지속되지 않고 내려갈 전망이지만, 자본수익률은 발자크 시대의 4~5퍼센트 이하로 떨어질 가능성이 거의 없다는 것이 피케티의 해석이다.

현재의 분배 상태에 대한 미래적 전망 역시 밝지 않다. 앞으로도 자본수익률이 4~5퍼센트 이하로 내려가지 않고 경제성장률이 1~2퍼센트대를 유지한다면, 자본 대 소득의 비율은 높은 수준으로 올라가고 자본 스톡에서 발생하는 소득의 비중도 함께 커진다고 전망한다. 결국 세습 자본주의는 더욱 강고하게 되고 세계적으로 불평등의 추세는 더욱 확산될 것이다.

피케티는 자본수익률이 성장률보다 높다는 것을 '자본주의의 중심적 모순'이라고 부른다. 어떤 형태로든 자본소득의 비중과 자본수익률을 줄이지 않고서는 현대 자본주의에 내재한 성장과 분배의 동학動學은 불평등으로 갈 수밖에 없다는 우울한 메시지를 전달한다. 어찌 보면 인구 증가와 식량 한계의 자연법칙을 사회에 철저히 적용했던 토머스 맬서스Thomas Malthus의 『인구론』이 경제학을 '음울한 과학dismal Science'으로 만들었던 것과도 궤를 같이 한다.

세습 자본주의에 대한 피케티의 처방은 의외로 단순하지만 모든 책임을 그의 몫으로만 돌릴 수는 없다. 오늘의 불평등 시대를 300년간의 방대한 통계로 실증하고 대담한 화두를 던진 것만으로도 그의 역할은 충분하다. 피케티는 거대한 자본 스톡과 자본수익률을 줄이고 발자크와 오스틴의 시대로 복고하는 세습 자본주의를 규율하기 위해서 복지국가의 건설, 누진소득세, 글로벌 자본세의 도입을 제안한다.

베블런으로 피케티 읽기

피케티의 주장에 대한 반론은 이데올로기에 따라 찬반양론이 첨예하다. 부wealth와 자본capital의 혼동, 통계적 오류, 세습 자본의 성격, 자본과 노동의 한계대체율, 자산가격 거품의 외면, $r > g$의 경향성이 문제로 지적된다. 더불어 불평등의 원인을 제대로 밝혀내지 못했다거나 글로벌 자본세 도입의 처방이 비현실적이라는 비판도 제기된다.

일단 오늘날의 자본주의가 불평등 현상을 통해 제2의 벨 에포크와 세습 자본주의로 퇴행하고 있다고 한 피케티의 주장은 주류 경제학에 충격을 주었다. 이것은 애덤 스미스와 마르크스를 뛰어넘는 과감한 도전으로 경제사상사에서 하나의 분수령을 차지할 것이다. 19세기 미국의 도금시대에 베블런 역시 당시의 기존 신고전학파 경제학에 정면으로 도전해 충격을 주었다. 당대 경제학의 허위의식을 폭로했다는 공통성 위에서 베블런의 시선으로 피케티를 읽어보는 것도 흥미로울 듯싶다.

베블런이 살았던 당시, 석유의 존 록펠러John D. Rockefeller, 철강의 앤드루 카네기Andrew Carnegie, 금융의 존 모건J. P. Morgan, 철도의 윌리엄 밴더빌트W. K. Vanderbilt 등 유명한 부자들은 모두 거대한 법인 기업과 독점 지배로 거부를 쌓았다. 심지어 록펠러의 재산은 당시 미국 경제의 1.53퍼센트를 차지하고 있었다. 19세기 중반 부자들에 대한 사회적 원성을 두고 미국의 역사가 매슈 조지프슨Matthew Josephson은 '날강도 귀족Robber Barons'의 시대라고 표현했다. 마르크스와 동시대를 살았던 혁명가 피에르 프루동Pierre Proudhon은 "재산이란 도둑질theft한 것"이라고 선언해서 충격을 주었는데, 이것을 개척기 미국 사회에 대입해보면 결코 허구적 발언은 아니었다.

당시 미국의 경제학은 현재 존재하는 모든 것을 정당화했다. 오늘의 악덕 부자들도 자유와 경쟁을 통해 탄생한 것이며 애덤 스미스의 보이지 않는 손이 작용한 필연적 결과였다. 베블런이 비판했던 그의 경제학 스승 존 베이츠 클라크John Bates Clark는 『부의 분배The Distribution of Wealth』에서 "사회의 소득분배는 자연법(칙)

에 따라 조정되어야 한다"며 기존의 재산권 제도가 소득을 공정하게 분배한다고 보았다. 이 책에서 시작된 한계생산력설은 여러 이론적 수정을 거쳐서 오늘날 주류 경제학에서도 값진 분배 이론으로 신봉 받고 있다.

한계생산력의 개념은 '노동이나 자본의 생산요소는 생산에 기여한 만큼의 보수를 받는다'는 자연조화론에 입각한다. 일정 조건에서 노동 단위를 추가로 투입해 생산되는 노동의 한계생산물 가치는 항상 임금과 일치할 때 최대의 효율과 균형 조건이 성립한다. 시장의 자동조절적 메커니즘에서 모든 생산요소의 대가가 저절로 결정된다고 믿는 주류 경제학은 굳이 분배 문제에 끼어들 필요가 없다. 한계생산력설에서 자원의 효율적 배분allocation은 곧 최선의 분배distribution와 같기 때문이다.

베블런은 신고전학파 경제학이 "모든 소득의 원천은 사회에 대해 유익한 공헌을 표시한 것이며, 소득을 발생시키는 것은 어떤 것이든 사회적으로 무용하거나 또는 무익할 수 없다"는 공리주의적 입장에서, 현재의 모든 독점적 부와 비정상적인 소득까지 정당화한다고 비판했다. 베블런은 자본이 갖고 있는 약탈적 실체를 파고들어 자본가와 부자들에게 충격을 안겼다.

자본은 생산의 효율성을 높이는 실체가 아니다. 오히려 비효율과 전략적 사보타주Sabotage(홍기빈은 이 용어를 산업 활동에 '깽판 놓기'라고 표현한다)를 통해 영리를 추구한다. 자본은 영리 추구를 위해 효율성은 물론 양심까지도 저버리는 약탈적 본능을 갖고 있는 것이다. 베블런은 자본의 독점적 이익 창출과 약탈적 성향을 표현하기 위해 자본가 계급을 기득권자, 부재 소유자Absentee ownership, 유한계급, 산업의 약탈적 지배자captain of industry등으로 다양하게 불렀다.

피케티의 접근 역시 한계생산력설에 근거한 신고전학파 경제학의 균형론과 분배 이론에 수정을 가한다. 역사 통계에서 드러난 자본주의의 역사는 사이먼 쿠즈네츠Simon Kuznets의 가설과 정면으로 배치된다. 쿠즈네츠 가설은 경제 발전의 초기 단계에 소득 격차와 불평등은 어쩔 수 없이 높은 상태가 되지만, 산업화와 성장이 궤도에 오르면 완화된다는 낙관론을 담고 있다. 쿠즈네츠 곡선은 사발을 엎어놓은 종 모양bell curve이라 '역 U자 가설'이라고도 한다. 그는 쿠즈네츠의 가설은 틀렸고 오히려 U자 모양으로 산업화와 경제 발전이 진행될수록 불평등은 다시 높아져 고착화된다고 본다. 자본과 부의 규모는 점차 커지고 자본소득 역시 증가함에 따라 상대적으로 노동소득은 줄고 불평등은 더욱 심화된다는 것이다.

피케티는 "제한 없는 경쟁이 세습inheritance을 끝내고 능력주의 세계로 우리를 이끌 것이라는 생각은 위험한 환상이다"라고 말한다. 피케티는 자신의 능력에 따라 창출한 가치가 제대로 보상받는다는 능력주의meritocracy는 신화에 불과하다며 주류 경제학의 방법론과 신념 체계를 근저부터 흔들어놓았다.

주류 경제학에 충격을 준 피케티의 도전

피케티와 베블런은 서로 깊이와 차원은 다르지만, 벨 에포크의 불평등한 분배 현실을 외면하고 오히려 현존의 질서를 정당화했던 주류 경제학에 커다란 충격을 안겨주었다. 마르크스가 생산 과정에서 자본이 노동을 어떻게 착취했는지를 밝히고자 했다면, 피케티와 베블런은 부자들이 사회를 불평등하게 몰아가는 자본주의 내면의 모순을 파헤치고자 했다. 그런 까닭에 두 경제학자들은 자본의 범주를 부와 재산으로 확대한 것이다.

피케티는 전통적 실물 자본(마르크스의 생산 자본)에 더해, 소유권이 발생해 시장에서 교환될 수 있는 모든 비인적 자산을 자본으로 간주했다. 주거용 토지를 포함해 부동산, 금융자본, 기업과 정부 기관이 활용하는 공장, 인프라, 기계류, 특허권, 지적재산권 등의 비물질적immaterial 자본도 자본의 범주에 넣었다. 피케티의 자본은 재산과 부의 개념에 가깝다. 자본소득과 노동소득으로 번 돈과 주식 가치가 오르고 집값과 공장 부지가가 상승해 벌어들인 모든 재산을 자본으로 보는 것이다. 피케티가 자본을 부의 개념으로 확장한 것은 자본 스톡의 규모가 자본주의 사회에서 발휘하는 위력을 감안해, 자본이 자본을 불리는 과정에서 발생하는 분배의 불평등을 살피고자 했기 때문이다. 그런 점에서 로버트 솔로Robert Solow나 데이비드 하비에 이르기까지, 좌우 경제학자들이 피케티가 자본과 부의 개념을 혼동하고 있다고 지적한 것은 더 엄밀한 논의를 거쳐야 한다.

피케티는 자본 스톡의 크기에 관심을 두는 데서 멈춘다. 자본 스톡 또는 거부들의 재산이 어떻게 동태적 권력으로 작용해 자본주의 사회를 불평등한 구조로 몰아갔는지에 대해서는 말하지 않는다. 자본 스톡은 정태적 크기만으로 불평등한 현실을 만들어내지 않는다. 존 러스킨의 지적대로 자본은 "내 호주머니의 금화 한 닢은 상대방이 한 푼도 없을 때" 더욱 힘을 발휘한다. 베블런은 자본이 정치·경제적 권력과 독점 지배력을 통한 약탈 본능을 발휘한다고 생각했다. 마르크스와 주류 경제학이 자본의 가치를 생산에서 찾는다면 베블런은 '남을 배제할 수 있는 독점 소유권'에서 그것을 찾았다.

자본은 또한 자신의 약탈 행위를 은폐하고 지배 행위를 정당화하기 위해서 문화 이데올로기적 권력을 행사한다. 노동자와 가난한 사람이 부자들의 자본소득에 이의를 달지 않도록, 그들이 빈곤한 까닭이 무능력과 시장에서 창조성과 희소가치를 인정받지 못했기 때문이라는 식의 문화 이데올로기적 장치를 적극 가동한다. 미디어의 기업 광고도 단순한 마케팅을 벗어나 부자와 성공한 사람을 정당화하고 이왕이면 본받도록 유도한다. 베블런의 '경쟁적 모방emulation'이 여기에 속한다. 현존 질서를 올바른 것으로 여기도록 세뇌하고 순응하도록 만드는 것도 자본의 문화 권력이다. 지금껏 주류 경제학을 연구하는 경제학자들이 수학적 모형의 순수 이론에 갇혀, 불편한 현실을 외면하고 자본권력의 정당화 작업에 가세했음은 물론이다.

자본의 문화 이데올로기와 정치·경제적 권력은 베블런의 자본권력과 약탈성에서 좀더 구체적인 논의를 찾을 수 있다. 피케티의 부족한 측면을 베블런에게서 구하고자 하는 노력도 필요하다. 피케티 열풍이 일회성에 그치지 않으려면, 이를 새로운 정치경제학의 틀을 구축하는 계기로 삼아 발자크와 오스틴의 시대에서 탈출하는 동력으로 삼아야 한다.

자본권력과
세습 자본주의를 비판한
'21세기 자본'

'죽은 노동'과 '산 노동'

오늘날 자본주의 사회를 살아가는 우리는 모종의 불안감에 앞을 향한 발걸음마저 떼어놓기 두렵다. 과거는 뱀파이어처럼 현재의 진액을 빨아들여 영생을 누리려 하고 우리는 좀비처럼 휘청거린다. 과거와 현재와 미래는 균형감을 갖고 순차적으로 시간의 흐름을 타야 한다. 과거가 현재를 짓눌러버리면 오늘은 더는 나가기를 멈춘다. 거꾸로 과거를 망각해버린 현재는 미래의 방향을 상실한다.

자본주의 경제에서 과거와 현재, 미래는 정연하게 계산 가능한 질서이며 원인과 결과가 인과응보적인 논리에 따라 전개된다. 그러나 순조로운 시간의 흐름이 어긋나고 뒤틀리면 합리적인 계산 가능성과 인과 질서는 균열되고 미래는 불투명하게 바뀐다.

피케티와 베블런은 과거의 무게가 현재를 억압하고 있다고 비판한 점에서 공통적이다. 피케티는 시간이 갈수록 커지는 자본 스톡이나 자산의 크기를 불평등의 핵심으로 지적한다. 나아가 과거의 자본 스톡이 벌어들이는 자본수익률이 현재의 생산 소득과 경제성장을 갉아먹고 있어 자본주의 사회의 미래를 암울하게 만든다고 전망한다.

베블런은 자본의 성격을 과거 공동체 사회가 쌓아놓은 기술과 지식에 독점적 소유권을 설정하는 권력으로 규정한다. 신고전학파의 주류 경제학이 찬양하듯 이윤은 자본이 성실하게 벌어들이는 보상이 아니다. 베블런은 이윤을 독점적 권력의 지대로 간주해 자본의 정당성을 부정한다. 이때 피케티의 자본수익률return은 거대한 자본 스톡이 소유 권력을 통해 거두어들이는 지대rent가 되기도 할 것이다.

마르크스라고 예외는 아니다. 그는 과거 인간의 활동이 만들어 낸 고정자본을 죽은 노동dead labor이라고 불렀다. 고정자본은 현재의 산 노동living labor을 흡수해 끊임없이 과거의 불변자본 또는 죽은 노동으로 만들어가고 다시 현재를 계속 빨아먹는다. 마르크스는 "자본은 죽은 노동이다. 그건 마치 뱀파이어처럼 산 노동의 피를 빨면서 살아간다"고 말한다.

시간이 흐를수록 과거의 힘이 커지는 것은 당연하다. 그렇지만 과거의 뱀파이어가 끊임없이 덩치를 키우도록 방치하면 현재는 좀비가 되어버리고 미래는 더욱 피폐해질 뿐이다. 과거는 현재를 살아가는 모든 구성원이 공동으로 쌓은 자산이므로, 소수에 집중

되기보다는 모든 사회 구성원이 골고루 향유할 수 있어야 한다. "죽은 노동은 당연히 공유되어야 한다. 우리는 100만 년 이상의 역사에 먼지보다도 더 작은 한 톨의 기여를 덧붙일 뿐이다. 그런데 감히 찰나의 1퍼센트에 불과한 자들이 공유 자산을 독점하고, 심지어 미래의 인류가 누려야 할 자산마저 파괴한다는 건 말이 안 된다."[1]

피케티, 베블런, 마르크스 모두, 과거의 무게가 현재를 짓누르지 않도록 거대한 기획grand design을 통해 뱀파이어의 세계에서 하루바삐 벗어나야 한다고 지적한다. 특히 지식경제 시대에, 과거 인류가 함께 노력해서 쌓아온 거대한 지식과 기술 유산을 사회 공동체에 되돌려주는 환원 시스템을 만들자고 주장하는 지식유산 이론the knowledge inheritance theory도 베블런과 피케티의 범주에 속한다.

누구의 자녀로 태어났는가?

이미 언급한 것처럼 19세기 발자크 시대 유럽에서 엄청난 소득 불평등은 과거 유산의 상속과 거의 불로소득이라 할 수 있는 자본 수익의 발생에 따라 심화된 것이었다. 두 차례의 세계대전과 대압착의 시대에 이루어졌던 자본 파괴와 초인플레이션 등의 역사적 사건들은 유산을 통한 금리생활자의 삶을 팍팍하게 만들었다. 잠시 동안이지만 1950~1960년대가 되자 자본 스톡의 크기도 작아지고 전체 국민소득 대비 유산의 비율도 급격하게 떨어졌다. 이런 상황에서 미래의 소비 자금으로 쓰기 위한 저축과 자산에서 불평등의 원인을 찾고자 하는 프랑코 모딜리아니Franco Modigliani의 생애 주기 가설이 등장한다. 모딜리니아에 따르면, 사람의 소득은 생애 전반 내내 고르지 않기 때문에 노동소득이 적은 초기에는 차입을 하지만 중년기에는 빚을 갚고 나서 노후 대비용으로 저축한 돈으로 일생 동안 표준적인 생활을 누리고자 한다. 이때 소득의 불평등 차이는 은퇴 뒤 소비를 위해 저축해놓은 재산이나 자산 축적의 크기에서 비롯된다. 물론 개인은 저축했던 돈과 자산을 노후에 모두 소비해, 사망 시점이 되면 자산은 제로 상태가 되어 자식에게 남겨줄 돈은 한 푼도 없어진다.

모딜리아니에게 불평등의 원인은 생애 주기에 따라 소비지출과 저축을 고려하는 세대의 배분에서 발생하는 것이지, 계급이나 유산상속과도 같은 순수 경제 모델 밖의 문제가 아니었다. 불평등은 곧 개인의 탓이라는 모딜리아니의 가설에 피케티는 "부의 불평등을 노동으로 얻은 소득의 불평등에서 찾는 작업은 거의 의미가 없다. 그렇게 되면 사회적 불평등을 개인적 노력이나 노동의 관점에서만 바라보게 된다"고 비판한다.

1980년대 이후 사회적 불평등의 근본 원인은 개인의 노력이나 재능보다는 누구의 자녀로 태어났는가 하는 유산상속에서 찾아야 한다고 피케티는 밝힌다. 제2의 벨 에포크에 자본축적이 다시 왕성해지고 과거의 유산상속과 자본 스톡이 세습 자본주의를 낳는 상황에서 모딜리아니의 가설은 피케티의 논의 속에서 기각되어버린다.

유산상속의 중요성은 살아 있는 사람의 부 대비 사망 시점에서의 부의 비율(μ)을 따져보면 간단하게나마 알 수 있다. 모딜리아니의 생애 주기에서 과거 왕성한 시기에 저축했던 자산은 은퇴 뒤에 점차 소비되어 감소하다가, 사망 시점에 이르면 μ값은 거의 제로에 가까워진다. $\mu=0$은 노후에 돈을 모두 써버려서 유산으로 상속할 재산이 한 푼도 남아 있지 않는다는 이야기다.

피케티는 역사적 통계로 생애 주기 가설을 뒤엎는다. 실제적으로 프랑스에서 μ값은, 제로는커녕 1820년대부터 현재까지 제2차 세계대전 기간(1940~1950)을 제외하고는 언제나 100퍼센트를 훨씬 상회했다. 죽은 자가 남겨놓은 재산이 살아 있는 사람의 모든 부를 훨씬 웃돈 것이다.

연령별로 부의 상황을 봐도, 나이가 들수록 젊었을 때 축적했던 자산과 저축이 소비지출로 점점 감소하는 것이 아니라 오히려 증가 추세에 있었다. 유산상속용의 자본 스톡이 늘어난 셈이다. 예를 들어 2010년 프랑스에서 50대를 기준(100퍼센트)으로 볼 때 60대는 111퍼센트, 70대는 106퍼센트, 80대 이후는 134퍼센트로 부가 증가했다. 60대 이후는 노동소득을 통해 부를 축적한다고 보기 어려우며 나이가 들수록 자산이 많아진다는 것은 모두가 자본 스톡에 의한 부, 즉 돈이 돈을 버는 자본소득으로 축적한 부라고 할 수 있다.

사망 시점과 노후에 증가하는 부와 자본 스톡은 당연히 증여와 상속으로 이어진다. 유럽에서 국민소득 대비 상속재산의 비율은

1970년대부터 가파르게 증가해 2010년에는 프랑스가 13~14퍼센트, 영국이 8퍼센트, 독일이 10~11퍼센트에 이르고 있으며 더욱 증가할 것으로 전망된다. 다른 차원에서 미국에서는 1970~1980년대 민간자본 중의 50~60퍼센트를 상속된 부가 차지하는 것으로 나타났다. 상속된 자본 스톡이 낳은 세습 자본주의는 돈이 돈을 버는 구조를 더욱 가속화해 소득에 대한 자본 비율을 더욱 높이게 될 것이 명확하다.

모딜리니아의 생애 주기 가설에서는 불확실한 미래 생애가 현재의 소비와 저축을 결정한다. 거꾸로 피케티의 세습 자본주의에서 현재의 소비는 미래가 아니라 과거가 결정한다. 말하자면 부유한 가문에서 태어난 과거의 생애가 현재의 소비와 저축을 결정한다고 보았다.

자본수익을 위한 전략적 사보타주

피케티는 과거 300년 동안 자본수익률이 경제성장률을 앞질렀던 r>g의 상황이 앞으로도 지속되어 불평등과 소득분배구조는 더욱 악화될 것이라고 내다본다. r은 이윤, 배당금, 이자, 지대 등 토지나 건물, 주식이나 채권, 공장이나 설비처럼 저절로 수익을 내는 자본소득을 말한다. 일반 노동소득은 GDP의 증가에 따른 경제성장률의 속도와 같다. r>g의 부등식에서 자본소득은 노동력밖에 가진 것이 없는 일반 국민의 소득을 앞지르기 때문에 자본 스톡의 크기는 커지고 상위 톱 랭크의 소수 계층에 집중될 수밖에 없다.

과거의 방대한 데이터 속에서 관찰되었던 r〉g의 경향이 미래에도 지속될 것이라는 피케티의 전망은 베블런에게서도 확인할 수 있다. 베블런은 r〉g의 부등식이라는 공식을 직접 사용하지 않았지만, 자본권력과 소유권 독점의 본질로 봐서 자본수익률은 본질적으로 경제성장률을 웃돈다고 보았다.

베블런과 그의 영향을 받은 정치경제학자 조너선 닛잔Jonathan Nitzan과 심숀 비클러Shimshon Bichler에 이르기까지, 자본의 본질은 단순히 순수 경제적 영역에만 머무는 존재가 아니라 사회적 관계를 전반적으로 구조화하고 지배하는 권력으로 규정된다.

베블런은 자본주의 세계를 영리 활동business과 산업 활동 industry의 영역이라는 이분법으로 접근해 자본의 약탈성과 횡포를 설명한다. 조금 이야기를 돌려보기 위해 일본에서 경영의 신으로 추앙받는 마쓰시타 고노스케松下幸之助 자서전 『영원한 청춘』의 한 대목을 떠올려보자.

어느 날 마쓰시타가 절간을 다녀오다가 목이 말라서 두리번거렸다. 마침 근처에 수돗물이 있는 집을 찾았더니 대문만 열려 있었다. 주인도 없고 해서 조심스레 물만 먹고 나오는데 순식간에 어떤 생각이 스쳤다. "누구나 물을 떠먹도록 대문이 열려 있는 것은 그만큼 수돗물 값이 싸기 때문이다. 나도 누구나 필요한 사람이 가격에 구애받지 않고 전구를 살 수 있도록 많이 만들어서 싸게 팔아야겠다."

그 뒤로 마쓰시타는 '다리미의 값도 3할 이하로 내릴 것. 제품도 좋아야 하며 매월 1만 개를 만들어서 값이 싸진다면 1만 개를 더 만들고, 더 싸진다면 1만 5,000개를 더 만들도록 하자'는 생각으로 좋은 물건을 싸게 공급해 모든 사람이 손쉽게 구매할 수 있도록 했다.

베블런이 보기에 마쓰시타는 전형적으로 생산의 효율성을 생각하고 제작을 통해 보람을 얻는 산업 영역의 엔지니어에 속한다. 안타깝게도 오늘날 마쓰시타와 같은 산업자본가는 거의 없다. 오히려 전구와 다리미의 생산 공급량을 낮추는 생산 지배력으로 높은 가격과 이윤을 추구한다. 자본은 사실상 생산과는 아무런 상관이 없이 생산에 투입되는 자산, 즉 유무형의 물적 자재와 장비를 소유권이라는 형태로 독점해, 언제든 자본수익률을 거두기 위해 생산의 효율에 사보타주를 가한다. 베블런은 사보타주를 "생산 현장에서 효율성을 의도적으로 퇴보시키는 것"이라고 정의 내린다. 자본가는 이윤 획득이 가능한 가격profitable price이 보장되지 않으면 자신의 배타적 소유권을 인질로 삼아 베블런이 냉소적으로 부른 '효율성의 신중한 철회conscientious withdrawal of efficiency'를 자행하는 것이다.

피케티의 r〉g의 부등식에서 자본가의 영리 추구는 r이며 산업 활동은 g에 속한다고 볼 수 있다. 현대 자본가는 생산에는 무관심하고 부재 소유자로서 주식과 같은 화폐 금융 형태로 생산소유권을 보유해 자본수익률과 영리를 추구한다. 자본은 곧 금융이며 권력이다. 자본이 효율과 생산성을 추구하고 그에 대한 마땅한 보상으로 이윤을 가져간다는 주류 경제학의 한계생산력설은 자본의 본성을 은폐하는 레토릭rhetoric이라고 봐도 무방하다. 자본은 생산에는 아무런 관심이 없고 오히려 산업 활동의 효율성을 떨어뜨리는 전략적 사보타주로 지배 권력과 독점적 지대를 끊임없이 창출해나갈 뿐이다.

한국의 재벌 자본도 갑의 지위로 을을 통제하고, 하청업자에게 납품 단가를 낮추고, 기술 개발권을 빼앗고, 부정부패의 고리로 제도와 법률을 장악해 사회 전반을 지배해왔다. 가령, 매달 프린터 100대를 생산하는 기업이 있다고 하자. 프린터 100대는 대당 1분에 종이를 60장씩 출력할 수 있다. 그런데 영리 추구를 위해 프린터를 70대만 생산해 일단 공급량을 감축시킨다. 이 중 50대는 억지로 부품을 제거해 기계의 효율성을 낮추어 느린 프린터로 만든 후 보급형으로 판매한다. 나머지 20대의 정상적인 프린터만 고급형으로 둔갑시켜 비싸게 팔고 이윤을 최대화한다. 100대에서 70대로 프린터의 생산량이 감축하고 산업 효율성을 철회한 결과, 자본의 투자 효율성은 높아지겠지만 대신에 노동자는 노동시간의 단축과 함께 임금 하락이라는 손실을 떠안게 된다.

자본이 독점 소유권으로 자본의 효율(=투자수익률)을 최대화하기 위해 생산의 효율을 철회한다는 것은 생산량의 감소와 임금 소득 하락으로 이어져 g의 값을 떨어지게 만들고 r〉g의 부등식은 베블런에게서도 항구화된다.

자본권력론에서 자본의 본질은 이윤 획득의 최대화가 아니라 사회 전반에 걸친 소유권을 통한 지배력과 권력의 유지에 있다.

조너선 닛잔과 심숀 비클러는 자본축적의 본질을 파헤치기 위해 독창적으로 차등화 축적 이론theory of differential accumulation을 제시한다. 자본은 생산 효율성과 이윤 극대화 원칙과는 전혀 다른 원리로 행동한다. 상대방 자본의 평균적인 실적을 벤치마킹한 뒤 이를 약간만 상회해 평균을 능가하는beating the average 방식, 즉 절대적 축적이 아닌 '차등화 축적'이 자본의 행동 원칙이다. 기업은 절대적 이윤을 추구하는 것이 아니라 평균적인 정상 수익률을 넘어서는 상대적 우위를 최종 목표로 삼는다. 다른 자본가들이 30 퍼센트씩 성장하는데 자신만 15퍼센트 성장을 한다면 그것은 실패를 뜻한다. 불황 속에서는 다른 사람보다 조금 높은 5퍼센트만 성장해도 성공이다. 평균을 능가하는 차등적 축적이야말로 자본주의 체제 내에서 사회변동의 과정을 통제할 권력을 더 많이 얻을 수 있기 때문이다.[2]

기업의 차등화 축적은 동종업계의 순위 경쟁이라는 사고방식으로 사회 전반에 걸쳐 있다. 예를 들어 대학에서도 정부가 유도하는 평가 항목을 놓고 순위 경쟁이 치열하다. 다른 대학보다 근사치로 1등만 하면 정부의 재정 지원을 독차지할 수 있다. 대학은 진리 탐구와 사회적 기여라는 독자적 이념보다는 사회·경제·문화적 권력을 획득하기 위해 차등화 축적 전략을 추구한다.

한국에서 소수 대자본의 권력은 생산 과정에 대한 통제력으로 대마불사大馬不死의 신화를 누리면서 엄청난 부를 축적하고 사회 곳곳에 지배력을 행사한다. 수출 증대를 위한 환율 조작, 법인세 감면, 인수합병 지원과 금융 특혜, 노동정책, 국제통상협약 등 자본 또는 자산asset의 지배 권력이 누리는 혜택은 모두 자본수익률을 기꺼이 높인다. 역시 r〉g의 부등식에서 r 값은 자본권력을 통한 자본수익률의 극대화이며 영리 추구의 영역이다.

혁신적 분배 정책을 위한 도화선

베블런은 자본이 생산요소이며 자본을 투여해 더 많은 부를 창출한다는 것은 신화적 허구라고 말한다. 진정한 생산성은 사회 공동체가 오랜 세월 동안 쌓아온 모든 경험, 기술, 솜씨skill, 장인과도 같은 손길art, 발명, 발견 등 모든 지적 유산이 계승되어서 이룩되는 것이다. 일찌감치 베블런은 산업 활동에서 축적된 지식을 생산성의 근원으로 보았다. 자본은 영리 추구 영역에서 사회 공동체가 공유하는 지식을 자기 것으로 전유해 '다른 사람이 사용하지 못하게 할 권리'를 행사하고 사회 전체를 지배하는 권력이 되어버렸다. 베블런의 지적은 핵심을 찌른다. "기술이라는 공동 축적물은 공동체 사회가 낳은 실체이며, 따라서 이는 해당 공동체 문명의 실체적 핵심을 구성한다. 여러 다른 문화유산의 단계나 요소처럼 기술 공동 축적물은 사회의 공동 소유물이며, 그에 따라 보관되고 실행되고 확산되고 전파되어야 한다. 그러나 그 소유권이나 사용권은 상대적으로 소수 사람들에게 사실상 귀속되어버리고 말았다."[3]

자본은 생산이 아닌 권력에 기초하는 존재다. 본질적으로 자본가는 과거부터 쌓이고 공유된 공동체의 축적물을 전유해 사회적 권력을 행사한다. 베블런의 권력 자본은 지식경제 시대의 내생적 경제성장론에도 여지없이 적용된다. 아울러 소수 자본가의 손에 귀속되어버린 사회의 공동 자산을 어떻게 다시 사회로 환류시킬 것인가 하는 문제를 둘러싼 혁신적 분배 이론에도 단초를 제공한다.

오늘날 눈부실 정도의 경제성장은 흔히들 생각하듯이 자본 투입과 노동량의 생산요소 덕분이 아니라, 과거 오랜 동안 축적되어 온 총체적 지식과 기술 덕분에 이룩된 것이다. 현대 미국의 노동자와 1800년의 노동자를 비교해보면, 같은 시간에 현대의 노동자가 수십 배 많은 경제 산출물을 생산한다. 최근의 추정치를 봐도 1인당 국민총생산은 1800년 이후 20배가 늘어났으며 노동시간당 생산량은 1870년 이후만 해도 15배 정도가 늘어났다. 이토록 생산량이 증가한 이유는 현대 경제사가 조엘 모키어Joel Mokyr가 지적한 것처럼 "한마디로 총체적 지식의 증가에 있으며"[4] 노벨 경제학상 수상자 로버트 솔로가 신경제성장 모형에서 밝힌 대로 "20세기 상반기(1909년에서 1949년까지)의 생산성 성장에서 보듯 넓은 의미에서 노동시간당 생산량 증가분의 90퍼센트가 지식과 기술 변화의 덕분이었다".[5] 솔로는 최대 생산성 향상의 원인을 노동과 자본 같은 전통적 투입요소의 공급량 변화로는 도저히 설명할 수 없는 산출량의 새로운 변화에서 찾았다. 이것은 '솔로의 잔차殘差, residual'라고 부르는 잔여요소로, 전통적 투입요소를 질적으로 결합해 효율성을 증가시키는 본질이었다. 잔차는 역사적으로 축적된 지식과 기술이며 부의 산출에 미치는 총체적 효과를 일컫는 개념이다. 솔로는 엄청난 경제성장에서 노동과 자본의 공급이 기여한 생산성은 잔차에 비하면 매우 미미한 것으로 나타났다고 분석한다.

그렇다면 오늘날 사회의 지식 축적과 기술 역량은 어디서 오는 것일까? 지식경제 성장론자들은 현재 모든 부의 압도적 원천으로서 총체적 지식은 우리 자신의 노력을 하나도 거치지 않은 채 과거 유산으로서 그냥 다가온 것들이라고 말한다. 조엘 모키어는 이것들을 과거의 너그러운 불로不勞 선물이며 '공짜 점심'이라고 부른다.[6] 여기에 맞춰 지식유산 이론은 과거 역사가 선물로 가져다준 지식의 공동 유산이 왜 사회 구성원에게 폭넓고 관대하게 돌아가지 않는가 하는 문제를 제기한다. 거대한 부가 과거에서 물려받은 공동의 선물이라면 미국처럼 2005년 상위 1퍼센트가 전체 하위 1억 2,000만 명보다 많은 소득을 얻는 불평등한 현실은 도저히 정당화할 수 없는 일이었다.

과거의 기술 지식이라는 상속 자산은 시간이 갈수록 무게가 커지고 소수의 자본가에게 더욱 집중되기 때문에 불평등은 구조적으로 심화되는 경향을 갖게 된다. 이제 과거 공동의 지식유산에 대한 소유 개념과 적절한 분배 방식이 혁신적으로 논의되지 않고서는 오늘날의 불평등한 구조는 더욱 악화될 수밖에 없다.

지식유산 이론에서는 공동의 지식유산을 소수 자본가가 독점해 얻은 모든 부는 불로소득이며 부당한 보상unjust deserts이라고 간주한다. 거의 모든 부의 원천은 공동 지식에 있으며 소유권 역시 어느 특정 자본이나 소수에 있지 않고 '사회'에 있다. 사회가 쌓아온 공동재산을 사회에 다시 환류해야 한다는 것이 지식유산 이론의 분배 핵심이다. 물론 과거 공동 유산으로 이룩한 오늘의 성과가 얼마만큼 사회의 것이고 얼마만큼 개인의 노력에 의해 달성된 몫인지 하는 문제는 커다란 숙제가 될 것이다.

궁극적으로 피케티와 베블런은 과거의 무게가 점차 커져서 현재를 질식시켜가는 자본 스톡의 약탈과 미래의 암울한 상황을 똑같이 예견한다. 과거의 둑에 갇힌 저수지를 현재의 통로로 과감히 흘려보내려는 혁신적 분배 정책이 끊임없이 경주되지 않으면, 과거가 짓누르는 암울한 미래를 탈출할 수 없다. 개인소득세의 최고 세율이 80퍼센트에 달하는 글로벌 부유세를 부과하고, 개인의 부가 이전되는 단계에서 상속세와 증여세를 강화해야 한다는 피케티의 주장은, 그 실현 가능 여부를 넘어 새로운 논의를 촉발하는 계기가 되어야 한다.

협동과 연대를
위한
'꿀벌 경제학'

꿀벌의 우화

오랜만에 덕수궁이 바라다보이는 대학 게스트하우스에서 커피 한잔을 하는데 어디선가 날아온 꿀벌이 눈길을 끌었다. 아무리 서울의 한적한 곳이라지만, 시골 처마에서나 볼 수 있는 꿀벌이 나타난 것이 사뭇 신기했다. 꿀벌 몇 마리가 바람에 흔들거리는 핑크색 달개비 꽃과 서로 희롱하는 것을 보니, 가까운 야산이나 인근 빌딩의 옥상 정원에서 날아온 듯도 싶다. 커피 한잔을 다 비울 무렵, 문득 경제사상사의 고비마다 꿀벌은 각기 제 모습과 상징을 달리해 경제학의 패러다임 전환에 기여해왔고 또 기여하리라는 엉뚱한 생각이 떠올랐다.

여왕벌과 일벌의 위계질서는 오래전부터 인간 사회를 풍자하는 소재로 많이 등장했다. 꿀벌의 세계와 마찬가지로 왕과 귀족은 노동자가 일벌처럼 근면 성실하게 일해서 곳간에 꿀을 그득히 쌓아주길 늘 소망한다. 모든 국민이 일벌처럼 불평불만 없이 자신이 맡은 일을 묵묵히 수행하고, 이왕이면 애벌레 키우기, 집 지키기, 청소 같은 일도 서로 분업을 하는 등 생산성이 높은 사회가 그들에게는 더할 나위 없이 좋은 사회이기 때문이다.

예나 지금이나 일벌레는 위정자가 노동자에게 근면 성실과 과묵의 미덕을 심어주기 위한 최상의 상징 기호였다. 영국의 프로테스탄티즘이나 윤리 덕목도 실은 일벌과 같은 노동의 윤리를 심어주기 위한 근대 자본주의 사회의 이데올로기적 장치라고 봐도 좋다. 1600년대 말과 1700년대 초에 영국에서 일어났던 도덕운동 역시 당시 동요하고 있던 지배층과 피지배층의 신분 질서를 회복하려는 일련의 움직임에 지나지 않았다. 심지어 도덕운동가들은 술주정꾼, 욕지거리 하는 사람, 일요일에 일하는 사람까지 처벌해야 한다고 주장해 비판이 일기도 했다. 『로빈슨 크루소』로 잘 알려진 대니얼 디포는 지나친 도덕운동이 가난한 사람만 잡아들이고 부자는 봐주고 있어서 사회정의에 어긋난다고 분개했다. 영국 국교회의 고교회파High Church는 도덕운동가들을 위선자라고 하며 들고 나섰다. 찬성자나 비판자나 개인의 악덕이 사회에 해롭다는 생각에 다들 공감했지만 한 사람만큼은 파격적으로 반기를 들었으니, 그는 바로 근대 경제사상의 원조로 불리는 버나드 맨더빌이었다.

맨더빌은 '개인의 악덕, 사회의 이익'이라는 부제가 붙은 『꿀벌의 우화』를 통해 방탕, 사치, 명예욕, 뽐내는 마음, 이기심, 탐욕,

쾌락과 같은 악덕이 꼭 나쁜 것은 아니며 금욕, 겸손, 연민, 자선, 자기희생, 공공심이 꼭 좋은 것만은 아니라는 사실을 풍자적으로 엮어 당시에 커다란 파장을 일으켰다.[1]

맨더빌의 '빈곤 효용론'

『꿀벌의 우화』의 한 꼭지인 「투덜대는 벌집: 또는, 정직해진 악당들The Grumbling Hive: Or, Knaves Turned Honest」은 널따란 벌집에 가득 들어찬 벌들이 사치를 부리며 넉넉히 사는 장면으로 시작한다. 왕과 귀족은 막대한 빚을 지고 있으면서도 호화로운 궁정과 별장에 머무르며 멋진 의복을 입고 매일같이 성대한 파티를 연다. 병사들이 전쟁터에서 목숨을 잃는 동안 장수들은 후방에서 굴을 파고 숨거나 뇌물을 받고 적을 풀어주기까지 한다. 그런데도 개선할 때는 언제나 장수들이 선두에 서서 영웅 대접을 받고 훈장도 독차지했다. 서로가 속고 속이고, 재판관도 황금에 매수되어 돈에 쪼들리는 가난뱅이만 혼낼 뿐이었다. 모든 구석이 악으로 가득한데도 전체로 보면 낙원이었다. 물질적 풍요는 모든 벌집 중 으뜸이었다. 사치로 인해 주문이 늘 넘쳐서 일이 끊이지 않았다. 이렇게 재주를 부린 악덕에 시간과 일이 더해지면서 삶은 편리해져 갔다.

어느 날 돈을 있는 대로 다 긁어모은 위선자들이 속임수로 가득한 왕국을 꾸짖기 시작한다. 마침내 주피터가 분개해 벌집에서 모든 속임수를 없애라고 지시한다. 벌집의 모든 곳에 정직이 들어차고 양심을 되찾자 벌들은 서로의 추악함에 얼굴을 붉힌다. 모든 왕국에서 사치가 사라지고 검소한 생활이 이어진다. 군대가 해산되고 극장도 문을 닫는다. 파티와 연극도 사라지고 의상을 만들던 재봉사와 요리사, 목수, 석공, 조각가, 배우 등은 모두 일자리를 잃는다. 벌들은 넉넉함을 악덕으로 여기고 절제에 힘써 사치를 피하고자 텅 빈 나무로 날아가서 깨끗하고 바르게 살기로 다짐한다. 한때 자신의 식민지였던 곳의 벌들이 그들을 공격하자, 이전 같은 용병이 없었던 탓에 벌 몇 천 마리가 목숨을 잃는다.

맨더빌의 마지막 메시지는 이렇다. "위대한 벌집을 정직하게 만들려고 애를 쓰지만, 커다란 악덕 없이 세상의 편리함을 누리고 전쟁에서 이름을 떨치면서 살 수 있다고 생각하는 것은, 머릿속에나 들어 있는 헛된 꿈나라 이야기일 뿐이다."

맨더빌은 자기애self-love와 개인의 악덕을 찬양하는 극단론으로, 맨-더빌man-devil 즉 '인간 악마'라는 혹독한 비난을 받았지만, 이기심도 제도적으로 잘만 가꾸면 사회 공공의 이득으로 모아질 것이라는 새로운 도덕적 기준을 제시해 근대 경제학의 아버지라 불리는 애덤 스미스에게 결정적 영향을 미쳤다. 애덤 스미스는 『국부론』에서 "우리가 저녁 식사를 기대할 수 있는 것은 푸줏간, 양조장, 빵집 주인들의 자비심이 아니라 돈벌이 또는 자기이득self-interest에 대한 그들의 관심 덕분이다"라는 유명한 구절을 남겼고, 인간의 이기심이 경제적 이익과 효율성을 달성할 수 있도록 자유방임주의를 주장했다. 물론 애덤 스미스는 이기심만으로 모든 문제가 해결되지는 않는다고 전제하고 타인과 조화를 이루는 공감, 양심, 동정심, 윤리를 가장 중요한 도덕적 기초로 내세웠다.

케인스도『고용, 이자, 화폐의 일반이론』에서 맨더빌을 길게 인용해, 근검절약과 저축보다는 소비지출을 통한 유효수요의 창출이 국민소득을 결정한다는 자신의 주장을 뒷받침했다. 꿀벌의 우화에서 시작된 날갯짓이 경제사상사에서 만만치 않은 영향을 끼쳤음을 알 수 있다.

맨더빌은 놀고먹고 사치를 즐기는 여왕벌이 벌들의 사회에서 나름 역할을 하므로, 일벌들은 결코 투덜대거나 불평하지 말 것을 당부한다. 반면 맨더빌은 비록 지금은 가난할망정 노동자도 일벌처럼 열심히 일해야 하고, 지금처럼 살아갈 수 있는 것은 모두 부자의 사치 덕분이라며 사치를 정당화하는 오류를 범했다. 맨더빌은 "노동자들은 가난하지 않으면 일하려 들지 않기 때문에 가난을 덜어주는 것은 속 깊은 일이지만 가난을 없애주는 것은 바보짓이다"라며 "가장 확실한 부는 부지런한 가난뱅이laborious poor에게서 나온다"는 빈곤 효용론utility of poverty을 제시해 일벌들을 서슴없이 불편하게 만들었다.

맨더빌의 일벌론은 오늘날 한국 사회에도 여전히 깊은 뿌리를 내리고 있다. 따뜻한 복지보다는 차가운 생산을 강조하는 한국 사회에서 노동자의 근로시간은 2,163시간으로, OECD 34개 회원국 중 멕시코(2,237시간)에 이어 2위를 기록했다. (2013년 통계) 맨더빌의『꿀벌의 우화』에 나오는 벌집 왕국은 아직 진행 중이라고 하겠다.

꿀벌의 춤과 인간의 노동

노동자는 꿀벌처럼 겨우 먹고살 정도의 임금만 받고 일할 따름이며, 거기에 사치나 놀이 같은 것은 애초부터 끼어들 수 없다는 지배 관념은 여전하다. 시간은 곧 돈이라는 근대적 사고가 오늘도 끊임없이 노동자를 일벌로 만들어왔다. 꿀벌도 꿀을 따는 노동만 하지 않고 일과 놀이를 즐긴다. 노동자 역시 일하고 놀면서 즐거움을 찾는 사람이어야 한다.

차갑고 냉철한 주류 경제학은 겉모습은 과학적이지만, 결국 여왕벌과 같이 국가와 지배계급의 이익에 봉사해 강자의 입장을 대변해온 꼴이다. 경제학의 엄밀한 과학을 흔들기 위해서는 새로운 이론의 등장과 패러다임의 이동이 필요하겠지만, 그전에 시인이 바라보는 문학적 상상력도 세계관에 충격적 변화를 주기에 충분하다. 말을 사랑한 조련사이자 서사 시인으로 알려진 스코틀랜드의 시인 윌리엄 오글비William Ogilvie는 일벌의 세계를 다른 눈으로 본다.

> 저 조그만 일벌은 어떻게 햇빛에 빛나는 저 시간을 갈고닦아 활짝 핀 꽃 한 송이 한 송이에서 온종일 꿀을 모을까? / 아니, 사실은 그렇지 않다. / 놈은 하루의 대부분을 웅웅거리면서 목적도 없이 아슬아슬한 곡예를 하며 지낼 뿐 / 만약 놈이 계획적으로 한다면 수집했을 꿀의 5분의 1밖에 얻지 못한다.

꿀벌은 햇살에 날개를 반짝이면서 하루 종일 꽃잎 사이를 곡예하고 춤추고 꽃가루를 묻히고 노느라 정작 생산량의 5분의 1밖에 얻지 못한다. 어쩌면 5분의 1의 꿀은 자신과 가족이 하루를 먹고 살기 위한 필요노동이며 나머지 5분의 4는 잉여노동이라 할 수 있다. 꿀벌은 축적을 위한 잉여분의 가치를 포기하고 목적도 없이 놀면서 하루를 일과 놀이로 보낸 것이다.

오글비와 같은 시대를 살았던 카를 폰 프리슈Karl von Frisch는 꿀벌의 놀라운 비행술은 자기들끼리 의사소통하기 위한 춤 언어라고 밝혀 노벨 과학상을 탔다. 꿀벌은 다른 동료들에게 밀원蜜源의 꽃이 있는 장소를 알려주기 위해 원무의 둥근 춤, 팔자형의 꼬리춤, 환희의 춤을 춘다.

현대 자본주의 사회에서 생산과 여가 영역은 엄격히 분리되어 있다. 낮에는 정신없이 일하고 밤에는 노동의 스트레스를 풀기 위해 향락에 젖는다. 꿀벌은 그렇지 않다. 즐기는 일과 노동의 세계가 혼연일체다. 꿀벌의 세계는 고된 노동으로 힘든 삶만을 의미하지 않는다. 지배자의 노동 관념이 투영되어 근면 성실하게 일하는 모습으로 그려졌을 뿐이다. 석기시대의 사람이 사냥감을 좇느라 하루 종일 굶주리며 일만 했을 것이라는 생각도 마찬가지다. 오늘은 어제보다 낫고 내일을 오늘보다 나을 것이라는 진보 사관을 통해서 세상을 보면 과거는 언제나 비참하다.

영국 케임브리지대학에서 민속음악을 전공하는 이언 크로스Ian Cross 교수는 흥미로운 주장을 했다. 석기시대 원시인도 현대의 록 밴드처럼 화살 줄을 퉁기면서 소리를 연주하고 돌로 만든 드럼을 치거나 돌 피아노를 두드리며 음악을 즐겼을 것이라는 주장이다. 그는 "석기시대의 부싯돌이나 무기武器라고 전시되어 있는 유물의 상당수가 사실은 악기일 가능성이 높다"고 했다. 먹을 것이 부족해 서로 싸우고, 자연의 공포에 언제나 전전긍긍했으리라 여긴 고대인이 활과 돌도끼를 가지고 음악을 하고 흥겹게 놀았다는 가설은 뜻밖이다.

과거는 늘 비참하지 않았다. 마셜 살린스Marshall Sahlins 역시 『석기시대 경제학』에서 고대인은 시원始原의 풍요를 누리고 하루에 3~4시간만 움직이고 나머지 시간은 굼뜨게 행동하거나 히히덕거리며 생활했다고 적었다. 살린스는 온갖 현대 문명의 이기를 만들어놓고도 편안하지 않을뿐더러 오히려 정신없이 일하고 여가도 제대로 못 챙기는 현실을 비꼰다.

현재 중심적 사고와 지배자 관념으로 왜곡된 석기시대 사람에 대한 사고나 꿀벌의 세계는, 오늘의 모순을 무조건 정당화하거나 일벌처럼 열심히 일하는 게 곧 미덕이라는 관념을 끊임없이 심어주었다.

꿀벌이 준 '공짜 점심'

요즘은 스마트폰 등 전자파 방해로 벌이 제 갈 길을 잃고 헤매다 죽거나, 무차별한 농약 살포로 개체 수가 점점 감소하고 있다. 일찍이 아인슈타인은 벌이 지구상에서 사라지면 인간은 그 후 4년을 버티지 못할 것이다. 더 이상의 수분受粉이 없으면 식물도, 동물도 사라지며 사람도 더 이상은 존재하지 못한다고 경고했다.

벌은 사소하고 힘없는 곤충처럼 보여도 자연 생태계에서 인류의 생존을 좌우할 정도로 거대한 지위를 차지하고 있다. 옛날 옛적 산소 부족을 미리 알려주던 잠수함의 토끼처럼 꿀벌은 지구상의 위험을 죽음으로 예고하는 생태 지표가 된 지 오래다.

꿀벌의 경제적 가치를 계산해본다면 3분의 1, 3, 6,000,000, 000,000로 나타낼 수 있다. 우선 우리가 먹는 곡물과 과일의 3분의 1은 꿀벌에 의존한다. 세계 식량의 90퍼센트를 차지하는 100대 농작물에서 무려 71퍼센트가 꿀벌의 수분으로 성장을 지속한다. 예를 들어 아몬드는 100퍼센트, 사과, 딸기, 양파, 호박, 당근은 90퍼센트가 꿀벌의 수분에 기댄다. 유럽에서 꿀벌의 경제적 지위는 소와 돼지에 이은 세 번째이며 닭보다도 앞선다. 그린피스에 따르면 전 세계 꿀벌의 노동 가치는 373조 원이다. 국내에서 꿀벌이 수분 작용을 통해 기여하는 경제적 가치는 6조 원이라고 한다.

1997년에 발표된 「세계 생태계 서비스와 자연 자본의 가치」라는 논문에서, 연구자들은 지구와 자연이 인류에게 선사하는 17가지 생태 서비스의 가치를 살펴봤다. 토양 생성, 기후 조절, 수질 개선, 식량 생산, 폐기물 처리, 영양소 순환, 원료, 유전자원, 침식 억제, 여가 활동, 주거지 제공 등이 그것으로, 우리 호주머니에서 직접 내려면 수조 달러가 되는 자연 자본natural capital이다.

지난 20년 동안 미국에서는 꿀벌의 개체 수가 30퍼센트 감소했다. 농민이 유독성 농약 사용을 늘리면서 작물을 수분해줄 곤충의 생존이 위협받고 있는 것이다. 벌은 미국에서만 90여 종이 넘는 작물을 수분하는데, 이를 화폐로 환산하면 연간 190억 달러에 달한다. 과학자들은 어떤 인공 자본과 기술로도 벌을 대신하지 못할 것이라고 경고한다.[2]

꿀벌의 수는 2006년부터 세계적으로 25~45퍼센트가 감소했다. 꿀을 따러 나간 벌들이 집으로 돌아오지 못해 벌집에 남은 여왕벌 애벌레가 집단으로 죽는 이른바 군집붕괴현상Colony Collapse Disorder도 일어나고 있다.

세계적으로 멸종 위기를 겪고 있는 꿀벌은 태양이나 물처럼 자연이 창조한 생명이기에 화폐가치로 도저히 계산할 수 없는 중요한 자연 자본이다. 자연 자본은 자연이 인간에게 기꺼이 선물한 '공짜 점심free lunch'이다. 경제학자 니콜라스 제오르제스쿠로에겐Nicholas Georgescu-Roegen의 말대로 "존재는 태양이 공짜로 준 선물"이라면, 꿀벌은 수술과 암술을 엮어서 태양의 생명력으로 잉태하도록 매개하는 천사이자 충직한 심부름꾼이라 할 만하다.

우리는 아직도 자연 자본이 가져다 준 공짜 점심이 여기저기 널려 있고 영원히 지속될 것으로 착각한다. 경제학도 예외는 아니어서, 자연이 우리에게 선물한 자연 자본이 언제나 무한정 존재한다는 전제에서 한 걸음도 빠져나오지 못하고 있다. 자연을 유한 자원으로 전제하는 현실적 조건 속에서 생태적 논의와 체계적 이론을 정비해야 한다. 꿀벌과 함께 근대 경제학이 출발했다는 것도 아이러니지만, 다시 꿀벌의 상징성과 자연 자본이 현대 경제학에서 중요한 지렛대가 되고 있다는 것도 흥미롭기만 하다.

대안 경제를 위한 날갯짓이 필요하다

경제학에서 꿀벌은 자신만의 이득을 생각하고 행동하는 이기적 경제인economic animal 또는 호모 에코노미쿠스에 대항하는 패러다임을 상징한다. 주류 경제학에서 상정하는 인간 모델은 최소 비용으로 최대 만족과 효용을 느끼는 원자론적 개인이다. 인간은 내면에 이기심, 이타심, 희생, 욕심 등 수많은 본능을 꽃다발처럼 안고 있다. 주류 경제학은 그중에서 이기심 하나만을 끄집어내 인간을 파블로프의 개처럼 물질적 이득에 조건반사적으로 반응하는 경제 동물로 만들어버렸다.

호모 에코노미쿠스는 주류 경제학의 체계에서 일관된 의사 결정의 방법론을 위해 고안된 개인주의 모델이지만, 생동감이 넘치고 협동과 연대로 사회를 능동적으로 이끌어가는 현실의 인간과 너무나 동떨어져 있어서 많은 비판을 받아왔다. 인간도 다른 생물처럼 이기적 유전자의 명령을 수행하는 피동적 기계에 불과하다고 주장한 리처드 도킨스Richard Dawkins가 우리를 불편하게 만든 것과 똑같다.

생물 개체와 인간이 자기의 이득을 위해 움직인다고 하지만, 군집이나 사회 전체의 구성원으로서 자신을 희생하고 먼 장래의 집단 보존과 번영을 위해 이타적으로 행동하는 본성을 지니고 있음은 꿀벌의 세계에서도 여실히 볼 수 있다.

개미나 꿀벌은 홀로 있으면 절단된 손가락처럼 연약하다. 그런데 군체와 결합하면 이들은 각자가 자유자재로 힘을 발휘하는 강력한 수족手足이 된다. 우리가 하늘을 나는 새까만 벌 떼에서 볼 수 있듯 벌들은 서로 결합해 유연하고 다양하게 형태를 바꿀 수 있는 유기적 집단을 이룬다. 이렇게 되면 꿀벌의 집합은 자기 근거지에서 1.5킬로미터 이상 떨어져 있는 꽃술까지 손가락을 뻗치는 거대하고 섬세한 다촉수多觸手 생물과도 같아진다.

꿀벌은 집단의 이익과 대의를 위해 헌신한다. 일벌은 자신의 생식을 포기하며 목숨까지도 기꺼이 바친다. 이들은 희생과 협동을 통해 단일 생명체로 살아갈 때는 도저히 할 수 없는 생태학적 전략을 구사할 수 있다. 예를 들어 꿀벌은 적어도 자기보다 5~6배나 덩치가 큰 말벌이 습격하면 모두가 달려든다. 꿀벌은 말벌을 일단 포위하고 날갯짓으로 온도를 급상승시킨다. 말벌은 열에 약해서 섭씨 45도가 되면 죽는다는 것을 이들이 알고 있기 때문이다.

꿀벌 집단과 인간 사회가 홀로 존재하는 원자론적 개인의 이기적 본능만 보유했다면 결코 오늘날까지 살아남을 수 없었을 것이다. 이기적 본능뿐 아니라 다른 사람을 생각하는 이타적 본능도 유전자 안에 함께 존재해 우리가 오늘에 이른 것이다. 꿀벌 집단과 마찬가지로 인간 사회 또한 개체의 이기적 유전자가 집단적 회로를 통해 억압되거나 다른 형태로 드러났고, 전체적으로는 이타심, 협동, 상호주의, 커뮤니케이션으로 오랫동안 발현되었다. 꿀벌은 이기심과 이타적 행동의 적절한 조화를 이루어 상호 경쟁하고 협력하는 협동과 연대의 경제학으로 나가는 지표다.

최근에는 경제학 교과서도 새로운 흐름을 보이고 있다. 현재 세계의 표준이 되어 있는 『맨큐의 경제학』과 같은 주류 경제학 교

협동과 연대를 위한 '꿀벌 경제학'

과서를 대신해, 새로운 교과서가 미국과 유럽의 선진 대학에서 점차 채용되고 있다. 이 대안 경제학 교과서는 헤지펀드의 대부로 불리는 조지 소로스George Soros가 2009년에 기존 경제학을 비판해 설립한 '신경제사고연구소INET'에서 만든 것이다.

대안 경제학 교과서는 경제학의 개념을 주류 경제학과 완전히 다른 차원에서 접근한다. 최소의 수단으로 최대 만족을 얻는다는 희소성 원리와 개인주의를 배제하고 인간과 인간, 인산과 사연의 상호 관계라는 전체성wholism을 강조한다. "경제학은 살림살이의 수단livelihood을 생산하는 데 어떻게 인간이 인간과 그들을 둘러싼 자연환경natural surrounding과 상호작용하는지를 연구하는 데 의의가 있다"고 이 교과서는 규정한다. 아울러 경제 그 자체를 순수하게 독립된 과학이 아니라 더 큰 자연과 사회 시스템의 일부로 본다는 점에서 주류 경제학과 큰 차이를 보인다.

대안 경제학 교과서에서 경제란 전체 사회 시스템의 일부분일 뿐이다. 사회 시스템도 기껏해야 지구상에 있는 온갖 형태의 생물 집합, 즉 생물권biosphere의 한 부분에 지나지 않는다. '생물권 〉 사회 〉 경제'로 경제 영역을 정의 내리면서, 모든 인간과 사회와 자연 생태계를 자신의 지배 아래 두었던 지금까지 경제학의 야만적인 지위를 박탈하는 차별성을 보여주었다. 그중에서도 가장 관심을 끄는 것은 인간의 이기적 본능에 대한 관점이다. 그동안 행동경제학에서는 죄수의 딜레마, 공공재 게임, 최후통첩 게임 등의 실험을 통해서 인간은 이기심만 갖고 있지 않으며 이타적 본성도 함께 가지고 있다는 것을 증명했다.[3]

대안 경제학 교과서에서도 이타심, 공평성, 호혜성이 인간과 다른 수많은 생물에게 작동하는 강력한 감정이라고 규정한다. 대다수의 사람은 다른 사람에게 이기적으로 행동하는 것을 원하지 않고, 상대방이 자신을 이기적으로 대하는 것을 싫어한다. 이런 믿음에 따라 게임에서 증명되었던 것처럼 자신이 가지고 있는 현금도 기꺼이 포기하는 것이 인간의 본성이라고 간주한다.

국내에서는 『21세기 자본』의 저자 토마 피케티Thomas Piketty의 열풍으로 주류 경제학에 대한 반성이 일었지만, 정작 대안 경제학 교과서에 대한 강단의 반응은 조용하다. 주변의 온도를 높이는 꿀벌 집단의 날갯짓이 더 필요한 모양이다.

오늘날에
되살아난
'생명 경제'

개인의 선은 전체의 선에 포함된다

무슨 책이든, 예술과 문화, 경제와 관련된 대목을 펴들면 영국의 화가이자 미술평론가로 활약했던 존 러스킨이 어김없이 등장한다. 정치경제학자로서 근대 경제학을 날카롭게 비판한 러스킨은 문화와 예술경제학의 창시자이기도 하다.

러스킨은 포도주 상인의 외아들로 런던에서 태어나 부유하게 자랐다. 게다가 시에 탁월한 재능을 보여 15세 때 첫 산문집을 낼 정도로 남부러울 것 없는 성장 과정을 거쳤다. 그는 명문 옥스퍼드대학에 입학해 문학과 예술을 전공하고 시와 미술에 심취한 낭만주의자였다. 특히 그림과 고딕건축 평가에 몰두해 기존의 정형화된 예술을 비판하는 예술비평가로 명성을 누리기도 했다.

러스킨은 인간 영혼을 키우는 건축예술의 숭고함을 찬미했다.

유럽의 웅장한 대성당에서 보았듯, 내부 천장의 스테인드글라스를 통해 강림하는 빛의 광휘, 신성한 묵상의 공간, 신과의 만남 속에 순간적으로나마 영원의 순간을 느끼는 고딕건축 양식을 찬양했다. 고딕건축물은 중세 길드의 직인과 장인이 손끝으로 일일이 다듬고 조각하는 전인적全人的 작업과 협업을 통해 완성시킨 예술품이나 다름없었다. 중세 건축 길드의 작업에서 생산자는, 근대 공장에서 보이는 파편적인 분업 노동자가 아니라 신 앞에 봉사하며 자기를 실현하는 예술 장인이었다. 이때의 노동 또한, 영혼을 바쳐 미적이고 도덕적인 가치를 구현하는 총체적holistic 행위였다.

단지 이뿐이라면 경제사상의 흐름에서 러스킨이 갖는 지위는 큰 의미를 갖지 못한다. 빅토리아 여왕 시대의 번영과는 달리, 본격적 산업시대에 접어든 대영제국 도시민의 생활은 공장 굴뚝과 석탄가루가 뒤섞인 회색빛이었다. 노동자의 삶 역시 뒷골목 하수구의 오염 물질과 함께하는 것이었다. 러스킨은 1848년 신혼 여행길에서 때마침 혁명으로 혼란에 휩싸인 독일 국민의 비참한 생활상을 보고 커다란 충격을 받는다.

러스킨은 세기의 고통을 해결할 방법을 찾고자 휴양지에 칩거해 애덤 스미스, 데이비드 리카도, 존 스튜어트 밀John Stuart Mill의 경제학을 탐독했다. 당시의 고전학파 경제학은 이윤과 생산 능력의 극대화나 노동자의 창의성, 성취의 보람 같은 것을 전혀 고려하지 않았다. 노동은 화폐로 구매할 수 있는 생산요소로 전락해 노동의 즐거움은 사라졌고, 물적 화폐가 산업시대의 인간을 지배하는 척도가 되었다.

러스킨은 당시 산업사회가 보인 심각한 빈곤과 인간 소외의 참상을 비예술적인 삶으로 규정하고, '생명의 아름다움'을 회복하기 위해 고전학파 경제학의 비인간적인 경제 이론에 비판의 눈을 돌리기 시작했다. 러스킨의 정치경제학은 산업사회의 비정한 인간관계를 금전관계the money relation로 규정하고, 예술과 문화와 생명이 서로 만나는 '인간의 경제'를 내세웠다.

우리가 주목할 러스킨의 저작은 1860년에 펴낸 『나중에 온 이 사람에게도』다. 러스킨은 이 책에서 애정과 생명이 넘치는 새로운 사회 개혁 모델을 묘사한다. 이 책의 핵심 주제는 인간과 생명의 경제로 요약할 수 있다.

이 책과 더불어 새로운 인간의 경제철학을 하나하나 짚어가기 위해서 우리는 먼저 생명을 억누르는 화폐의 지배력을 황금과 물의 메타포로 대비시킬 것이다. 이어서는 러스킨의 최대 화두라 할 수 있는 "생명 없이 진정한 부도 없다There is no wealth but life"는 명제에 기대어 인간 발달의 경제를 나누어 살펴본다.

성경의 '포도밭 우화'

'나중에 온 이 사람에게도'라는 제목은 성경의 포도밭 우화에서 따온 것이다. 성경에서 천국으로 비유되는, 포도밭의 하루 일과가 끝나고 주인이 임금을 지급하고 있었다. 그런데 주인이 오후 늦게부터 일하기 시작한 사람에게도 동일한 임금을 주자, 아침 일찍

나와서 일한 사람들이 불평을 했다.

"아니! 저 사람은 아까 해질 무렵에야 겨우 농장에 와서 일한 사람인데 왜 저와 똑같이 1데나리온(로마시대 노동자의 하루 품삯)을 일당으로 주는 겁니까? 일찍 와서 일한 저희가 더 받을 줄 알았는데요?"

그 사람을 향해 주인은 이렇게 대답했다. "나중 온 이 사람에게 너와 같이 주는 것이 내 뜻이니라."[1]

이 말은 종교적으로 늦게 예수를 믿거나 임종 전이라도 하나님에 귀의한 사람은 누구나 할 것 없이 천국에 갈 수 있다고 해석된다. 사회경제적 차원에서는 사회적 약자를 배려하거나 모든 사람에게 최소한의 기본 생활권을 부여해야 한다는 의미로 쓰인다.

일찍 와서 일한 사람이나 해질 무렵에야 겨우 삽을 잡은 사람에게 하루의 품삯을 똑같이 주는 것은 불평등하다. 노동 단위의 생산성에 따라 임금을 지불해야 할 때도 있다. 그렇지만 러스킨은 더 커다란 부와 풍요를 위해서는 '나중에 온 사람'의 기본 생존권마저 보장해줄 수 있는, '가치 배분이 조화로운 사회'가 필요하다고 지적한다.

금전관계로 연결되는 경쟁과 효율의 사회는 부rich를 최고 목표로 삼아, 노동자의 고통을 대가로 소수 자본가의 호주머니를 가득 채울 뿐이다. 반면에 사회적 애정과 배려로 인간의 생존과 존엄을 지켜주는 포도밭의 사회는 공동체의 즐거움과 인간 활력vitality으로 충만해 전체가 풍요롭다. '생명 없이는 부도 없다'라는 러스킨의 화두처럼, 사회적 애정이 넘치고 인간의 생명 활동이 충만한 사회에서는 더 많은 사람이 부와 풍요를 거두게 된다. 즉 최후의 마지막 사람까지 배려하는 사회가 오히려 더 많은 풍요를 얻는다는 말이다. "나중 된 자로서 먼저 되고 먼저 된 자로서 나중 되리라."[2]

포도밭의 사회 구상은 자본주의적 사고로는 이해하기 어렵거나 황당한 주장일 수 있다. 그렇지만 지금도 국민 배당national dividend이나 보편적인 기본 소득basic income guarantee을 사회 구성원의 정당한 권리로 여기는 경향이 생겨나고 있다.[3]

러스킨의 이 책에 영향을 받은 대표적인 사람으로는 마하트마 간디Mahatma Gandhi를 들 수 있다. 간디는 1893년에 인도의 무역 회사에서 변호사 자리를 얻기 위해 남아프리카로 건너갔다. 그곳에는 설탕 플랜테이션에서 일하기 위해 10만여 명이나 되는 인도인이 몰려와 있었고 사업을 성공적으로 꾸린 사람도 많았다. 1904년 남아프리카의 요하네스버그를 떠나 더반으로 가는 기차여행 중 이 책을 읽은 간디는 "책을 한순간도 손에서 뗄 수가 없었다. 이 책은 요하네스버그에서 더반으로 가는 24시간의 기차 여행 동안 나를 사로잡았다. 기차가 도착하는 순간까지 나는 한숨도 자지 못했다. 나는 이 책의 이념에 따라 내 삶을 바꾸기로 결심했다"고 훗날 자서전에서 술회했다. 이 책에서 간디가 얻은 메시지는 3가지였다. 모두가 맡은 일을 통해 살림살이를 영위하지만 자신과 같은 변호사나 이발사 할 것 없이 똑같은 가치를 배분받아야 한다는 소득 동등권, 둘째는 밭에 핀 어린 싹이나 수공업자, 농부, 노동자 모두가 똑같이 삶을 누릴 생명가치를 가진다는 생명권이었다. 가장 중요한 세 번째는 "개인의 선the good은 전체의 선에 포함되어 있다"는 구절로 공동체 정신을 강조한 것이다.

간디는 러스킨의 가르침에 따라, 공동체 농장인 피닉스 정착촌에서 능력, 인종, 국적에 상관없이 모든 사람에게 동일한 임금을 주었다. 또 간디는 그곳에서 악을 악으로 갚지 않는 비폭력 저항 운동을 잉태시켜 새로운 생애를 살기 시작했다. 간디의 공동체 사상은 사르보다야Sarvodaya에서 핵심적으로 드러난다. 사르보다야는 '모든 사람의 복리'를 의미한다. 간디는 어느 누구도 제외하지 않는 만인을 위한 공동체를 이상 사회로 꿈꾸고 실천에 옮겼다. 최대 다수의 최대 행복을 주장한 공리주의 사회는 51퍼센트를 위해 49퍼센트를 희생하는 사회라고 간디는 비판했다.[4] 최대 다수의 최대 행복이라는 공리적 기준과 이념은 현실 자본주의에서 최소 사람의 최대 행복으로 나타나고 있다. 그 대가는 '최대 다수의 최대 불행'이란 암울한 그림자로 드리운다.

간디나 러스킨은 최대 다수의 최소 불행을 위한 사회에서 한 걸음 나아가 '1인은 만인을 위하고 만인은 1인을 위하는' 협동적 이상 사회를 구상했다. 간디는 금욕, 도덕, 절제, 노동, 보람, 생명, 진실 추구Antyodaya, 비폭력, 공동체의 사상으로 러스킨의 '마지막 이 사람에게도'를 실현하고자 자신을 던졌다.

황금을 소유했는가, 소유당했는가?

1850년대 미국 캘리포니아를 한바탕 쓸고 지나갔던 골드러시는
당시에 황금 열풍이 얼마나 거셌는지를 잘 보여준다. 두 달만 금
을 캐면 20년을 먹고살 수 있다는 소문에 미국 전역에서 멀고 먼
캘리포니아로 사람이 몰려들었다. 노숙자 생활을 하며 여기저기
땅을 파헤치다 끝내는 빈털터리로 씁쓸하게 돌아서거나, 술과 도
박으로 모든 걸 탕진하고 타락하는 사람이 생겨났다. 더러는 횡
재한 사람도 있었는데, 그중 한 사람이 배에 금을 싣고 금의환향
하다가 태평양의 거센 파도에 못 이겨 선박이 침몰하는 일이 발생
했다.

러스킨은 이 사건을 예로 들어 인간의 물욕에 대한 경각심을 일
깨웠다. 배가 난파하려 하자 200파운드의 금덩어리를 싣고 가던
승객은 천신만고 끝에 얻은 부를 포기하지 못하고 금을 몸에 묶고
배 밖으로 뛰어내렸다. 그는 결국 금의 무게에 못 이겨 바다 밑으
로 계속 가라앉았다. 러스킨은 해저에 가라앉은 그 사람을 두고
수사적 질문을 던진다. "그 남자가 황금을 소유했다고 해야 할 것
인가? 아니면 황금이 그 남자를 소유했다고 해야 할 것인가?"[5]

황금에 대한 그의 탐욕은 죽음에 이르는 길이었다. 러스킨이
황금과 죽음을 하나의 메타포로 묶은 까닭은 생명과 진정한 부의
개념을 뚜렷이 부각시키기 위함이었다. 러스킨이 황금과 화폐를
죽음의 관계로 바라보았던 까닭은, 제프리 초서Geoffrey Chaucer의
「면죄부 이야기The Pardoner's Tale」에서 제시된 비극적 내용과 무

관하지 않다.

초서의 『캔터베리 이야기』에 나오는 이 이야기는 우리에게 꽤
나 익숙하다. 세 명의 용감한 청년이 죽음의 신을 없애기 위해 길
을 떠난다. 죽음의 신이 저기 산속에 있다고 해서 겨우 도착해보
니 거기에는 황금 더미가 쌓여 있었다. 한 사람이 포도주를 사러
마을로 내려간 사이에 나머지 두 사람은 자기네끼리 금을 차지하
기로 작당한다. 마을에서 되돌아온 친구는 죽임을 당하고 나머지
한 사람마저도 친구의 칼에 찔려 죽는다. 혼자서 금을 독차지한
청년은 느긋한 기분으로 포도주를 마시는데 그 안에 든 독약 성분
때문에 죽음에 이른다. 바로 황금이 죽음의 신이었던 것이다. "죽
음은 황금처럼 가면을 써서 자신을 아름답게 꾸며서 찬란하게 빛
난다. 죽음의 옷은 황금으로 만들어져 있기 때문이다."[6]

황금은 아름답고 찬란하고 언제나 은은하게 빛나고 있어서 그
속에 죽음의 그림자가 길게 드리워 있는 줄 아무도 모른다. 황금
을 위해 우리의 생을 소모하는 것은, 스스로 죽음을 향해 가는 것
이나 같다. 황금은 '생명을 희생하고 인간의 죽음을 재촉하는' 화
폐였다. 인간이 황금과 화폐를 끊임없이 갈구하는 이유는 만물에
대한 구매력을 얻어 소유 욕망을 충족시키고 타인을 지배하는 데
있다. "내 호주머니에 들어 있는 1기니 금화의 힘은 이웃의 호주
머니에 1기니가 없다는 사실에 전적으로 기댄다. 이웃이 금화를
원하지 않는다면 금화는 나한테 아무런 쓸모가 없다."[7]

남이 금화를 원치 않으면 금화는 나한테 아무런 소용이 없다.
러스킨은 화폐의 지배력을 여러 사례를 들어 재미있게 표현한다.

4 생명과 풍요를 위한 경제학

옛날에는 하인이라도 구하려면 황금이나 곡식을 원하는 가난한 사람이 있어야 했다. 그런데 세상 사람들이 아무것도 필요로 하지 않는다면 하인을 구할 수 없어서 화폐 소유자는 혼자서 빵을 굽고, 손수 옷을 짓고, 스스로 땅을 갈아서 가축을 길러야 한다. 그렇다면 황금과 화폐는 땅에 있는 자갈과 조금도 다를 게 없다. 내 호주머니의 금화는 다른 사람이 빈털터리가 되었을 때 힘을 발휘한다. 내가 보유한 화폐의 힘은 절대적인 것이 아니라 상대방이 얼마의 돈이 필요하고 얼마를 원하는지에 달려 있다. "따라서 부자가 되는 기술은 필연적으로 여러분의 이웃을 계속 가난 속에 방치해두는 기술인 것이다."[8]

이웃을 가난 상태로 유지시키거나 더 비참하게 만들어야 내가 가진 화폐로 그들을 더 싼값에 부리면서 자신의 부를 키울 수 있다. "빈곤층의 가난은 부유층의 풍요를 만들고, 빈곤층의 굴욕은 부유층의 자부심을 낳고, 빈곤층의 의존성은 부유층의 자립성을 낳고 있다."[9]

오늘날 세계의 한쪽이 지독한 빈곤에 시달리는 이유도 러스킨의 통찰에서 찾아볼 수 있다. 내연기관이 피스톤의 위와 아래의 압력 차이에서 동력을 얻는 것처럼 세계 경제도 빈부의 차이에서 동력을 얻는다. 부국이 이룩하는 부의 상당 부분은 빈국에서 들여오는 부다. 세계 경제체제는 불평등을 만들어내며 불평등 위에서 굴러간다. 가난한 국가도 열심히 일하면 부자 나라를 따라잡을 수는 있다. 1988년 기준으로 제일 가난한 33개 빈국의 GNP는 270달러이고 부국(20개 자본주의 부국)은 1만 2,960달러였다. 빈국이 부국보다 높은 소득성장률로 발전한다고 가정하면, 이론적으로 빈국이 1986년 당시 이룩한 부국의 소득에 도달하는 기간은 127년이 걸리고 497년을 더 고생하면 완전히 따라잡을 수 있다.[10] 하지만 현실에서 빈국은 영원히 부국을 따라잡을 수가 없다. 부국이 발전하면 할수록 빈국은 더욱 저발전의 늪으로 빠져들 뿐이다. 모두가 꼭대기에 올라서고 싶지만, 경제가 피라미드처럼 짜여 있어서 결코 그럴 수 없는 것이다. 오히려 부국은 '사다리 걷어차기'를 통해 빈국을 가난한 상태로 만들고 세계적으로 불평등을 조장한다.

러스킨의 통찰은 다시 이어진다. 호주머니의 불평등과 압력의 차이로 끊임없이 일하도록 만드는 화폐의 지배력 속에서, 사람은 자신의 생명을 희생하고 무의미한 삶과 신체적 고갈, 즐거움의 소멸, 행복의 유예, 끝없이 목마른 탄탈로스(제우스의 아들로, 신의 음식을 인간에게 준 죄로 영원한 굶주림과 갈증으로 고통받았다)의 상태에 놓인다. 황금은 곧 죽음의 찬란한 초대장이나 마찬가지다. 러스킨은 황금과 죽음을 대신하는 메타포로 물과 생명의 세계로 우리를 안내한다. 물이 땅속으로 스며들어 생명을 잉태하게 만들 듯 화폐도 물처럼 흘러 서로를 키워주는 '살림'의 자양분이 되어야 한다는 것이다.

'돈은 물처럼 흘러야 한다'

러스킨은 고대 그리스와 중세의 고전, 성경의 비유, 신화와 예술 작품, 그리고 자신이 창작한 시와 우화를 메타포로 즐겨 삼는다. 화폐와 생명의 메타포도 『황금 강의 임금님』이라는 작품에서 비유적으로 드러난다.

저쪽 산 너머에 강물이 흐르고 있었다. 어느 날 키 작은 노인이 거기에 성수를 세 방울 떨어뜨리면 황금으로 변한다고 알려준다. 마을의 세 형제 중 두 명은 마음씨가 고약했다. 그들은 성수를 성당에서 얻으려고 했지만 불가능했다. 도리가 없어진 두 형제는 착한 막내 동생의 돈을 빼앗아 마음씨 나쁜 신부에게 성수를 사서 산골짜기의 강으로 달려간다. 산길을 가던 도중에 갈증으로 죽어가는 노인이 있었지만 형제는 그냥 지나친다. 그 결과 두 형제가 강물에 성수를 뿌리자마자 그들은 검은 바위로 변해버린다. 이미 성수가 악으로 오염되었기 때문이다. 착한 막내 동생은 목마른 개에게 성수를 나눠주는 등 온갖 고생 끝에 마지막 남은 성수 세 방울을 강물에 떨어뜨린다. 그런데 강물은 황금으로 변하지 않았다. 대신 강물은 산 저쪽 골짜기 바위틈으로 솟아올랐고 갈라져서 시냇물로 흘러내렸다. 물이 흐르는 시냇가를 따라 넝쿨식물이 수풀을 이루고 포도나무가 자라기 시작했다. 이로써 폐허였던 골짜기는 기름진 땅으로 변해 되살아났다.

황금 강은 황금이 흐르는 강이 아니었다. 강물이 골고루 대지를 적셔 푸른 생명을 잉태하게 만드는 곳이 황금 강이었다. 황금

오늘날에 되살아난 '생명 경제'

강은 생명을 살리는 물로 상징된다. 러스킨에게 황금 강의 강물은 새로운 생명이 잉태하고 번식하는 물로써 '물＝화폐＝생명'의 의미 관계가 성립한다. 물이 가두어져 있지 않고 필요한 곳으로 흘러서 생명가치를 높이듯, 화폐도 경제의 순환과정에서 축적되지 않고 흐르면서 부의 증진에 기여해야 한다. 그렇다면 화폐가 어떻게 물처럼 순환해 생명을 낳도록 할 것인가?

조선시대 어느 양반집에서 머슴이 엽전 1냥을 연못에 빠뜨렸다. 주인은 사람을 시켜서 연못을 다 퍼내고 1냥을 찾아 되돌려주었다. 연못의 물을 다 빼는 데 들어간 비용은 5냥이었다. 그냥 1냥을 머슴에게 주었으면 좋았을 것을, 4냥을 손해본 것이다. 주인은 "돈은 돌고 돌아야 한다. 1냥이 부족하면 그만큼 물자 유통이 원활하지 않기 때문에 내가 손해를 보더라도 1냥을 찾아야 한다"고 생각했다. 조선시대에도 엽전이 부족해 물자 유통이 경색되는 전황錢荒 현상이 일어났던 터였다.

여기에 주인은 러스킨처럼 이런 생각을 보탰을지 모른다. '머슴이 애써 번 1냥은 자신이 땀 흘린 노동의 대가다. 그 1냥은 다른 사람에게 노동을 요구하거나 그만큼의 노동이 들어간 물건을 살 수 있다는 증표다. 1냥은 돌고 돌면서 서로의 노동 생산물을 청구할 수 있는 상징물로서 소중하고 귀한 것이다.'

러스킨은 화폐를 지배 권력이 아니라 동등한 노동의 대가를 청구할 수 있는 도덕적 기호moral sign로 규정한다. "오늘 우리를 위해 쓰는 시간과 노동에 대해 나중에 언제든지 그를 위해서 그것과 동등한 시간과 노동을 제공해주거나 알선해주겠다는 약속인

것이다." [11]

이때 화폐는 동등한 노동의 대가를 지불해야 한다는 약속이며 '도덕화한 언어moralized language'로 상징된다.

지역 화폐로 살아난 러스킨의 도덕적 상상

러스킨의 화폐는 도덕적 기호와의 약속이며 사회적 채권과 채무 관계를 상호 순환하는 호혜성을 특징으로 한다. 화폐가 이득 추구의 목적이 되어 인간 삶에 토대를 둔 건강한 생명 경제를 파괴하고 있는 상황에서, 러스킨의 생명 화폐 메타포는 새로운 대안 화폐 또는 지역 통화 시스템의 출현을 통해 힘을 받고 있다.

지역 화폐 또는 지역 통화 거래 시스템(Local Exchange and Trading System, LETS 레츠)은 풀뿌리 공동체 경제를 지향하는 상호 신용 시스템에 바탕을 둔다. 여기서는 누구는 잠재된 능력과 기술, 솜씨와 서비스를 시장가격 교환이 아닌 비시장 거래 방식으로 주고받는다. 레츠의 기본 구상은 국가나 은행이 발행한 현금을 사용하지 않고, 지역사회의 주민끼리 물품과 서비스를 주고받으며 지역 연대와 결속을 다지는 자립적 생활방식을 찾는 것이다. 시장 거래에 수반되는 화폐는 회원 계정에서 플러스와 마이너스로 표시되는 화폐 기호 체계로 이루어진다. [12] 회원으로 가입한 지역 주민은 서로가 제공할 수 있는 서비스와 물품 목록을 통보받으며, 해당 계좌 현황도 정기적으로 고지된다. 계좌 현황이 마이너스가 된 사람은 노동시장에서 화폐로 교환할 수 없지만, 중고 물품이나 자신이 제공할 수 있는 간단한 일을 목록에 올려 원하는 사람에게 제공해서, 계정을 플러스로 만들 수 있다.

레츠에서 거래는 '낮은' 교환 영역과 비시장경제의 호혜적 교환으로 이해된다. 이때 낮은 교환 영역은 물의 비등점과 연결 지을 수 있다. 물이 100도가 되어야 끓듯, 시장경제는 수요와 공급의 가격 메커니즘에 의해서 상품화된 자원만을 선별한다. 가격 균형점에 도달하지 못한 노동과 자원은 자기실현의 기회마저 갖지 못한다. 예를 들어 간단한 일본어 회화를 할 줄 아는 사람이 있다고 하자. 물론 이 정도의 실력으로는 학원 강사도 할 수 없지만, 만약 일본을 여행하는데 간단한 일상 회화를 배우고 싶은 이웃이 있다면 그에게 도움을 줄 수는 있을 것이다. 하지만 현 시장경제 체제에서 두 사람이 만나는 일은 요원하다. 시장경제에서 가격과 부합하지 못하는 재화는 가치 없는 것이다. 이웃에게 일본어 초급 회화를 가르쳐주는 서비스는 시장의 화폐가치 이하, 즉 100도 이하에서 제공되므로 시장에서 선택 받지 못한다. 이처럼 드러나지 못한 잠재 가치를 발휘하기 위해서는 비시장경제라는 통로가 필요하다.

레츠는 서로 부족한 것을 교환하고 보살피는 선물의 호혜 시스템gift and reciprocity system이다. 어떤 사람이 계속 물품과 서비스를 받아 계정이 마이너스(예를 들어, -3000품앗이)가 된다면, 그 사람은 도덕적으로 채무감을 느끼게 된다. 자신은 아무것도 줄 수 없다고 생각하는 사람도 잘 찾아보면 뭔가를 줄 수 있다는 것을 알게 되므로, 삶의 존재 가치도 찾게 된다. 외로운 노인의 말벗을 하거나 책을 읽어주는 것만으로도 얼마든지 자기 계정을 플러스로 만들 수 있다. 그런 의미에서 레츠는 노동이나 노동 생산물에 대한 채무와 채권 관계를 매개하는 도덕적 상징 기호라고 볼 수 있다.

시장 메커니즘은 가격price과 가치value를 동일시한다. 반면에 지역 통화는 가격 이하priceless에서도 잠재 가치가 실현될 수 있도록 호혜의 영역을 확보하고, 상징적 재생산을 이룰 수 있게 해준다.

지역 통화는 희소성 원리에 따라 작동되는 시장 시스템에서 벗어난 한 차원 '낮은' 금융시장 시스템이며, 지역공동체의 상부상조와 호혜성에 근거해 움직인다. 또한 M(화폐)→C(상품)→M′(화폐+유통차액)의 상품교환 체계나 A↔B 같은 등가적 물물교환 시스템과 달리, 공동체 간에 A-B-C-D……A식으로 일련의 증여와 반례가 이루어지는 연쇄 고리의 특성을 지닌다.

지역 화폐는 외부 화폐(달러, 시장 교환의 화폐)의 시장 모순에서 지역공동체를 지키고, 이것을 호혜 교환으로 극복해 사회 통합과 상부상조를 매개하는 상징적 기호로 평가되고 있다. 지역 통화 시스템은 시행착오도 많이 겪고 있으나, 외부 화폐의 파괴성을 방어하고 인간 삶에서 경제와 사회적 가치를 실현하는 호혜 시스템으로 작용한다. 오늘날 러스킨의 도덕적 상상력과 '화폐를 물의 생명으로 만드는 구상'은 흐르는 황금 강처럼 대지를 적시고 있는 것이다.

'진정한 부'를
추구하기

고유가치와 향유 능력

자녀들이 어렸을 때는 늦은 귀갓길일지라도 동네 제과점에서 빵을 사가지고 갔다. 집에 들어가 식탁에다 빵 봉투를 펼쳐놓고 자기 방에 처박혀 있는 아이들을 불러 모아 도란도란 이야기하는 시간도 하나의 기쁨이었다. 같은 빵이라도 그냥 배를 채우기 위해서 먹는 빵과, 가족과 둘러앉아서 먹는 빵은 분명히 다르다. 나에게 빵을 사는 행위는 영양을 섭취하고 맛을 즐기겠다는 목적도 있지만, 가족과 얼굴을 맞대는 즐거운 자리를 마련하기 위한 목적이 훨씬 컸다.

가족과 즐거운 대화를 나눌 수 있게 해주는 빵의 역할을 경제학에서는 어떻게 설명할까? 지금껏 경제학 교과서에서는 빵을 맛나고 배부르게 먹는 재화로만 여겨왔다. 우선 빵을 덥석 한입 물면

달콤하고 구수한 맛이 느껴지니, 쾌락과 만족의 정도를 나타내는 빵의 한계효용marginal utility은 높을 수밖에 없다. 더 먹다보면 아무리 맛있는 빵이라도 조금씩 배가 불러와서 한계효용은 줄어든다. 결국 빵이 질릴 정도가 되면 한계효용은 쾌락이 아니라 고통, 즉 비효용disutility의 수준으로까지 떨어지게 된다. 이것을 경제학에서는 '한계효용 체감의 법칙'이라 부른다. 여기서 빵이라는 재화의 한계효용은 '양적 차원에서만 느끼는 쾌락과 고통'의 수준 이상을 보여주지 못한다.

러스킨은 한계효용의 법칙으로는 도저히 접근할 수 없는 빵과 대화의 즐거움을 한 차원 높게 파고든다. 그에 따르면 빵이라는 재화의 특성에는 두 가지가 있다.

첫째, 빵은 영양을 제공하는 기능을 갖는다. 물론 이때도 전제 조건이 뒤따른다. 맛을 잘 느끼고 영양을 충분히 흡수하기 위해서는 우리의 건강 상태가 좋아야만 한다. 위장이 나쁜 사람에게 빵은 고통일 뿐이다. 둘째로 빵은 커뮤니케이션의 수단이다. 빵을 질적 차원에서 '대화의 즐거움과 향유 능력'으로 접근했던 러스킨의 경제학 방법론은 독특하다.

빵이라는 재화의 성질은 맛과 영양이라는 유용성을 가지면서 동시에 커뮤니케이션 기능이라는 고유가치intrinsic value를 내재하고 있다. 빵 속에 간직된 고유가치는 잠재되어 있어서 아무에게나 제 모습을 드러내지 않는다. 고유가치를 끄집어내고 수용할 능력이 있는 사람에게만 제 모습을 드러낸다.

아버지가 귀갓길에 빵을 사가지고 들어왔는데 자녀들이 자기

먹을 빵만 가지고 제 방으로 들어가버린다면 어떻게 될까? 썰렁해진 식탁 위에 놓인 빵은 영양 섭취를 위한 재화에 그칠 뿐이다. 평소에 가족 간 대화에 익숙한 가정이라면 빵 한 조각을 놓고도 식구가 마주 앉아 오손도손 이야기를 나눌 수 있을 것이다.

가족이 둘러 앉아 빵을 먹으며 이야기를 나누는 것에도 훈련이 필요하다. 빵 하나로도 가족 간에 웃음꽃이 필 수 있도록 의식적으로 학습을 해야 한다. 대화하는 능력을 학습해야만 커뮤니케이션이라는 빵의 고유가치를 향유할 수 있다. 재화에 내재한 고유가치를 발견할 수 있는 향유 능력acceptant capacity은 우리 삶의 가치를 높여준다. 고유가치는 향유 능력을 만나 인간의 생명 발달에 공헌할 때 유효가치effectual value로 드러난다. 생산물과 재화가 진정으로 가치 있는 것이 되기 위해서는 고유가치를 유효가치로 전환시킬 수 있는 향유 능력이 필요하다. 빵을 먹으며 가족이 대화를 나누거나, 시와 오페라와 그림을 감상하고 작품 속에 내재한 가치를 향유할 수 있어야 고유가치는 유효가치로 전환될 수 있다.

나는 학생들에게 음악과 그림을 꾸준히 감상하고, 직장에 들어가서도 월급의 10퍼센트는 문화·예술 비용으로 지출하라고 권유한다. 시나 그림 같은 작품 속에 내재된 고유가치를 향유하기 위해서는 지속적인 투자와 훈련이 필요하기 때문이다.

골목 담장에 알록달록한 그림을 그려넣는 마을 가꾸기나, 낡은 폐가나 텅 빈 공장을 전시장이나 도자기 체험장으로 만드는 도시 재생 프로젝트도 새로운 가치를 캐는 작업이다. 빵 한 조각에서 고유가치를 발견하고 폐허가 되어버린 공장에서 심미적 가치를

끄집어내, 인간의 생명 활동에 기여하는 향유 능력을 키워나가야
한다.

지금 생각해도 아쉬움이 가시지 않는 기억이 있다. 오래전 내
가 살던 동네에, 낡긴 했어도 마당이 널찍하게 트인 커다란 한옥
이 있었다. 나는 그 집을 오고 가며 이런 생각을 했다. 주말 저녁
마다 한옥에서 판소리 공연을 열면 어떨까? 소리꾼이 대청마루에
앉아서 〈춘향가〉 한 대목을 부르면 소리는 창호지 문을 두드리며
멋지게 퍼질 것이다. 저녁 나들이 나온 동네 주민이 한옥 마당에
앉아서 추임새로 장단을 맞추고 막걸리도 한 잔 걸치는 마을 풍경
을 상상했다. 그런데 열흘쯤 출장을 다녀왔더니 어느새 한옥은 철
거되어 사라져버렸다. 아마 오늘날 그런 한옥이 있다면 충분히 새
로운 가치를 발견할 수 있을 것이다. 그만큼 우리의 심미적 향유
능력도 커졌기 때문이다.

생동하는 '전체적 인간'

러스킨은 금전의 가치를 최고로 취급하는 물질 경제학에서 탈피
해 인간의 '생명과 삶'을 최고로 생각하는 경제학 방법론을 주장
한다. 그의 경제사상은 여전히 "생명 없이 진정한 부도 없다"라는
말에 집약되어 있다.' 러스킨은 진정한 부의 원천을 재화에 내재
한 고유가치에서 찾는다. 고유가치는 인간의 생활과 생명에 얼마
나 공헌할 수 있는지를 나타내는 기준이 된다. 어떤 상품의 가치

는 얼마만큼의 금액으로 교환되는지보다 '생활과 생명'에 얼마나 공헌하는지에 따라 매겨진다.

러스킨은 다른 대상에서도 재화의 이중가치에 주목한다. 어떤 대상이나 재화든 유용성(사용가치)과 더불어 심미성(고유가치)이 내재되어 있다. 빵, 오페라, 그림뿐만 아니라 토지도 마찬가지다.

"토지는 이중가치를 지닌다. 첫째로 토지는 산과 평야의 형태를 이루거나 토양과 미네랄 성분을 간직하고 기후에 따라 식량과 역동적 힘mechanical power을 생산하며, 둘째는 풍경과 사색의 대상이 되어 우리의 지력知力, intellectual power을 키워준다."[2]

러스킨은 자연의 쓸모를 체감케 하는 동시에 관찰과 사색의 대상이며, 지력을 길러주는 잠재적 가치도 있는 토지에 주목했다. 삶의 무게를 던져버리고 끝없이 걷고 싶은 인간의 욕망을 자극하는 토지는 철학의 공간이기도 하다. 지금껏 토지는 자본과 함께 생산요소로만 간주되었고, 경제적 효용과 한계이득의 대상으로만 거론되어왔다. 인간이 자연을 지배해서 생태적 파괴가 이루어진 배경에는 생명과 재화의 고유가치를 무시했던 경제학의 과오에도 큰 책임이 있다.

최근 등장한 생명자본주의the vita capitalism는 파괴와 죽음의 경제에서 살림살이의 경제로 나갈 것을 주장한다. 생명을 죽이는 죽음의 자본주의에서 탈출해 생명을 생산과 창조의 자본으로 삼아 인간과 자연을 살리는 '살림life' 자본주의를 내세운다. 예를 들어 이전에는 산의 나무를 벌목한 목재를 자본으로 삼았다면, 지금은 존재하는 나무 자체가 훌륭한 자본이 된다. 인간에게 감동을 주는 숲의 아름다운 풍경에 문화·예술적 가치를 부여해 새로운 자본으로 만드는 것이다. 생명자본주의는 러스킨의 경제사상을 현대적으로 계승한 것이다.[3]

진정한 부는 생명에서 찾아야 한다. 생명은 끝없이 약동하고, 호기심이 넘치고, 무언가를 찾고 만들어내는 창조의 샘물이며 활력이다. 생명의 활력이 넘치는 인간은 대지의 숨결을 가슴속 깊이 빨아들이며 행복을 느끼고, 영롱한 이슬에 비치는 아침 햇살에 활기를 느낀다. 생의 풍요로움을 뜻하는 life라는 말은 앙리 베르그송Henri Bergson을 대뜸 떠오르게 하는 '생의 약동elan vital'이기도 하다. 베르그송은 우리가 매일매일 똑같은 일상에 매몰되고 지쳐가는 상태를 일컬어 기계적 삶이라 했다. '나'라는 존재는 외부의 강제로 움직여서는 안 된다.

어느 날 아침 햇살에 내가 살아 있음에 감사하고, 뭔가 가슴 저 깊은 곳에서 아름다운 생의 충동이 일어나듯, 우리는 스스로 약동하는 존재인 것이다. 그런데 경제학에서 설정한 호모 에코노미쿠스라는 인간 모델은 전혀 생명이 느껴지지 않는, 수동적으로 외부 자극에 반응하는 기계에 지나지 않는다. 생명은 물질적 결합이라는 단순한 기계적 질서를 통해 진화하지 않는다. 지구의 깊은 땅속에 잠자는 용암처럼, 내적 충동을 통해 창조적으로 진화한다. 생의 약동은 다양한 생명의 근원에 존재하면서 그를 도약시키는 근원적 힘이자 끊임없이 유동하는 생명의 연속적 분출이다.

경제학의 이론 체계는 생명으로 약동하는 총체적 인간을 쾌락과 이득에만 반응하는 수동적 기계 상태로 묶어버렸다. 한계효용 체감의 법칙만 놓고 보더라도 그렇다. 이에 따르면 사람은 빵을 한두 개씩 먹을 때마다 한계효용이 어떻게 변하는지를 측정하는 기계적 인간에 지나지 않는다. 베블런은 주류 경제학의 인간관을 두고 "쾌락과 고통을 측정하는 계산기에 지나지 않으며 아무런 활동도 하지 않는 정적이고 불활적inert 인간일 뿐"이라고 비꼬기도 했다.

러스킨의 경제학 방법론에는 신고전학파 경제학이 갖는 수동·계산·합리적 인간형과 뚜렷이 대비되는 새로운 인간 유형이 자리 잡는다. 그에 따르면 인간이란 다양한 지식과 판단으로 평가할 수 있는 전체론적 존재이며, 최소 비용과 최대 만족을 얻기 위해 동물적으로 반응하거나 물질적 이익을 최대로 얻기 위해 기계처럼 행동하는 존재가 아니다.

러스킨은 기계적 인간과 대비되는 모델로 의식적 인간을 내세운다. 의식적 인간은 빵 속에 잠재된 고유가치와 행복을 얻기 위해 끊임없이 사랑하고 대화하는 훈련을 쌓거나, 토지라는 관찰 대상에서 사색과 철학의 지적 가치를 끄집어내기 위해 의식적으로 행동한다. 물질적 경제원칙에 따라 피동적으로 움직이는 사람은 기계적 인간이다. 이와 달리 의식적 인간은 고유가치를 향유하기 위해 노력하고 학습하며 능동적으로 생동하는 인격적 존재인 '전체적 인간wholistic man'이다.

대지를 적시는 현명한 소비

어느 여름날 새벽이었다. 창밖을 때리는 빗소리에 잠이 깨어 밖을 내다보았다. 어슴푸레한 새벽 공기가 촉촉이 밀려오면서 잎사귀를 때리는 빗방울 소리만 더 크게 들렸다. 분명 빗물이 흘러 나무 뿌리를 적시고 신록과 더불어 대지는 더욱 생명의 기운을 돋울 것이었다.

개울가로 흘러 곳곳에 스미는 소낙비처럼, 러스킨의 사유를 전체적으로 감싸는 메타포는 생명을 잉태하는 물이다. 물은 만물에 생명을 불러일으키는 활력이다. 인간이 생산한 재화에도 물과 같은 생명력이 담겨 있어야만 소비자의 가치를 고양시킬 수 있다. 이때는 소비자도 재화에 잠재된 제작자의 노고와 애정을 받아들이는 향유 능력을 발휘해 자신의 지적 능력을 높이고, 생명력을 고양하는 쪽으로 나아가야 한다.

삶의 기쁨과 행복 같은 진정한 부는 저절로 생기지 않는다. 대상에서 잠재적 가치를 이끌어내거나 재구성해서 새로운 진가를 발휘하는 전체적 인간 안에서 진정한 부는 제 모습을 드러낸다. 찰랑이는 물이 대지에 졸졸 흐른다 해도, 나무와 꽃이 그것을 흡수해 성장을 위한 영양소로 전환하지 못한다면 아무런 소용이 없는 것과 같은 이치다. 물은 여기저기 돌고 돌아서 생명의 씨앗을 자라게 만들어야 한다. "물이 필요한 곳으로 흐르지 못하고 저수지에 가두어져 있다면 생명의 가치를 발휘하지 못한다. 화폐 이득만을 추구하기 위해 만들어진 재화는 아무리 많이 쌓여 있어도,

그것은 부wealth가 되는 것이 아니라 인간에게 병illth을 가져다줄 뿐이다."[4]

생산자와 소비자가 서로 생명의 숨결을 느끼듯 애정과 협력의 관계망 속에서 상호작용해야 한다. 사람이 책을 만들고 책이 사람을 만들 듯, 제작자의 애정과 영혼이 담긴 제품이 소비자의 인격을 더욱 성숙시킨다. 생산과 소비가 유기적 관계 속에서 순환되어야 하는 것이다. 러스킨은 탐욕과 이기적 인간관계와 이윤을 목적으로 하는 기계적 교환 원리를 부정하고 '사회적 애정social affection'이 넘치는 순환 경제를 구상한다.

러스킨의 순환 경제학적 사고는 생산보다는 개인의 소비 역량에 비중을 둔다. 생산물은 인간의 삶에 직접적 영향을 주는 환경을 구성하는 요소이기 때문에, 소비자의 삶에 진정한 부를 가져다줄 수 있도록 제작해야 한다. 소비자에게는 제품이나 노동 생산물에 깃든 제작자의 노고와 영혼을 끄집어낼 수 있는 향유 능력을 계발할 것을 끊임없이 요청한다. 진정한 부는 쌓이는 화폐에 있는 것이 아니라 바로 '능력의 축적'에 있다는 것이다.

합리적 소비란 최소 비용으로 최대의 만족을 얻는 것이 아니다. 제품에 내재한 고유가치를 발견해 자신의 삶을 풍부하게 만들고, 생명가치에 기여하는 소비자의 향유 능력에 합리적 소비가 달려 있다. "생산이 부를 낳는 것이 아니라 소비가 부를 낳는다."

러스킨은 현명한 소비를 강조한다. 절약이 최선은 아니며 어떤 재화가 자신의 삶과 생명가치에 진정으로 기여하는지를 따지는 '역량 있는 소비'를 적극 강조한다.

의식적이고 전체적 인간으로 학습된 소비자는 가격 지불의 태도에서도 큰 차이를 보인다. 무조건 싸게 구입하려 들지 않는다. 재화에 내재된 노동의 땀과 노고, 생명의 가치에 기꺼이 정당한 가격을 지불한다. 그렇게 되면 제작자들은 '정의justice를 기반으로 하는 가치 순환 체계' 속에서 정당한 노동의 대가인 공정가격을 누리며, 화폐에 지배당하지 않고 자신의 노동을 생명 발달과 창조적 행위에 쓸 수 있게 된다.

오늘날 권장되는 윤리적 소비 또한, 윤리적이고 생태적으로 만들어진 재화와 서비스에 정당한 가격을 지불해 인간, 동물, 환경에 해를 끼치지 않는 소비를 지향한다.[5] 윤리적 소비와 투자가 윤리적 기업과 생산을 만든다는 정의로운 순환관계의 원류도 러스킨의 경제사상에서 발견할 수 있다. 러스킨은 생산과 소비를 휘감는 생명의 순환을 경구로 표현한다. "소비는 생산의 결과이기도 하지만 동시에 목적이다. 그렇듯이 생명은 소비의 결과이기도 하지만 목적이다."[6]

쉽게 말해 생산은 이윤 획득을 목적으로 해서는 안 되며 소비를 통해 생명가치와 생활의 행복을 증진시키는 차원에서 이루어져야 한다. 따라서 윤리적 소비와 생산에서 정당한 대가를 지불하는 행위는 생명가치의 생산과 소비 과정을 순환시키기 위해서 필수적이다.

이때도 화폐의 기능은 다시 강조된다. 이때 화폐는, 사람 위에 군림하면서 좋은 물건을 턱없이 싸게 사거나 부자가 빈자의 노동을 지배해 사회를 약탈과 죽음으로 몰아가는 도구가 아니라, 노동의 대가를 마땅히 지불해 서로 상생할 수 있도록 매개하는 도덕적 기호moral sign다.

화폐의 축적과 지배력은 억압과 약탈성으로 드러난다. 이것을 제거하기 위해서 화폐의 '축적stock'을 물자 순환을 매개하는 '흐름flow'의 형태로 전환해야 한다. 화폐는 지역 화폐 또는 인간의 얼굴을 지닌 착한 화폐처럼, 생산과 소비 영역에서 생명의 가치를 인정하고 정당하게 배분하는 도덕적 언어로 작용해야 한다는 것이다.[7]

러스킨의 메타포는 결국 '생명=화폐=물'로 요약된다. "화폐는 부를 둘러싸고 기류로 상승했다가 다시 비가 되어 하강하는 대기an atmosphere가 되기도 하고, 또 부를 표류시켜서 대부분 소멸까지 이르도록 하는 홍수a deluge로도 비유된다."[8]

이런 식으로 표현된 러스킨의 독특한 비유법은 때로 이해하기 쉽지 않다. 좀 풀어보면 화폐는 수증기가 되어 구름처럼 응결되었다가 다시 빗방울로 떨어져 내려 대지의 생명을 키워주어야 한다는 것이다. 그렇지 않고 저수지의 담수처럼 화폐가 탐욕스럽게 축적되어 있으면, 언젠가는 둑이 터져 홍수가 나 농경지를 파괴하듯 사회를 죽음에 빠뜨릴 것이다.

화폐의 축적은 물질적 부이며 억압이다. 반대로 화폐의 흐름은 생명의 가치를 서로 키우는 진정한 부를 낳는다. 가장 부유한 국가는 물질이 아니라 생명의 가치가 넘치는 나라다. "생명에는 사랑과 환희와 찬탄의 힘이 모두 포함되어 있다. 가장 부유한 국가는 최대 다수의 고귀하고 행복한 사람을 키우는 나라다."[9]

부유한 나라는 생명을 나누고 가난한 나라는 물질적 부rich를 쌓는다. 러스킨의 비유로 보면 찬란한 황금 가면 속에는 언제나 죽음의 미소가 어른거린다. 가장 부유한 사람은 자신의 생명가치를 최대한도로 높이는 역량을 쌓고, 전체적 인간이 갖는 인격과 재산으로 다른 사람은 물론 뭇 생명에 유익한 영향을 미친다. "생명이란 말에는 인간의 지력과 영혼과 체력이 포함되어 있다. 그것은 의문이나 곤란, 시련이나 물질력과 싸운다."[10]

이제 생명의 힘과 활력으로 싸워야 한다. 지금이야말로 러스킨의 생명과 순환 경제에서 새로운 경제학의 메시지를 뽑아낼 때다.

똥이 된 황금,
황금이 된 똥

돈과 똥은 하나다

대지가 따뜻한 봄날에 과수원을 오르다보니 거름을 뿌려놓은 구수한 내음이 꽃향기보다 먼저 풍긴다. 아마도 유기농을 고집하는 어느 귀촌 농민의 텃밭에서 나는 냄새인 듯싶다. 나도 감나무 묘목을 작년에 심어놨고 올해는 일찌감치 밭에다 비료라도 뿌려야 하는데, 그것도 힘들어서 차일피일 미루고 있는 처지다.

푹 썩은 두엄 냄새는 봄날의 농사 짓기가 시작되고 있음을 알린다. 예부터 거름으로는 가축의 배설물이나 외양간에 깔아놓은 짚이 많이 쓰였지만 뭐니 해도 사람의 똥이나 오줌을 제일로 쳤다. 중세 농경시대에 두엄으로 쓰일 똥은 누런 황금벌판을 예비하는 거름으로 금쪽같은 대접을 받았다. 쇠오줌과 말똥인 우수마발牛溲馬勃은 물론 하다못해 개똥도 거름에 쓰이는 귀한 재료였다. 겨울에도 새벽같이 동네를 산보하면서 개똥을 주워왔던 어릴 적 습관 때문에 지금도 일찍 일어나서 부지런을 떤다는 어느 성공한 기업인의 에피소드도 남의 일 같지 않다.

유럽의 중세시대에도 사정은 같았다. 간혹 중세 영주에게 바치는 '한 통의 똥'은 농노에게 무거운 세금이기도 했다. 영주의 저택에서 일하는 집사는 '암소의 똥과 그에 딸린 송아지 똥과 영주의 집에서 나온 쓰레기'를 봉급으로 받았다. 중세시대의 농업도 가축의 배설물과 축력을 더 얻기 위해 목초지를 늘려야 했지만 그렇게 되면 경작지가 줄어드는 것이 딜레마였다. 질소동화작용을 일으키는 네잎 클로버와 콩, 과류 등의 사료작물이 도입되기 전까지 이 문제는 해결되지 않았다.

어쨌든 이 땅에 화학비료가 나오기 전 거름과 똥은 우리 삶의 먹거리와 땅을 이어주는 연결 고리였다. 예전에 친구가 보내준 『아나, 똥』이라는 시집을 다시 꺼낸다. 욕쟁이 할머니가 질박하게 풀어놓은 듯한 사설辭說이 구수하다.

> 땅이 많이 물러졌어. / 나무고 풀이고 간에 / 손대면 물크덩하니 함부로 주저앉고 / 키 멀쑥하고 살만 풍덩풍덩한 요새 애들처럼……병기病氣 철철 흐르는 땅이 불쌍해서 못 보겠네. / 땅이란 것은 거름이 들어가야 푸근푸근해지는 거여. / 그래도 냄새는 똥 것이라야 살로 가는 것이여. / 농약, 비료가 하도 독하니까 무슨 병이 / 새로 생긴다고들 안 혀?

식민지시대에 일제는 조선 재래의 벼 품종을 모두 없애고 수확량이 많은 왜종倭種으로 바꿔서 미곡 증산을 강제했다. 내비다수성耐肥多收性의 특성을 갖고 있는 일본 벼 품종은 비료에도 잘 견디고 토지를 빨아먹는 힘도 강해서 우리의 전통적인 거름이나 퇴비 가지고는 감당이 안 되었다. 1930년대부터 조선의 농토에는 일본 질소 공장의 화학비료가 엄청나게 깔렸고 소작농은 비료 값을 대느라 허리가 휠 지경이었다. 농촌은 비료 공장에서 생산된 화학비료, 즉 돈을 주고 비료를 산다고 해서 이름 붙여진 금비金肥로 뒤덮였다. 지주는 벼 수확량이 많아진 데다 가을철이 되면 미리 소작인에게 꿔준 비료 값에 높은 이자를 붙여 수탈했고 조선의 땅심地力도 점차 힘을 뺏기기 시작했다.

화학비료로 대체된 똥은 서서히 토지와 분리되어 갈 곳을 잃어버렸다. 조선 농촌의 식민지 근대화는 '똥'과의 결별에서 시작되었는지도 모른다. 욕쟁이 할머니의 타령처럼 똥과 분리된 조선의 땅은 병치레로 신음했고 농약과 비료가 독해서 저항력이 강한 새로운 병충해도 생기게 되었다.

자연에 생명력을 불어넣던 똥은 이제 생태계의 순환에서 벗어나 처치 곤란한 배설물로 전락해 '더러운 것'이 되었다. 귀한 음식이라도 접시 밖으로 내동댕이쳐진 순간에 지저분한 것이 되듯이 똥도 생태계의 순환에서 벗어나게 되자 속되고 더러운 것으로 바뀌었다.

똥의 귀함과 천함은 인간 내면의 선악을 기준으로도 갈라진다. 이솝의 우화 「황금알을 낳는 거위」의 이야기를 봐도 잘 알 수 있다. 장터에서 어느 농부가 암놈 거위 한 마리를 사왔다. 다음 날부터 거위는 매일 황금을 하나씩 낳았다. 너무나 기뻤던 주인 농부는 한꺼번에 황금알을 얻을 욕심으로 거위의 배를 갈랐지만 그 속에는 아무것도 없었다. 농부는 거위도 죽이고 황금알도 모두 잃어버린 것이다.

과연 거위의 배 속에는 아무것도 없었을까? 어릴 적에 닭을 잡아서 배를 갈라본 나의 경험으로 볼 때 아마도 똥이 들어 있었을 것이다. 황금과 똥은 인간의 욕심을 경계선으로 바뀌어 나타난다. 지크문트 프로이트의 정신분석학으로 보면 황금으로 승화될 통로를 잃어버린 거위의 배 속은 더러운 똥으로 가득 찰 수밖에 없다. 똥이 황금이나 토지의 생명을 잉태하는 대상으로 승화하지 못하면 똥은 더러운 것으로 머물고 만다. 거꾸로 황금이 보물 창고에만 쌓이거나 소유자의 쾌락 대상으로 고착되어 더는 승화를 멈출 경우에도 황금은 똥이 된다. "돈 먹고 똥 쌀 놈"이란 속담처럼 돈과 똥은 하나의 표상을 이루는 것이다.

항문기에 고착된 자본가의 욕망

황금과 똥의 이야기는 우리의 전래 동화나 설화에서도 권선징악의 교훈으로 곧잘 등장한다. '단 방귀 장수'라는 민담부터 잠깐 들여다보자.

욕심이 많아 유산을 독차지한 형과 가난한 동생이 있었다. 동생은 산에 나무를 하러 갔다가 꿀통을 발견해 실컷 먹고 돌아온다. 우리가 익히 알던 대로 동생은 방귀만 뀌면 꿀처럼 달아 현대판 향료 장사인 단 방귀로 큰 부자가 된다. 그 말을 듣고 형도 꿀을 구하려고 했으나 여의치 않아 생콩을 한 말이나 먹는다. 형은 방귀 장사를 한다고 잔칫집에 불려가 방귀를 뀌는데 똥물만 쏟아져나와 매만 죽도록 맞는다. 선악의 구조로 보면 형은 생콩이 아니라 꿀을 먹었어도 똥물만 나왔을 것이다. 황금과 똥의 표상은 민담 「황금을 낳는 닭」에서도 볼 수 있다.

옛날에 착한 형제가 살았는데 시장에서 병아리를 사서 열심히 길렀다. 그런데 나중에 그 닭은 황금을 낳는 닭이 되었다. 그런 소문이 퍼지자, 이웃집 마음씨 나쁜 아줌마가 잠깐 동안 닭을 빌려간다. 거기서 황금을 낳는 닭은, 아무리 좋은 모이를 줘도 황금 대신에 똥만 누었다. 나쁜 이웃은 화가 나서 닭을 죽이려고 하지만, 황금을 낳는 닭은 겨우 도망쳐서 착한 형제에게 돌아간다.

황금을 낳는 닭은 주인의 마음씨에 따라 황금을 똥으로 바꾸어놓았다. 황금이 언제나 고귀하고 성스러운 것은 아니다. 권선과 징악의 의미 구조에 따라 귀한 황금도 되고 천한 똥이 되기도 한다.

똥과 관련해 『흥부전』에는 이런 대목이 나온다. 흥부가 첫째 박을 타서 나온 것은 돈궤와 뒤주였다. 쌀을 계속 퍼내도 뒤주에서는 쌀이 끝없이 나왔다. 흥부 식구는 참으로 오랜만에 밥을 지어서 잔뜩 먹었지만 배 속이 부글부글 온전할 리 없었다. 마침내 식구가 참다못해 내지른 똥은 설사가 되어 하늘 높이 솟아올랐다. 지나가던 행인은 푸른 하늘에 꼬리를 길게 늘이며 올라가는 똥 줄기를 누런 황룡黃龍이 승천하는 것이라 생각하고 놀란다. 이 대목에서 판소리를 듣는 청자의 배 속은 마치 변비가 뚫리듯이 후련하기 짝이 없을 것이다.

『흥부전』에서 놀부는 상속받은 유산을 동생에게 한 푼도 주지 않고 내쫓을 정도로 욕심이 많지만, 논이나 텃밭, 자갈이나 비탈밭, 황토밭을 가리지 않고 빈터만 있으면 찰벼(참쌀), 면화, 서숙粟, 담배, 청대콩, 녹두, 참깨 등의 상업 작물을 심는 부지런한 인물이다. 『흥부전』의 배경은, 조선 후기에 모내기로 농사를 짓는 이앙법의 발달과 새로운 농업 생산성으로 농촌의 계급 분화가 본격화되는 시점과 맞물린다. 그런 상황에서 놀부는 가축을 키우고 고리대금업도 병행해 끊임없이 자본을 축적해 신흥 부르주아의 대열로 올라서려는 상승 분자이기도 했다.

놀부는 비록 심술은 많았지만 밖에 나갔다가도 똥과 오줌이 마려우면 괴춤을 움켜쥐고 자기 집 두엄자리나 텃밭까지 달려가 일을 보는 소유형의 인물이었다. 프로이트의 「성격과 항문 에로티시즘」을 가지고 놀부를 정신분석학적으로 접근해봐도 흥미롭다.

프로이트는 어린아이가 똥을 안 누고 참느라 끙끙대는 것을 재미있게 관찰했다. 어린이는 배설의 쾌감을 놓치지 않으려고 좀처럼 변기에서 내려오지 않았다. 프로이트에 따르면 성적인 것과 더불어 삶의 본능적 에너지인 리비도는, 유아기에는 엄마의 입과 젖을 빨고 기쁨을 느끼는 구강 단계에 머문다. 점차 리비도의 대상은 구강에서 항문으로 옮겨간다. 이제 어린이는 성인처럼 배변을 자기 뜻대로 참고 배출하는 과정에서 쾌감을 느낄 줄 알게 된다.

부모에게 불만이 많은 아이들은 억지로 똥을 참는 식으로 반항한다. 그렇지 않은 경우에는 똥을 배출하고 "엄마! 나 똥 쌌어!"라고 자랑스럽게 말하고 자기가 싼 똥을 엄마에게 선물로서 확인시켜준다. "똥은 사랑하는 사람의 설득을 통해서만 포기하는 신체의 일부분이며 애정의 증거로 사랑하는 사람에게 보내는 자발적 선물인 것이다."[1] 자아를 갖게 된 아이에게 똥은 리비도의 대상일 뿐만 아니라 엄마와 아빠를 비롯한 나 이외의 타자와 관계를 형성하는 매개물이다. 여기서 똥의 배출을 보류하는 것은 불복종을 표현하는 행위이기도 하다.

프로이트는 아이들은 배변 훈련에 따라 나중에 성격도 달라진다고 한다. 어떤 정신분석학자는 일본인의 깔끔하고 남을 잘 받아들이지 않으려는 결벽증적 성격도 부모의 엄격한 배변 통제 때문이라고 보았다. 갈대로 엮은 다다미는 우리의 장판과는 달리 틈새기가 많다. 여기다 아이가 똥을 싸놓으면 닦아내기가 쉽지 않았던 탓에 부모의 신경질적 제재가 자녀에게 강박관념으로 남았다는 것이다.

정상적인 어린이라면 리비도는 항문에서 생식기를 거쳐 지적 활동이나 운동, 친구 간의 우정으로 승화한다. 하지만 고집스레 똥을 내놓지 않는 불복종은 그 이상의 단계로 발전하지 못하고 어른이 되어도 여전히 항문기에 머무는 성향을 그대로 보여준다.

항문기의 단계에서 똥은, 놀이로서 자기애narcissistic의 쾌락, 타인에게 사랑을 얻기 위한 수단(선물로서의 똥), 타인을 공격하기 위한 수단(무기로서의 똥), 다른 사람에게 의지하지 않고 독립을 주장하는 수단(소유물 또는 재산으로서의 똥)으로 사용된다. 항문 성애의 단계는 어른이 된다고 해서 완전히 사라지거나 포기되지 않고 단지 억압되어 있을 뿐이다. 특히 소유 재산물로서 돈은 똥처럼 무의식적으로 항문 성애의 리비도 대상이 된다.[2]

똥을 배설하지 않고 참으며 느꼈던 축적stock의 쾌감은 자기 것의 소유와 자산에 대한 집착을 낳는다. 성인의 화폐는 유아기의 똥으로 상징된다. 자신의 똥을 참는 것은 자기 재산을 밖으로 내놓지 않고 꽉 쥐려는 자본가의 인색과 탐욕을 의미한다.

돈을 움켜쥐고 있는 것만으로도 쾌감을 느끼는 자본가는 어린아이와도 같은 퇴행적 단계에 고착되어 있는 사람이다. "좀처럼 돈을 내놓지 않고 조심스럽게 꽉 쥐고 있는 사람에게 '더럽다'거나 '추잡하다'고 말하는 경우가 그렇다."[3] 놀부나 오늘날의 인색한 기업가는 모두가 어른이 되어가는 자아 형성에 실패해 아직도 리비도적 퇴행과 고착 상태에 빠져 있는 것이다.

항문기에 고착되어 있는 단계가 놀부라고 한다면 흥부 가족이 쌀로 밥을 지어 실컷 먹고 마침내 하늘을 솟구치는 누런 황룡처럼 배설해대는 모습은 우리에게 또 다른 승화의 쾌감을 준다.

놀부에게도 똥을 황금으로 바꿀 수 있는 기회가 마지막으로 주어진다. 박을 계속 켜다가 재산도 뺏기고 온갖 재앙을 맞이했던 놀부가 마지막으로 희망을 걸었던 박에서는 똥이 쏟아져나와 온 집안을 똥 더미로 만든다. 황금을 기다렸던 놀부에게 누런 황금은 천한 똥으로 변해 악취를 풍기는 재앙의 상징이 된다. 물론 놀부가 개과천선해 똥으로 농사를 착실하게 짓는다면 그것은 다시 황금과도 같은 귀한 똥으로 변환할 것이다.

　미르체아 엘리아데의 『성과 속』에서 ‘성’과 ‘속’은 서로 가역적 可逆的이며 동시성을 갖는다. 농경사회에서 똥은 황금처럼 귀하고 성스러울the sacred 수도 있으며 다시 천하고 속된 것the profane으로 변할 수 있다.

‘자본축적’이라는 정신 질환

가장 귀중하고 고귀한 것이 때로 가장 더럽고 천한 것이 되기도 한다. 땀 흘려 번 돈은 고귀하지만 뇌물로 받은 돈은 더럽다. 재벌 가의 어머니가 자식의 연인을 떼어놓기 위해 돈 봉투를 내미는 드라마의 장면이 시청자의 공분을 사는 것도 고귀한 사랑을 화폐로 바꾸려는 천박함 때문이다. 예나 지금이나 휘황찬란하고, 모든 상품 중에서 최고로 숭배되는 황금은 악마나 배설물과 항상 밀접하게 연관되어 있다. “사실 태곳적 사고방식이 아직도 우세하게 지속되는 곳(고대 문명, 신화, 우화와 미신, 무의식적 사고, 꿈과 신경증 등)에서는 돈이 오물과 밀접한 관계가 있는 것으로 나타났다.……실제로 고대 바빌로니아의 교훈에 따르면 황금은 ‘지옥의 똥’이었다.”[4]

　경제인류학에서도 황금이나 화폐와 같은 일반적 등가물은 고귀하면서도 동시에 더러운 것으로 여겨진다. 공동체와 공동체의 협간狹間, 즉 공동체의 경계선에 머물고 있던 일반적 등가물이 점차 공동체 안으로 침투할 경우, 기존의 안정된 신분 사회 시스템을 해체할 우려가 있었기에 화폐는 저주스러운 것으로 간주되기도 했다. 화폐 이득을 추구하는 외부 상인이 공동체 안으로 진입하는 것을 금지해 그들을 언제나 이방인으로 남긴 것도 역시 같은 이유다. 이러한 양면성을 라틴어에서는 사케르sacer라고 부른다. 'sacer'는 신성하고 더럽다는 두 가지 뜻을 동시에 지닌다.[5]

손으로 만지는 것마다 황금으로 변하는 미다스 왕처럼 화폐 축적과 소유욕의 쾌감은 결국 스스로를 굶어 죽게 할 뿐만 아니라, 화폐 본연의 매개와 유통 기능을 상실하게 만들어 사회 전체의 경제 시스템을 메마르게 한다. 결국 미다스 왕의 황금은 악마가 인간의 탐욕을 징벌하게 위해 선사한 오물이었던 셈이다. "우리는 악마가 애인에게 준 황금이, 악마가 떠난 뒤에 배설물로 변했다는 이야기를 잘 알고 있다. 여기서 악마는 바로 무의식 속에 억압된 본능적 삶이 의인화擬人化되어 나타난 존재다."[6]

항문기의 억압된 무의식이 무형의 문화적 대상non-bodily cultural objects으로 승화되지 못하고 고착하거나 퇴행하는 경계선에서, 악마는 언제나 의인화 또는 인격화된 모습으로 나타난다. 이 프로이트의 악마가 우리 민담에서는 화폐의 의인화로 나타난다. '돈 귀신'이라는 민담의 간략한 줄거리는 다음과 같다.

　①과거 급제를 한 시골 선비와 그의 아내는, 벼슬이 내리기 전
　　견문을 넓히러 한양에 올라가는데, 친구 집을 찾지 못해서 심
　　하게 고생을 한다.

② 부부는 마침 커다란 집을 발견하고 그곳에서 잠을 청한다.

③ 남편이 출타 중이어서 부인 혼자서 바느질을 하고 있는데 갑자기 몸집이 커다란 사나이가 방 안으로 들어와서 부인의 한쪽 다리를 베고 누웠다.

④ 부인은 놀라서 뜨거운 인두로 그 사나이의 머리를 눌렀다. 그러자 그 사나이는 아무 말도 없이 다른 방으로 건너갔다.

⑤ 나중에 남편과 함께 그 방을 뒤져보니, 먼지 가득 쌓인 방에 돈궤가 있었다.

⑥ 돈을 오래도록 쓰지 않아서 돈궤에서 돈 귀신이 나왔던 것이다.

뭔가를 알려주고 싶은 염원이 의인화되어서 나타난 것이 돈궤에서 나온 '돈 귀신'이다. 돈은 실물 생산의 원활한 유통을 위해 반드시 필요하다. 돈과 물자가 서로 맞물려서 잘 돌아야 모든 사람이 혜택을 입을 수 있다. 화폐가 오래 사용되지 않거나 화폐가 당연히 가야 할 곳으로 가지 않는다면, 화폐 속에 숨어 있던 마나 mana(사물에 작용하는 초자연적인 힘)가 사람의 모습으로 나타나서 경고를 하는 것이다.[7]

돈이란 돌고 돌아야 한다. 가치척도와 매개 수단을 위해 유통되어야 하는 일반적 등가물, 즉 화폐가 궤짝에 쌓여 있어 퇴장退藏되거나 탐욕의 축적 대상이 되어 한곳에 머물 때 화폐는 냄새나는 오물이 된다. 황금과 오물의 관계는 프로이트의 영향을 지대하게 받은 케인스의 경제학에서도 드러난다. 케인스의 전기 작가로 유명한 로버트 스키델스키Robert Skidelsky도 "케인스는 돈의 병리학,

특히 그것과 항문 가학적anal sadistic 성향과의 관련성에 관한 프로이트의 성찰, 그리고 프로이트의 승화 메커니즘에 매료되어 있었다"라고 적었다.[8]

케인스는 재미있게도 냄새나는 오물과 화폐의 표상을 유명한 고전인『고용, 이자, 화폐의 일반이론』에도 살짝 끼워넣었다. "만약 재무부가 낡은 병에 은행권을 가득 채우고 그 병들을 폐탄광에 적당한 깊이로 묻은 뒤 그 위를 지표면에 이르기까지 도시의 쓰레기로 덮고 나서 다시 파내게 하는 작업을 한다면 어떻게 될까?"

사람들이 냄새나는 쓰레기를 파헤치고 은행권을 다시 꺼내서 소비지출에 쓰도록 하면 실업이 줄어들고 사회의 실질소득도 늘어나게 될 것이다. 케인스식 유효수요의 창출법이다.

화폐를 방치하고 사용하지 않으면 그것은 쓰레기나 같다. 화폐는 돌고 돌아야 오물이 되지 않고 악취를 풍기지 않는다. 돈에서 악취가 난다고 단정한 케인스에게 미다스 왕이 보여주었던 끝없는 탐욕은, 항문기 고착으로 대표되는 화폐에 대한 인간의 욕망을 적나라하게 보여주는 것이었다. 프로이트의 정신분석학적 관점에서 자본주의는 유아기를 벗어나지 못한 미성숙의 상태로, 아무리 많아도 만족할 줄 모르는 단계에 있을 뿐이었다.[9]

케인스는 미다스 왕이나 현대 자본주의는 항문기 고착의 극단적 경우로, 화폐에 대한 집착과 소유욕이 자본주의를 죽음으로 몰아넣는다고 말한다. 과도한 욕망은 황금을 낳는 거위를 죽이는 것처럼 개인과 사회를 파멸로 이끈다. "쾌락과 인생의 현실을 충족하기 위해 돈을 좋아하는 것과 소유물로서 돈을 사랑하는 것은 구

분되어야 한다. 후자의 성격은 상당히 구역질나는 병적인 상태인
데, 일부 범죄적 성향과 일부 질환의 성격을 보여주기에 소름끼치
는 상태다."[10]

현재 자본주의가 갖는 각종 욕망과 병폐는 더는 경제학자가 해
결해야 할 문제가 아니다. 미래에 대한 불안을 돈에 대한 집착과
화폐 축적으로 달래는 욕망의 경제는 정신분석학자에게 맡겨야
한다.

최근 우리나라 5만 원권 지폐가 급속히 퇴장되고 있어서 회수
율이 낮고, 가정용 소형 금고가 불티나게 팔린다고 한다. 골드바
의 판매량도 급증하고 있다. 과세를 피하기 위해 은행의 이자도
마다하고 각 가정마다 화폐를 축적하고 있다. 이런 현상은, 내일
의 불안을 오늘의 화폐적 욕망으로 위무 받으려는 한국인의 정신
병리적 증세로 봐야 할 것 같다.

4 생명과 풍요를 위한 경제학

할머니가
남긴
원시 화폐

원시 화폐의 출발점

신문을 보다 타이완에서 평생 전당포를 운영했던 사람이 쓴 것으로 보이는 『스물아홉 장의 전당표』라는 책이 눈에 들어왔다. 사람들에게 전당포는 썩 좋은 이미지가 아니기에 책 내용이 과연 어떨까 궁금했다. 표도르 도스토옙스키Fyodor Dostoevskii의 『죄와 벌』에서 라스콜리니코프가 고리대금업자 노릇을 하는 전당포의 노파를 살해하는 장면을 비롯해, 1876년 구한말의 개항 이후 일본인이 토지를 담보로 조선인의 농토를 빼앗는 수단으로 전당포를 악용한 것 등, 우리는 전당포에 대해 좋지 않은 인상을 갖고 있다.

반면 서민과 함께 애환을 나눈 착한 전당포 이야기도 있다. 1960년대까지만 해도 우리의 아버지들은 초봄이 되면 허름한 코트를 전당典當해 자식들의 신학기 학비를 빌렸고, 다시 겨울이 되면 그것을 되찾아 혹독한 추위를 겨우 넘겼다. 전당포가 소액 대출 겸 좁은 단칸방 살림에 숨통을 터주는 창고 노릇을 톡톡히 한 것이다.

다른 이야기는 더욱 애잔하다. 인적이 뜸한 섣달그믐 저녁 늦은 시간에 초라한 행색의 사나이가 전당포 문을 두드렸다. 신문지를 둘둘 말아 싼 물건을 쭈뼛쭈뼛 내놓자 주인은 아무것도 묻지 않고 금전 통을 열어 지폐 몇 장을 세어서 건네주었다. 전당포 주인은 신문지를 풀어헤치지 않고도 그 속에 있는 전당물이 뭔지 아는 눈치였다. 다름 아니라 그것은 부인의 개짐(생리대)이었다. 오직 사정이 딱했으면 그랬을까. 물론 일제강점기 때만 해도 아이를 잘 낳는 다산多産 여인의 속곳은 주력呪力이 스며 있다고 여겨서 아무리 누더기라도 비단 6필을 쳐주었다고 한다. 치마보다 속곳이 비싸고 속곳보다 개짐의 값이 많이 나갔다. 그런 주술적 무의식이 작동했다고 해도, 설 명절 전날에 쌀 한 됫박도 살 수 없어서 부인에게 사정사정해 개짐까지 들고 나선 사나이의 딱한 처지를 누가 알랴.

『스물아홉 장의 전당표』에서도 착한 전당포 이야기는 우리에게 감동을 주는데 '돈을 맡기고 돈을 빌려 가는' 황당하고도 아이러니한 대목에서, 현대 화폐 사회의 저변에 흐르는 원시 화폐가 떠올랐다.[1] '돈은 무엇이 되었든 다 똑같은 돈'이라는 사고가 현대 화폐라면, '돈이라고 해서 다 똑같은 돈이 아니다'라는 관념이 원시 화폐의 출발점이다.

'돈이라고 다 똑같은 돈이 아니다'

아침 일찍 베란다 기둥 아래 쭈그리고 있는 사람의 그림자를 보고 전당포 주인은 강도라고 생각하고 놀란다. 그는 새벽부터 전당물을 맡기러 온 사람이었다. 그는 품속에서 어렵사리 철제로 된 낡은 과자 통을 꺼냈다. 과자 통 안에는 작은 가방이 들어 있었고 지퍼를 여니 현금으로 가득했다.

돈이 있으시면서 뭣하러 돈을 빌리려고 하세요?

천 선생은 민망한 얼굴로 손을 비비며 말했다.

어……저기……어쨌든 이 돈은 못 써요! 왜냐하면……이건……
이건 저희 할머니가 유품으로 주신 수미전手尾錢이거든요.

타이완에는 민간 풍습이 하나 있다. 노인이 세상을 떠날 날이 얼마 남지 않았다는 사실을 알면, 설날 세뱃돈을 주듯 손아랫사람에게 크지 않은 액수의 돈을 주는 것이다. 자손에게 남기는 기념물이자, 그들에게 돈이 끊임없이 들어오길 바라는 뜻에서 '수미전'이라고 한다.

천 선생은 도박으로 가산을 탕진해 모든 친척에게 외면당했지만, 그의 할머니만은 유독 그에 대한 애정과 관심을 버리지 않았다. 할머니는 임종 전에 천 선생의 머리를 쓰다듬으며 제대로 된

일을 찾아 정착하라고 당부했다. 할머니는 자녀나 손자가 자신에게 주는 돈을 아껴두었다가 20만 위안을 모아서 천 선생에게 수미전으로 준 것이다. 천 선생은 전당포 주인에게 애원했다.

이 돈은 은행에 저축할 수 없어요. 저금을 하면 원래 있던 돈이 아니게 되니까요. 지금 저는 창업할 돈이 없고 빌려주려는 사람도 없습니다. 이 수미전은 할머니가 저한테 거신 기대이니 절대 쓸 수 없고요. 아무리 생각해도 방법이 없어서 사장님께 보관해달라고 부탁드리고 장사 밑천을 좀 빌리려고요.

그 뒤로 천 선생은 창업 자금으로 해산물 볶음 가게를 열었다. 정성껏 요리한 덕분에 가게는 금세 지역에서 유명세를 탔다. 천 선생은 한 달 남짓 지난 후에 수미전을 되찾았다.

이 에피소드에서 보듯 돈이라고 다 똑같은 돈은 아니다. 할머니의 돈에는 헌신적 사랑과 성스러움이 위탁되어 있었다. 모든 돈이 다 똑같다고 생각했다면 천 선생은 곧바로 수미전을 털어서 장사 밑천으로 삼았을 것이고, 성공 여부도 불투명했을지 모른다. 할머니가 모아두었던 수미전은 저승길의 여비에 보태라고 자녀들이 주었던 노잣돈을 모은 것이었다. 어쩌면 천 선생에게 전당포는 할머니의 노잣돈을 영정 앞에서 지불하는 의식이었으며, 성스러움의 통과의례를 확인하는 자리가 된다. 이때 '지불'은 물건을 사고 가격을 치르는 세속적 거래가 아니다.

동서양에서 화폐의 기원과 연관되는 지불 개념은 종교적 차원에서 '죄를 씻는' 것과 같다. 어느 일본학자는 고대 종교 제사에서 사회적 채무를 해소하고 씻어내는 祓(불, 푸닥거리를 하거나 부정을 없애는 것으로서 일본어 발음으로는 '하라이')과 지불을 뜻하는 拂의 발음이 똑같다는 데 착안해 '돈을 지불한다'는 것은 '신전에 예물을 바쳐서 죄를 씻는 것'과 같은 것이라고 해석했다.

화폐의 지불 수단으로서의 기원은 세속적 시장이 아닌 종교의 영역으로 거슬러 올라간다. 편협한 시장경제의 틀을 벗어나면 화폐는 더 큰 세계를 보여준다. 우리가 흔히 알고 있듯 화폐는 시장경제에서 물물교환의 편의를 위한 교환 수단이거나 서로 다른 상품의 가치를 무차별하게 계량화해주는 가치척도의 수단에서 출발하지 않는다.

이제 물물교환의 불편 때문에 화폐가 자연발생적으로 발전했다는 낡고도 익숙한 상식은 저버려야 할 것 같다. 생산한 물건을 가지고 시장에서 서로 교환할 때, 사람마다 원하는 물건이 서로 다른 '욕망의 이중 일치'(마르크스)를 해소하기 위해서 표준화폐가 출현했으며, 다시 무거운 금속화폐는 이동이 불편해서 마침내 신용화폐로 발전했다는 '물물교환→화폐경제→신용화폐'의 도식은 당연히 부정되어야 한다. "고대 함무라비 시대의 바빌로니아에서는 보리가 지불 수단이었고 은이 보편적 가치였으나 교환이라는 것 자체가 매우 드물었다"는 사실도 화폐가 시장 교환에서 출발하지 않았음을 잘 보여준다.

화폐는 생전에 지었던 죄를 씻고 신에 대한 의무를 갚기 위한 지불 수단으로 시작되었다. 할머니의 수미전은 똑같은 돈이라도 오직 성스러움의 지불 수단에만 한정되어 있고, 시장 거래의 교환 수단에는 절대 사용할 수 없는 원시 화폐의 속성을 지닌다.

일반적으로 화폐는 교환 수단, 지불 수단, 가치척도, 부의 축장 蓄藏 수단, 계산 수단의 기능을 갖는다. 이렇게 5가지의 기능을 한 꺼번에 담은 현대의 화폐를 칼 폴라니는 다목적 화폐all-purpose money라고 불렀다. 현대에 우리는 지폐 한 장으로 종교 단체에 기부도 하고 시장에 가서 물건도 사고 은행에 저금도 한다. 달러와 원화라는 화폐 단위로 계산과 가치척도의 기능을 수행한다. 이와 달리 원시 화폐는 지불 수단, 교환 수단, 가치척도, 부의 축장, 계산 수단이라는 목적에 따라 화폐의 소재도 다르고 상징적 의미도 다양하다. 원시 화폐는 다양한 화폐의 기능마다 각각 별개의 기원을 갖고 있어서, 특정 목적special-purpose 또는 한정된limited 목적의 화폐로도 불린다. 고대 바빌로니아에서 계산 화폐로는 은이, 지불 수단은 대맥barley이, 교환 수단으로는 양모와 석유가 유통되었던 것이 그 예다.

원시 화폐에는 공동체의 심층적 구조, 집단적 무의식의 발현되어 사회문화적으로 다양한 의미망이 투영되는 기호sign의 성격을 갖는다. 사람은 여기에 기원祈願과 무의식적 믿음을 위탁하고는 했다.

조개껍데기cowrie(별보배조개)는 생김새가 여성의 생식기 모양을 닮아서 다산, 풍요, 번영을 상징하는 대표적 화폐였다. 양과 말과 소는 원시 화폐의 대표 격으로 지불 수단, 교환 매개, 가치척도 단위 등으로 두루 사용되었다. 기원전 7세기, 호메로스의 시대에는 가축의 보유량에 따라 부자를 평가하는 기준이 결정되었다. 호메로스는 『일리아드』에서 "글라우코스의 갑옷은 소 9마리의 값과 같다"라고 썼다. 가축이 대표적인 원시 화폐(가축 화폐cattle money)로 쓰인 까닭은, 영양을 얻는 목적 말고도 영적 교통의 주술적 실체이며 희생 제의에서 종교적 채무를 갚는 지불 수단이었기 때문이다.

조개 화폐는 주로 소액 거래에 사용되었다. 소액의 조개 화폐로 아내를 살 수는 없지만 가축은 무엇이든 살 수 있었다. 조개 화폐를 아무리 많이 모아도 아내를 살 수는 없다. 신부대금bride wealth인 가축 화폐는 노동력의 보상이나 부족 간의 연대와 의례에 따른 지불 수단이지 결코 시장의 교환거래가 아니었기 때문이다.

아프리카 서북부에 있던 말리제국(현재의 말리)에서는 가는 동선銅線과 굵은 동선이 함께 통화로 쓰였다. 가는 동선은 가난한 사람의 화폐로 숯이나 수수와 교환했고, 굵은 동선은 무엇이든 구매가 가능해서 말이나 노예, 황금을 비롯해 명성을 뒷받침할 수 있는 고급 유통재를 살 수 있었다. 가는 동선이 아무리 많아도 굵은 동선과는 바꿀 수 없었는데, 이런 교환 불가능성은 화폐가 신분을 경계 짓고 유지시켜 사회적 안정과 통합의 정치 기능까지 담당했음을 보여준다.

원시 화폐는 화폐의 목적과 화폐 용도가 다르면 상호 등가적 교환은 물론 서로간의 교환도 불가능했다. 교환 불가능성은 자본주의 사유 방식으로 볼 때 거추장스럽기 짝이 없다. 자본주의 시장경제는 교환 가능한 영역의 상품 세계로 구성된다. 모든 사물에 내재한 고유한 감성과 구체적 특수성을 제거해 어떤 기준으로 동질화시키지 못하면 시장 교환의 세계는 더 팽창하지 못한다. 이매뉴얼 월러스틴Immanuel Wallerstein은 자본의 논리를 만물의 상품화the commodification of everything로 규정한다. 산업자본은 영혼, 사랑, 인간, 토지, 미적 가치 등 원래 상품이 아닌 것들도 끊임없이 상품화해서 생산과 교환의 과정에 집어넣고 잉여가치를 지속적으로 창출한다. 교환 불가능성의 존재는, 모든 사물을 추상과 이성의 힘으로 동질화해 화폐로 계산 가능한 교환의 세계로 밀고 가려는 자본주의 논리와 어긋나는 것이다. 따라서 할머니의 수미전은 일반 상품처럼 사용가치나 교환가치를 갖지 않으며 세상 그 어떤 것과도 바꿀 수 없는 신성한 상징가치를 갖는다.

　오래전 대학원에 다니던 시절이었다. 스승의 날을 맞아 나를 포함한 몇몇 학생이 지도 교수와 함께 야외로 나들이를 갔다. 배도 고프고 맥주라도 미리 한잔하고 싶은데, 주문한 메기 매운탕이 너무 늦게 나와서 다들 입도 축이지 못하고 있었다. 기다리다 못해 주방에 들어갔더니 구수한 부침개 냄새가 요란했다. 주인한테 "돈을 드릴 테니 부침개 한 접시만 달라"고 하자 반응이 없었다. 내가 머쓱해져서 그냥 자리로 되돌아오자 조금 뒤에 주인이 부침개를 담아오더니 이런 이야기를 덧붙였다. "이것은 오늘 시아버지 제사 음식으로 장만한 것이라서 돈은 받을 수 없고 그냥 드릴 테니, 어서 드세요!"

　『불가능한 교환』에서 장 보드리야르Jean Baudrillard가 말하는 '불가능한 교환L'Échange impossible'의 개념도 이 지점에서 머문다. "세계의 등가물은 없다. 세계는 등가의 확실성이 아니다. 부등가의 불확실성이다. 세계의 불확실성은 어디서도 자신의 등가물을 갖지 못하고 그 어떤 것과도 교환되지 않기 때문이다. 우리의 사유 방식도 (자본주의 논리와 달리) 불가능한 교환에서 출발한다."

'성과 속'의 관점에서 보면, 교환 불가능한 할머니의 수미전은 원시 화폐로서 성스러운 돈sacred money이다. 천 선생은 성스러운 돈이 사라질 것을 우려해 전당포에 그것을 맡겨 속된 돈profane money으로 바꾸고, 나중에 돈을 벌어 다시 성스러운 수미전을 되찾았다. 성과 속은 영원불변하게 고정된 것이 아니다. 성이 속이 되고 다시 속이 성이 되는 것처럼 서로 가역적이다. 속에서 성으로, 불순에서 순수로 끊임없이 상승하려는 태도는 성스러움 속에서 풍요, 숭배, 사랑, 감사의 마음과 초월적 힘을 찾아서 생명력을 얻고자 하는 것이다.

화폐의 인간화를 위한 '마음의 회계'

"사람들 대부분은 소득을 얻자마자, 돈이 들어오는 원천에 제약을 가하고, 특정 목적을 위해 지출 종류별로 화폐에 할당 표시 earmarking를 하고, 자신이나 부인이 임의로 돈을 쓸 수 있는 자유를 한정시킴으로써 화폐를 원시화primitive하려고 노력한다."[2]

돈이 들어오는 과정과 성격이 순수한지 불순한지에 따라 소비지출도 제약된다. 근면하게 번 돈은 자녀들의 수업료와 학용품으로 사용되지만, 그렇지 않은 돈은 꺼림칙하기 마련이다. 어제 회사에서 특별 보너스로 받은 돈은 다음 날 아침에 자랑스럽게 집에 가져다줄 수 있다. 뇌물로 얻은 수입은 유흥비로 빨리 탕진해서 마음의 흔적을 없애야 직성이 풀린다.

노르웨이 오슬로의 매춘부는 자신의 수입을 사회적으로 정당성을 인정받지 못하는 더러운 돈으로 간주해 마약, 알코올, 의상 구입 등으로 날려버리는 데 반해서, 정부의 생활보조금이나 사회보험 급여 등 합법적으로 들어온 돈은 1원 한 장도 쪼개서 쓴다.

돈에도 제목이 붙는다는 마음의 회계mental account 역시 화폐를 끝없이 원시 화폐화하려는 행동 양식과 밀접하다. 지갑에 10만 원을 넣어두면 하루 이틀 후에는 어느새 다 없어지고 만다. 만약 10만 원 중 3만 원에 비상금이라는 명목을 붙여서 지갑 다른 칸에 넣어두고, 지출 용도를 할당하면 좀처럼 꺼내 쓰지 않게 된다. 어느 독일인은 회사에서 출장비를 받으면 자신의 용돈과 구별하기 위해 지갑의 다른 칸에 넣어두고 용도별로 나누어 쓴다고 했다.

옛날 내 어머니의 장롱에는 가계부가 있었고 그 안에는 노란 봉투가 여러 개 들어 있었다. 봉투마다 적금, 연탄, 수업료, 잡부금, 음식, 아버지 용돈, 공과금 등의 지출 용도가 적혀 있었다. 그 시절의 아버지 월급은 어머니 손에 의해 지출 항목별로 칸막이가 쳐진 채로 배분되었다. 아버지의 용돈이 부족하다고 해서 다른 지출 봉투가 열린 적은 없었다.

현대의 화폐는 겉으로 보기에는 동질적이고 똑같은 돈이지만, 문화적 모체母體에 따라 다양한 상징적 의미를 보여주는 화폐의 상이성heterogeneity을 내포하고 있다. 아프리카의 케냐에 사는 루오Luo족에게서 볼 수 있는 현대 화폐의 원시화는 주목할 만하다. 루오족의 인류학적 조사는 현대 통화의 문화적 중립성이 오류라는 사실을 밝혀준다. 기독교 신앙을 가진 루오족의 마음에는 선조의 영혼이 활발히 작동하고 있다. 여기에 뿌리를 갖는 문화적 모체가 동질적인 현대 화폐에 상이성을 부여하고 다층적인 상징적 의미를 생산한다.

루오족은, 금지된 거래에서 얻은 화폐는 의례를 통해 돈의 속성을 변화시키므로, 화폐 소유자의 마음을 깨끗이 정화하지 않으면 돈이 불임성不姙性을 가져 생산적이지 못하고 결국에는 쓸모없어진다는 믿음을 갖고 있다. 이들에게 '꺼림칙한 돈bitter money'이란 토지, 금, 담배, 대마초, 농장의 수탉 등을 판매한 돈을 가리킨다. 이들 특정한 거래 금지 목록은 영적으로 부정적인 의미를 가지고 있다.

돈은 악마 혹은 꺼림칙한 돈과 좋은 돈으로 이원화된다. 예를 들어 땅 판 돈으로 가축을 산다면 동물이 죽을 것이고, 담배 판 돈으로 결혼할 신부의 지참금에 보태면 새 색시는 머지않아 연기와 불 속에서 사망할 것이라 믿는다. 대대로 물려받은 토지를 매각하는 일은 조상을 팔아먹는 것이나 똑같다. 담배는 선조의 영과 밀접한 관련이 있는 작물로 여긴다. 담배를 파는 것은 조상과 영적 믿음에 불경을 저지르는 일이라고 믿는다. 수탉은 가족의 건강과 관련해 강력한 상징적 의미를 띤다. 농장의 수탉을 파는 일도 가계의 안녕을 팔아치우는 것과 다르지 않다. 이렇게 금지된 품목을

할머니가 남긴 원시 화폐

파는 일은 이들에게 반사회적 행위다.

화폐는 선조의 영적 흐름이 내재하는 금지 품목에 따라 좋은 돈과 나쁜 돈으로 이원화되고 다양한 사회적 의미를 발현해낸다. 루오족에게 현대 화폐는 공동체의 심층구조와 영적 믿음에서 발원하는 다양한 상징체계symbolism를 창출하고, 고유한 사회경제적 질서를 적합화하는 통로 역할을 한다. 그들에게 현대 화폐는 경제적 기능을 넘어 커뮤니케이션의 수단이며 언어이기도 한 것이다.

커뮤니케이션은 우리가 관련을 맺고 있는 사람과 세상에 메시지를 보내고 받고 해석하는 과정이다. 화폐의 원시화는, 돈을 좋은 돈과 나쁜 돈 또는 더러운 돈과 깨끗한 돈으로 나누고, 조상의 영적 존재에 대한 믿음을 실어 나르는 수단이며, 사회를 전통과 유기적 관계로 연결해서 건강하게 만드는 언어이자 상징화 작용이다. "화폐는 종종 사람들과 완전히 분리되어 움직이는 생명 없는 객체로 그려진다. 그러나 그렇지 않다. 화폐는 산 자와 죽은 자의 집단적 영靈이 스며든 인간 존재들의 창조물이다."[3]

마르크스의 지적대로 자본주의 시장경제에서 화폐는 소외, 물신숭배, 수탈, 비인간화를 이끈다. 그래도 현대인들은 물신화된 자본주의를 건강하게 유지시키기 위해 화폐를 다시 인간화하는 노력을 끊임없이 하고 있다. 불순에서 순수로, 속에서 성으로 나가고자 하는 의미의 상호작용으로 건강한 생명력을 되살리고 있다.

천 선생이 돈을 벌어 전당포에서 되찾은 할머니의 수미전은 앞으로 어떻게 될까? 아마도 집안의 가보로 대물림되어 천 선생이 올바른 길로 걷도록 깨달음을 주었던 유훈遺訓의 상징으로 자리

잡을 것이다. 할머니의 기일이 되면 천 선생의 자손들은 수미전이 들어 있는 철제 과자 통을 꺼내놓고 과거를 회상하지 않을까? 철제 과자 통은 소중한 교훈과 기록을 담은 메모리 뱅크Memory Bank가 되어 후손에게 할머니의 육성이 담긴 카세트테이프처럼 소중한 기억을 들려줄 것이다.

화폐의 '기억하기remembering' 기능은 종이 통장의 추억에서도 잘 드러난다. 최근 금융 전산화에 따라 종이 통장을 점차 없앤다는 소식에 많은 사람이 아쉬워했다. 생애 첫 월급이 찍힌 통장을 보며 가슴 벅차오르던 순간, 결혼할 때 보태라며 건네주시던 어머니의 손때 묻은 통장을 받고 눈물 훔치던 때가 되살아났다고 한다. 한 막내며느리에게 종이 통장은 시어머니의 정이 깃든 유품이었다. 시어머니가 숨을 거두기 직전에 '막내며느리가 나와 사느라 너무 고생이 많았다. 줄 게 이것뿐이다. 큰돈이 아니어서 미안하다'며 자식들한테 꼬박꼬박 받은 용돈을 저축한 통장과 도장을 쥐어줬다. 통장에는 첫 페이지부터 마지막 페이지까지 5,000원, 1만 원짜리 입금 내역이 빼곡했다. 며느리는 그 돈을 고이 간직하고 있다가 얼마 전에 아들 대학 등록금에 보탰다. 어떤 공장 경비원은 "적지만 매달 조금씩 쌓여가는 통장 액수를 보면서 집사람과 미래를 그리고 꿈을 키우던 시절이 있었다"고 회상한다. 화폐의 메모리 뱅크는 과거의 경험을 회상하고 상상하는 창고다.

화폐money의 어원인 기억의 여신 모네타moneta(국가화폐와 재정을 보호하는 신성한 존재로 유노 모네타Juno Moneta 신전에는 조폐소가 있었다)는 뮤즈들의 어머니이다. 9명의 뮤즈는 춤, 음악, 연극, 문학에 능했으며 시인과 예술가에게 영감과 재능을 불어넣는 예술의 여신이었다. 악보가 없었던 시대에 기억으로 음악을 연주했는데, 지나간 모든 것을 기억하는 학문의 여신이기도 했다. Muse는 museum(박물관)과 music(음악)의 어원이다. 모네타에서 파생된 동사 moneo는 remind(되돌아보기)라는 동사를 낳아 '상기시키고 회상한다'는 뜻에 더해 '충고하고 가르치며 말하고 알려주고 지적하며 예언한다'는 의미까지 포함한다.⁴

어느 일본인 인류학자가 남태평양 뉴기니섬의 동북쪽에 있는 솔로몬제도를 조사한 적이 있었다. 그곳에서는 현대 화폐인 솔로몬 달러SBD와 함께, 원시 화폐로 고래 이빨과 조개 목걸이가 쓰이고 있었다. 1998년 12월 31일 늦은 밤 10시였다. 솔로몬의 말레이타섬의 촌락에서 성대한 의례가 열렸다. 마을의 양쪽 가문이 모두 모였다. 주최 측에서는 돼지 9마리를 이용한 음식, 토란, 바다거북, 각종 생선, 쌀, 통조림을 대량으로 장만해 상을 차렸다.

이 의례 행사의 절정은 2마리의 멧돼지와 5줄의 조개 목걸이를 끈으로 묶어놓고, 그 앞에서 2년 전에 돌아가신 양쪽 가문의 큰아버지에게 연설을 올리는 장면이었다. 일본인 학자는 의례 행사의 모든 장면을 비디오로 찍었다. 훗날 증여 의례와 조개 화폐의 역할을 여러모로 되새김하고 의미를 찾는 귀중한 기록물로 삼을 작정이었다.

다음 날 비디오의 모니터 화면에서 어제의 연설 장면을 보았던 마을 장로는 "혹시나 비밀스러운 행사를 찍었다고 불쾌해할지도 모르겠다"는 일본인 학자의 우려와는 달리 뜻밖에도 너무나 기뻐

했다. "이것은 너무나 좋은 물건이다. 이 비디오카세트를 줄 수는 없을까"라고 마을 장로는 물었다. 일본인 학자가 "일본으로 돌아가면 같은 물건을 하나 더 만들 수 있습니다. 괜찮겠습니까?"라고 말하자, 마을 장로는 "오히려 그쪽이 더 좋다. 이왕이면 카피본을 2개 더 부탁한다"고 덧붙였다. 일본인 학자는 "이 마을에는 전기가 들어오지 않고 비디오 재생 장치도 없어서 비디오카세트만 갖는 것은 의미가 없다"고 확인해주었다. 그러자 마을 장로는 "전혀 상관없다. 내 모습과 목소리가 상자(비디오카세트) 속에 들어 있다는 것이 더 중요하다. 내 자식과 자손이 이 검은 상자를 보면 내 연설을 생각해낼 것이다"라고 답변했다.[5]

일본인 학자는 비디오카세트에 얽힌 에피소드를 회상하며 생각을 정리했다. 의례 장면을 담은 영상 기록 매체에는 화폐의 역할을 담은 역사의 기록이 담겨 있다. 의례에서 양쪽의 씨족들은 멧돼지와 1만 솔로몬 달러를 주고받았다. 식료품은 먹으면 없어지지만 화폐는 상대의 수중에 그대로 남는다. 자손들도 서로 주고받은 화폐를 바라보며 그때의 광경을 회상해낸다. 조개 목걸이 화폐는 기억의 저장고이자, 마을 공동체에 깊숙이 담겨 있는 증여의 기쁨과 집단적 가치를 표상인 것이다.

조개 목걸이 화폐처럼, 재생할 수 없는 비디오카세트 역시 기억의 상징재로서 원시 화폐와 동일한 역할을 수행한다고 그는 결론을 내린다. 즉, 천 선생의 수미전은 할머니의 음성이 담긴 비디오카세트라고 할 수 있고, 낡은 철제 과자 통은 비디오카세트의 검은 케이스와 같은 역할을 하는 것이다.

할머니가 남긴 원시 화폐

주

1 순환과 흐름을 위한 경제학

카이로스의 시간을 위하여

1 카를로 M. 치폴라, 최파일 옮김, 『시계와 문명』(미지북스, 2013), 58~59쪽.

2 원용찬, 『상상 + 경제학 블로그』(당대, 2006), 76~77쪽.

3 제이 그리피스, 박은주 옮김, 『시계 밖의 시간』(당대, 2002). 22쪽.

4 가와무라 아쓰노리 외, 김경인 옮김, 『엔데의 유언』(갈라파고스, 2013), 39~41쪽.

알베르 카뮈와 부조리의 경제학

1 강신주, 『철학 vs 철학』(그린비, 2010), 258쪽.

2 Alan W. Dyer, 「Prelude to a theory of homo absurdus: Variations on themes from Thorstein Veblen and Jean Baudrillard」, 『Cambridge Journal of Economics』, 1997, Vol. 21, p.52.

3 테오도어 아도르노·막스 호르크하이머, 김유동 옮김, 『계몽의 변증법』(문학과지성사, 2001), 306쪽.

4 원용찬, 『칼 폴라니, 햄릿을 읽다』(당대, 2012), 35쪽.

5 한성안, 「진화경제학의 유토피아로서 '에브토피아'」, 『사회경제평론』(제34호, 2010), 213~214쪽.

6 한성안, 앞의 글, 229쪽.

7 이윤, 『굿바이 카뮈』(필로소픽, 2012), 118~119쪽.

8 국내에서 에브토피아(evtopia)라는 용어가 쓰이기도 하지만 호지슨의 용어 그대로 에보토피아 (evotopia)를 사용한다. Geoffrey M. Hodgson, 『Economics and Utopia』(London and New York, Routledge, 1999), p.241.

햄릿의 절규에서 삶을 깨달은 칼 폴라니

1 '악마의 맷돌'은 윌리엄 블레이크(William Blake)의 서사시에 나오는 것으로, 산업혁명이 공동 체와 문화를 파괴하고 인간을 통째로 갈아서 무차별한 떼거리로 만드는 공포를 상징한다.

2 Jordan Bishop, 「Karl Polanyi and Christian Socialism: Unlikely Identities」, quoted in

Kenneth McRobbie(eds.), 『Human, Society and Commitment』(Montreal etc: Black Rose Books, 1994), p.164.

3 Karl Polanyi, 「Hamlet」, 『The Yale Review』(1954), Vol.43, pp.336~350.

4 "The time is out of joint: O cursed spite, That ever I was born to set it right!"(1막 5 장). 햄릿의 유명한 대사 'The time is out of joint'는 여러 가지로 번역된다. "세계가 난장판 이다", "지금 세상은 관절이 빠져 있다", "지금 온통 세상의 사개가 맞지 않고 있다", "부조리 하다" 등. 특히 들뢰즈와 데리다는 "시간은 이음매 또는 경첩에서 빠져 있다"거나 "시간은 탈 구(脫臼)되어 있다"고 해석한다.

5 Karl Polanyi, op. cit., p.350.

6 칼 폴라니, 홍기빈 옮김, 『거대한 전환』(길, 2009), 604쪽.

7 Karl Polanyi, 「The Essence of Fascism」, in John Lewis, Karl Polanyi, Donald K. Kitchin(ed.), 『Christianity and the Social Revolution』(NY: Books for Libraries Press, 1935(reprinted 1972)), pp.369~370.

8 F. Schafer, untitled, unpublished ms, in Polanyi-Levitt, Kari and Marguerite Mendel, 「Karl Polanyi: His Life and Times」, 『Studies in Political Economy』, no.22(Spring, 1987) p.24.

사회적 경제라는 '판타레이'

1 나카자와 신이치, 김옥희 옮김, 『사랑과 경제의 로고스』(동아시아, 2004), 48~49쪽.

2 마르셀 모스, 이상률 옮김, 『증여론』(한길사, 2002), 94쪽.

2 정의와 균형을 위한 경제학

'좋은 삶'이란 무엇인가?

1 강신주, 『철학 vs 철학』(그린비, 2010), 31~32쪽.

2 홍기빈, 『살림/살이 경제학을 위하여』(지식의날개, 2012), 64쪽.

3 크레마타(chremata)는 그리스어로 재화(goods)와 화폐를 의미한다. 당시 그리스에서 크레마 티스티케는 돈벌이를 의미하기도 했다.

4 Karl Polanyi, 「Aristotle Discover the Economy」, G. Dalton(ed.), 『Primitive, Archaic and Modern Economies』(Anchor Books, 1968), p.96.

5 로버트 스키델스키·에드워드 스키델스키, 김병화 옮김, 박종현 감수, 『얼마나 있어야 충분한 가』(부키, 2013), 250쪽.

6 로버트 스키델스키·에드워드 스키델스키, 앞의 책, 348쪽.

애덤 스미스와 정의로운 신의 손

1 박종규, 「한국자본주의에 대한 아담 스미스의 메시지」, 『주간금융브리프』(한국금융연구원, 2014), 23권 27호, 3~9쪽.

2 조너선 B. 화이트, 안진환 옮김, 『애덤 스미스 구하기』(생각의나무, 2003), 87~88쪽.

3 장 자크 루소, 최석기 옮김, 『인간불평등 기원론/사회계약론』(동서문화사, 2010), 57쪽.

4 박종규, 앞의 글, 3쪽.

5 토마스 세들라체크, 김찬별·노은아 옮김, 『선악의 경제학』(북하이브, 2012), 275쪽.

토지 정의 이념의 '부활'을 꿈꾸며

1 한국의 지공주의 활동 관련 내용과 활동 사항은 '토지정의시민연대' 홈페이지(www.

landjustice.or.kr)에서 구체적으로 확인할 수 있다.

2 헨리 조지, 김윤상·박창수 옮김, 『진보와 빈곤』(살림, 2008), 109쪽.
3 Henry George, 『The Science of Political Economy』(New York: Cosimo, 1898 · 2006), pp.116~117.

대공황에서 세계를 건져낸 케인스의 '소셜 픽션'

1 이원재 외, 『소셜 픽션 지금 세계는 무엇을 상상하고 있는가』(어크로스, 2014), 13~14쪽.

균형 잡힌 경제를 위한 보호무역의 가능성

1 로버트 스키델스키, 고세훈 옮김, 『존 메이너드 케인스』(후마니타스, 2009), 1082쪽.
2 Henry Hazlitt, 『The Failure of the New Economics: An Analysis of Keynes's Fallacies』(Alabama: Ludvig Von Mise Institute, 2007), p.338.
3 John Maynard Keynes, 「National Self-Sufficiency」, 『The Yale Review』, vol.22. no4 (June 1933), pp.755~779.
4 에마뉘엘 토드, 주경철 옮김, 『제국의 몰락』(까치, 2003), 96쪽.
5 John Maynard Keynes, 「Pros and Cons of Tariffs」, 『Listener』, vol.30. (November 1932), reproduced in Collected Writings, xxi, pp.209~210.
6 로버트 스키델스키, 곽수종 옮김, 『흔들리는 자본주의 대안은 있는가』(한국경제신문, 2014), 368~369쪽.

3 공생과 상생을 위한 경제학

'호모 에코노미쿠스'의 탄생과 '로빈슨 크루소'

1 프랑스 영화의 제목이기도 한 '파피용Papillon'은 나비와 나방 모두를 가리킨다. 한국은 나비와 나방을 서로 다른 곤충으로 받아들이지만, 프랑스에서는 같은 곤충으로 인식한다. 한국에서는 나비와 나방이라는 언어 호칭이 있기 때문에 나비와 나방이 존재한다.
2 이진경, 『근대적 주거공간의 탄생』(소명출판, 2000), 213~214쪽.
3 Alfred N. Whitehead, 『Science and the Modern World』(Simon & Schuster: Free Press, 1925), p.51.

경제사상의 텍스트로서 『로빈슨 크루소』 읽기

1 Ian Watt, 「Robinson Crusoe as a Myth」, in M. Shingel(ed.), 『Robinson Crusoe』(New York: Norton, 1994), p.298.
2 Daniel Defoe, 『A tour through England and Wales』(London: J. M. Dent & Sons, 1928), pp.193~195.
3 大塚久雄, 『社會科學における人間』(岩波新書, 1977), p.31.
4 Daniel Defoe, 『An Essay upon Projects』(New York: AMS Press, Inc., 1999), p.48.
5 Daniel Defoe, op. cit., p.49.

소비사회에서 '제작본능' 되살리기

1 소스타인 베블런, 홍훈·박종현, 『미국의 고등교육』(도서출판 길, 2014), 28쪽.
2 도정일·최재천, 『대담』(휴머니스트, 2005), 237쪽.
3 베블런의 할아버지는 원래 노르웨이 가족 소유 농장의 주인이었으나, 속임수에 넘어가 땅을 뺏기고 천대 받는 소작농으로 전락하고 말았다. 베블런의 외할아버지 역시 사정이 비슷했다.

그는 변호사 비용을 대느라 농장을 팔아야 했는데, 끝끝내 소송에서 패하자 베블런의 어머니와 5세짜리 고아를 남겨두고 젊은 나이에 세상을 떠났다.

자유로운 인간의 경제를 찾아서

1 한국에서는 entitlement를 권한, 자격, 소유 권리론, 권리 부여, 재화의 지배적 소유권, 획득 권한으로 번역하고, 일본에서는 권원(權原)으로 번역한다.

2 Amartya Sen, 『Development as Freedom』(New York: Anchor Books, 1999), p.169.

3 2005년 6월 26일 자이드 라아드 알 후세인 유엔 인권최고대표는 미국 CNN 인터뷰에서 "앞으로 몇 주 또는 몇 달 내에 구호 노력이 없다면 북한에서 엄청난 기아 사태가 발생할 것"이라며 "매우 심각한 기근이 생길 수 있다는 점에서 국제사회에 북한을 돕고 지원할 것을 촉구한다"고 말했다.

4 Amartya Sen, op. cit., pp.179~185.

5 Amartya Sen, 『Commodities and capabilities』(Amsterdam: North Holland, 1985), pp. 5~10.

'불평등의 시대' 막기 위한 피케티의 혁명적 제안

1 Thomas Piketty, 『Capital in the Twenty-First Century』(Cambridge: Harvard University Press, 2014), p.22. 이하 인용 각주는 생략.

자본권력과 세습 자본주의 비판한 '21세기 자본'

1 정태인, 「피케티의 '21세기 자본', 그리고 한국 경제」, 『새사연이슈진단』, 2014년 5월 19일, 7쪽.

2 심숀 비클러 · 조너선 닛잔 지음, 홍기빈 옮김, 『권력자본론』(삼인, 2004), 185쪽.

3 Thorstein Veblen, 『The Vested Interests and the Common Man』(New York: Viking, 1946(1919), p.57.

4 Joel Mokyr, 『The Gift of Athena: Historical Origin of the Knowledge Economy』 (Princeton, NJ: Princeton University Press), p.2.

5 Robert M. Solow, 「Technical Change and the Aggregate Production Function」, 『Review of Economics and Studies 39』, no.3(August, 1957), p.316.

6 가 알페로비츠 · 루 데일리, 원용찬 옮김, 『독식비판』(민음사, 2011), 17쪽. 지식과 소유권 문제, 새로운 분배 논의도 이 책의 논의를 참고했음.

협동과 연대를 위한 '꿀벌 경제학'

1 버나드 맨더빌, 최윤재 옮김, 『꿀벌의 우화』(문예출판사, 2010), 28~31쪽.

2 칼레 라슨 · 애드버스터스, 노승영 옮김, 『문화유전자 전쟁』(열린책들, 2014), 207쪽.

3 최후통첩 게임은 인간 행동이 일반적인 가정과 달리 이기적이지 않으며, 오히려 이타적이거나 보복하는 특징이 있음을 보여준다. 피실험자로 철수와 영희가 있다고 하자. 실험자는 철수에게 1만 원을 주고 그 돈을 영희와 어떻게 나눌 것인지 결정하라고 한다. 철수는 배분 금액이 결정되면 이를 영희에게 제안한다. 영희가 철수의 제안을 받아들이면 공돈 1만 원을 서로 나눠가져도 좋다. 만약에 영희가 제안을 거부한다면 돈은 전액 몰수된다. 경제학의 가정처럼 두 사람이 자신에게 최대 이익을 가져다주는 방향으로 행동한다면 영희는 철수의 제안을 거부해서 한 푼도 못 받는 것보다는 단돈 100원이라도 받는 것이 훨씬 이득이다. 실제 실험에서는 그렇지 않았다. 제안자들은 평균적으로 총금액의 37퍼센트인 3,700원을 상대방에게 제안했고, 50퍼센트인 5,000원을 제안한 사람이 가장 많았다. 대체로 상대방은 제안액이 총금액의 30퍼센트가 넘지 않으면 단호히 제안을 거부했다. 최후통첩 게임 실험에서 사람들은 불공평하게 행동하고 자기 이득만을 챙기려는 사람에게 손해를 감수하더라도 복수하는 성향을 보였다. 제안자

가 자신을 호의로 대하고 공평하게 행동하려 했다면, 상대방도 기꺼이 협조해서 총금액이 몰수되지 않도록 도왔을 것이다. 우리는 이 게임을 통해 선에는 선으로 갚고 악에 대해서는 자기가 손해를 보더라도 악으로 대하는 인간의 성향을 알 수 있다.

4 생명과 풍요를 위한 경제학

오늘날에 되살아난 '생명 경제'

1 「마태복음」 20:14의 한 구절.

2 「마태복음」 20:16의 한 구절.

3 기본소득은 자산심사나 노동 요구 없이 모든 사회 구성원에게 일정한 수준의 소득을 무조건적으로 지급하는 것을 말한다. 기본소득 개념에 내포된 기본 메커니즘은 무조건성, 보편성, 개인별 지급이라고 할 수 있다. 기본소득에 대한 아이디어는 오래전부터 다양한 형태로 진행되었고 이를 둘러싼 논쟁도 치열했으나 현재 이념적 스펙트럼에 관계없이 국가마다 높은 수용 가능성을 보인다. 기본소득에 대한 논의는 전간기에 영국이 사회배당(social dividend), 국가 보너스(state bonus), 국민배당으로 시작했다. 1960~1970년대 미국에서도 사회수당(demogrant)과 부의 소득세(negative income tax)를 둘러싼 논의가 있었다. 이외도 현재 기본소득은 지역수당(territorial dividend), 최소소득 보장, 시민소득(citizen income), 참가소득(participation income) 등 다양한 이름으로도 나타나고 있다. 대표적 사례로 현재 미국의 알래스카주에서는 기본소득과 유사한 영구기금 배당금 제도를 운영하고 있다. 지역의 석유 채굴에서 얻어진 수익의 일부를 최소 1년 이상 거주한 모든 주민에게 배당금으로 지급한다.

4 라가반 이예르, 허우성 옮김, 『간디의 진리 실험 이야기』(풀빛, 2007), 154쪽.

5 John Ruskin, 『Unto This Last』(1862), p.86. 이하 러스킨의 저작은 다음 총서에 수록된 것임. E. T. Cook and Alexander Wedderburn(ed.), 『The Library Edition of the Collected Works of John Ruskin』, 39 vols(London: Geroge Allen, 1903~1912).

6 John Ruskin, op. cit., p.58.

7 John Ruskin, op. cit., p.44.

8 John Ruskin, op. cit., p.44.

9 볼프강 작스 외, 이희재 옮김, 『反자본 발전 사전』(아카이브, 2010), 121쪽.

10 볼프강 작스 외, 이희재 옮김, 앞의 책, 115쪽.

11 John Ruskin, op. cit., p.64.

12 레츠 시스템에서는 모든 재화와 서비스를 제공하는 과정에서 화폐 발행이 무한정 가능하고, 이것은 회원 계정에서 플러스와 마이너스 같은 기호로 표시된다. 이러한 기호 체계와 단위 명칭 또는 무형의 통화는 아워(Hour), 타임달러, 그린달러, 카우리즈(자주조개), 셸(조개껍질) 에이콘(Acorn), 도토리, 두루, 품앗이, 아루이 등 다양하다.

'진정한 부'를 추구하기

1 이 구절은 '생명과 삶의 풍요로움을 느끼는 자만이 진정한 부자'라고 옮길 수 있다. 여기서 life는 생활과 생명으로서 일상생활을 비롯한 인간 생명 활동의 모든 것을 말한다.

2 John Ruskin, 『Munera Pulveris』(London: Geroge Allen, 1894), p.13.

3 이어령, 『생명이 자본이다』(마로니에북스, 2013), 284~287쪽.

4 John Ruskin, op. cit., p.205.

5 박지희 · 김유진, 『윤리적 소비』(메디치미디어, 2010), 24쪽.

6 John Ruskin, 『Unto This Last』(1862), p.105. 이하 러스킨의 저작은 다음 총서에 수록된 것임. E. T. Cook and Alexander Wedderburn(ed.), 『The Library Edition of the Collected

Works of John Ruskin』, 39 vols(London: Geroge Allen, 1903~1912).

7 지역 화폐와 착한 돈에 대한 논의는 다음에서도 잘 볼 수 있다. 박지희 · 김유진, 앞의 책, 145~157쪽.

8 John Ruskin, 『Munera Pulveris』(1872), p.105.

9 John Ruskin, 『Unto This Last』(London: Penguin Books, 1982), p.215.

10 John Ruskin, op. cit., p.215.

똥이 된 황금, 황금이 된 똥

1 지크문트 프로이트, 김정일 옮김, 『성욕에 관한 세 편의 에세이』(열린책들, 1997), 117쪽.

2 Norman O. Brown, 『Life Against Death: The Psychoanalytical Meaning of History』(Wesleyan Uni. Press, 1959), p.191.

3 지크문트 프로이트, 김정일 옮김, 앞의 책, 108쪽.

4 지크문트 프로이트, 김정일 옮김, 앞의 책, 109쪽.

5 山內昶, 『人類の位法』(世界書院, 1992), pp.169~170.

6 지크문트 프로이트, 김정일 옮김, 앞의 책, pp.109쪽.

7 원용찬, 『상상 + 경제학 블로그』(당대, 2006), 301~310쪽.

8 로버트 스키델스키, 고세훈 옮김, 『존 메이너드 케인스』(후마니타스, 2009), 637쪽.

9 Gilles Dostaler · Bernard Maris, 『Dr Freud and Mr Keynes on money and capitalism』, John Smithin(ed.), 『What is Money』(Routledge, 2000), p.245.

10 베르나르 마리스, 조홍식 옮김, 『케인즈는 왜 프로이트를 숭배했을까?』(창비, 2009), 238쪽.

할머니가 남긴 원시 화폐

1 친쓰린, 한수희 옮김, 『스물아홉 장의 전당표』(작은씨앗, 2015), 14~20쪽.

2 Mary Dougals, 『Primitive Rationing』, in 『Themes in Economic Anthropology』, ed. Raymond Firth(London: Travistock, 1967), p.139.

3 Keith Hart, 『Money in the making of world society』, in 『Market and Society: The Great Transformation Today』, ed. Chris Hann · Keith hart(Cambridge etc: Cambridge Uni. Press, 2009), p.100.

4 Keith Hart, 『Money in an Unequal World: Keith Hart and His Memory Bank』(New York and London: Texere, 2001), p.256.

5 竹川大介, 春日直樹 責任編集, 「外在化された記憶表象としての原始貨幣」, 『貨幣と資源』(東京: 弘文堂, 2008), pp.209~213.

빵을 위한
경제학
ⓒ 원용찬, 2016

초판 1쇄 2016년 9월 19일 찍음
초판 1쇄 2016년 9월 23일 펴냄

지은이 | 원용찬
펴낸이 | 강준우
기획·편집 | 박상문, 박지석, 박효주, 김환표
디자인 | 최진영, 최원영
마케팅 | 이태준, 박상철
인쇄·제본 | 제일프린테크

펴낸곳 | 인물과사상사
출판등록 | 제17-204호 1998년 3월 11일

주소 | (121-839) 서울시 마포구 서교동 392-4 삼양E&R빌딩 2층
전화 | 02-325-6364
팩스 | 02-474-1413
www.inmul.co.kr | insa@inmul.co.kr

ISBN 978-89-5906-410-6 03320
값 14,000원

이 저작물의 내용을 쓰고자 할 때는 저작자와 인물과사상사의 허락을 받아야 합니다.
파손된 책은 바꾸어 드립니다.

이 도서의 국립중앙도서관 출판시도서목록(CIP)은 서지정보유통지원시스템 홈페이지(http://seoji.nl.go.kr)와
국가자료공동목록시스템(http://www.nl.go.kr/kolisnet)에서 이용하실 수 있습니다.
(CIP제어번호 : CIP2016021624)